Betz

Descartes' »Meditationen über die Grundlagen der Philosophie«

Gregor Betz

Descartes' »Meditationen über die Grundlagen der Philosophie«

Ein systematischer Kommentar

Philipp Reclam jun. Stuttgart

RECLAMS UNIVERSAL-BIBLIOTHEK Nr. 18828

Gesamtherstellung: Reclam, Ditzingen. Printed in Germany 2011
RECLAM, UNIVERSAL-BIBLIOTHEK und
RECLAMS UNIVERSAL-BIBLIOTHEK sind eingetragene Marken
der Philipp Reclam jun. GmbH & Co. KG, Stuttgart
ISBN 978-3-15-018828-6

www.reclam.de

Inhalt

Einleitung 9

Erste Meditation
Der Cartesische Zweifel

Descartes' Zweifelsbehauptungen: Starke und schwache Lesart 23
Erster Zweifelsgrund: Sinnestäuschungen 28
Zweiter Zweifelsgrund: Träume 29
Dritter Zweifelsgrund: Allmächtiger, täuschender Dämon 38
Moderne Zweifelsgründe und anti-skeptische Strategien 42
Zur Funktion der ersten Meditation 48
Ein positives Resultat: das Gewissheitskriterium . . . 51
Grenzen des Zweifels 57

Zweite Meditation
Existenz und Selbstkenntnis des Denkers

Die Gewissheit der eigenen Existenz 67
Sicheres Selbstwissen und dessen Grenzen 75
Zur Möglichkeit gewisser Selbsterkenntnis 78
Eine weitere Rekonstruktion nach Williams und Perler 85

Die Cogito-Überlegung: inferentielle Struktur versus unmittelbare Gewissheit 89
Prämissenergänzung und analytische Sätze 95
Das Argument aus dem Zweifel 104

Dritte Meditation
Der ideentheoretische Gottesbeweis

Grundgedanke der Interpretation 111
Die Wahrheitsregel 113
Die Ideentheorie 124
Die Begriffe der Realität und des Informationsgehalts 128
Der ideentheoretische Gottesbeweis 133
Kritik der Voraussetzungen des Gottesbeweises . . 145
Der klassische Cartesische Zirkel 153
Weitere Zirkel 164

Vierte Meditation
Die epistemische Theodizee

Der Irrtumseinwand 173
Die Irrtums- und Fehlertheorie 174
Der Cartesische Freiheitsbegriff 183
Der Einwand aus den unvollkommenen Werken . . 188
Die Vollkommenheit des Ganzen und die Unergründlichkeit Gottes 190
Glückselige Täuschung, Wahrheit und das gute Leben 194

Fünfte Meditation
Mathematische Erkenntnis und der ontologische Gottesbeweis

Die Gewissheit mathematischer Erkenntnis 201
Der ontologische Gottesbeweis 203
Der Pegasuseinwand 206
Kants Kritik 209
Ein Rettungsversuch 213
Alstons Kritik 215

Sechste Meditation
Dualismus, materielle Außenwelt und die Möglichkeit empirischer Wissenschaft

Das offizielle Argument für den Dualismus 221
Das Teilbarkeitsargument 228
Zombies 230
Die Dualismusthese und das Leib-Seele-Problem . . 234
Kritik der Dualismusbegründung: Quine, Ryle und Strawson 237
Die Existenz von Außenweltdingen 248
Die methodologische Fundierung empirischer Wissenschaft 256

Literaturhinweise 267
Textnachweise 270
Abbildungsverzeichnis 270
Siglen 271
Sachregister 272
Personenregister 276
Zum Autor 277

Einleitung

Welche Arten von Gegenständen kommen in der Welt vor? Was für ein Ding bin ich? Wie ist es möglich, ein körperliches Wesen zu sein, das zugleich geistige Zustände besitzt? Bin ich frei? Was heißt das überhaupt, einen freien Willen zu besitzen? – Gibt es ein vollkommenes, d.h. allmächtiges, allwissendes und allgütiges Wesen, das diese Welt geschaffen hat? Gibt es Gott? Warum gibt es Übel? Muss ich sterben? Ist der physische Tod meines Körpers zugleich das Ende meiner Person? – Wieso können bloße Zeichen, zum Beispiel Schriftzeichen, etwas bedeuten? Wie kommt Bedeutung in die Welt und wovon hängt es ab, dass ein Gegenstand etwas bedeutet? Was ist Wahrheit? Welchen Status haben logische Wahrheiten oder mathematische Theoreme? – Was kann ich wissen? Was weiß ich von mir? Was weiß ich von meinem Mitmenschen? Was weiß ich überhaupt von der Außenwelt? Und welchen epistemischen Status hat mein Wissen? Wie, mit welchen Methoden, erlange ich Erkenntnis über die Welt? Welche Rolle spielt dabei die Sinneswahrnehmung, welche der Verstandesgebrauch?

Mit diesen Grundfragen durchqueren wir nicht nur in Windeseile die theoretische Philosophie, sondern auch dasjenige Werk, das im Folgenden systematisch kommentiert wird. Denn Descartes berührt jede dieser Fragen in seinen *Meditationes de prima philosophia* (*Meditationen über die Grundlagen der Philosophie*) (veröffentlicht 1641). Dabei begründet und verteidigt er seine Antworten auf zum Teil scharfsinnige Weise. Und genau deshalb ist eine aufmerksame und kritische Beschäftigung mit diesem Klassiker allemal gewinnbringend, unabhängig davon, ob man Descartes' Antworten schlussendlich zustimmt oder nicht. Denn wie für alle guten philosophischen Argumente gilt auch für diejenigen Descartes': Liegen sie einmal auf dem Tisch, können sie nicht mehr ignoriert werden. Und das heißt, dass man, um eine durchdachte philosophische Position zu vertreten, die Konklusion eines Arguments akzeptieren muss oder anzugeben hat, welche Prämisse falsch ist. Indem man sich mit Descartes auseinandersetzt, schärft man seine eigenen philosophischen Überzeugungen.

Einen systematischen Kommentar zu einem Klassiker der Philosophie anzubieten – was bedeutet das eigentlich? Vielleicht im Grunde genommen nur dies: den Text so zu interpretieren, dass man anhand der rekonstruierten Überlegungen eigene philosophische Gedanken artikulieren und neue Einsichten gewinnen kann. Und das setzt natürlich voraus, dass wir Descartes als philosophischen Gesprächspartner ernst nehmen und versuchen, mit ihm in eine philosophische Unterredung zu treten. Descartes selbst war der Überzeugung,

> »dass die Lektüre aller guten Bücher gleichsam eine Unterhaltung mit den trefflichsten Männern vergangener Jahrhunderte ist, die sie verfasst haben, gar eine vorbedachte Unterhaltung, in der sie nur die besten ihrer Gedanken offen legen.« (AT VI, 5; Disc 15)

Ausgehend von dem, was Descartes sagt, und nicht von dem, was von ihm gesagt wird, wollen wir versuchen, ihn zu verstehen. Verstehen, das heißt hier: seine Gedankengänge und Begründungen nachvollziehen und in eigenen Worten wiedergeben. Unsere Interpretationsanstrengungen sollten dabei von dem Prinzip des Wohlwollens geleitet sein. Nur dann, wenn Descartes nicht bloß so verständlich, sondern auch so stark und überzeugend wie möglich interpretiert wird, kann man von ihm lernen. Ein philosophisches Gespräch mit Descartes zu führen, umfasst schließlich auch, ihm zu antworten. Es wird deshalb immer wieder an der einen oder anderen Stelle aufgezeigt, was den Cartesischen Überlegungen entgegengesetzt werden kann – wobei das Antworten irgendwo ein Ende haben muss. Längst nicht jedes Argument kann in diesem Kommentar ausführlich besprochen werden. Ferner sollen exemplarisch auch weitere Philosophen, insbesondere des 20. Jahrhunderts, zu Wort kommen und hier in einen Dialog mit Descartes treten. Solche argumentativen Zusammenhänge herzustellen, ist für das systematische Verständnis von größter Bedeutung. Denn eine philosophische Position zu verstehen, heißt letztlich auch dies: Zu überblicken, welche weiteren Thesen sie impliziert und mit welchen anderen Positionen sie in Konflikt gerät. Man erschließt sich daher eine philosophische Theorie, indem man sie in einen größeren dialektischen Kontext einbettet.

Dieser Kommentar rekonstruiert Descartes' Überlegungen, die Einwände seiner Kontrahenten sowie seine Erwiderungen als *deduktive Argumente*, die zusammengenommen eine komplexe *dialektische Struktur* bilden (vgl. Tetens 2004; Betz 2010b). Die rekonstruierten Argumente werden fortlaufend durchnummeriert; sowohl im Fließtext als auch in den Argumentkarten wird auf diese Argumente verwiesen, indem der Argumentnummer der Großbuchstabe »A« vorangestellt wird. Die Verweise auf Prämissen, Zwischenkonklusionen und Konklusionen gehorchen dem Schema (*N.M*), wobei »*M*« die Nummer des jeweiligen Satzes im Argument mit der Nummer *N* bezeichnet. Fehlt die Argumentnummer, beziehen sich die Satznummern immer auf das zuletzt rekonstruierte Argument. Die Argumentkarten visualisieren die Unterstützungs- und Angriffsbeziehungen zwischen den verschiedenen Argumenten und Thesen mit durchgezogenen bzw. gestrichelten Pfeilen.

Der gesamten Interpretation liegt die Annahme zugrunde, dass es Descartes tatsächlich um das Begründen bestimmter Aussagen geht. Diese Behauptung ist nicht ganz unstrittig. Wir werden im Laufe unserer Rekonstruktion der *Meditationes* mehrmals auf die Frage zurückkommen, ob Descartes tatsächlich argumentiert und auf welche Voraussetzungen er sich damit eigentlich festlegt. Letztlich lässt sich aber belegen, dass dieser Interpretationsansatz, die *Meditationes* als eine komplexe Argumentation zu lesen, mit Descartes' Verständnis der *Meditationes* übereinstimmt. Er erläutert:

> »Die Ordnung [eines Gedankenganges] besteht allein darin, daß das, was zuerst vorgebracht wird, ohne die Hilfe von irgendetwas Folgendem erkannt werden können muß, und daß das Übrige dann so angelegt wird, daß es allein aus dem Vorhergehenden bewiesen werden kann. Ich habe versucht, in meinen Meditationen dieser Ordnung ganz genau zu folgen.« (AT VII, 155; EE 164)

In der Erwiderung auf die sechsten Einwände (dazu gleich mehr) hebt er hervor:

> »Zuerst, als ich den in diesen Meditationen dargelegten Überlegungen entnommen habe, daß der menschliche Geist real vom Körper unterschieden wird, daß er bekannter als der Körper ist und das Übrige: da war ich zur Zustimmung gezwungen. Denn ich stellte fest, daß in diesen Meditationen alles zusammenhängend und aus evidenten Prinzipien den Regeln der Logik folgend geschlossen war.« (AT VII, 440; EE 420)

Descartes lässt also keinen Zweifel daran aufkommen, dass er die *Meditationes* als eine komplexe Argumentationskette mit Begründungsfunktion versteht. Allerdings unterscheidet er zwei verschiedene Darstellungsformen solcher Argumentationsketten: die Analysis und die Synthesis (vgl. AT VII, 155 ff.; EE 163 ff.). Die Analysis präsentiert die Argumente zugunsten einer These in der Reihenfolge, in der sie aufgestellt und aufgefunden wurden. Sie gibt den Entdeckungszusammenhang einer komplexen Begründung wieder, so dass der Leser, indem er die einzelnen Gedanken- und Beweisschritte nachvollzieht, die Wahrheit des Satzes einsieht, als hätte »er sie selbst herausgefunden« (AT VII, 155; EE 164). Beispiele, heuristische Überlegungen und Analogien, vorläufige Begründungen, die später verworfen werden, dialektische Entwicklungen von Argumenten – all das charakterisiert diese Darstellungsform einer komplexen Argumentation. Die Synthesis hingegen ist ein Präsentationsmodus, der den Begründungszusammenhang eines Satzes so wiedergibt, dass der fragliche Satz abgeleitet wird bzw. deduktiv aus Axiomen und Definitionen folgt. Euklids *Elemente* galten nicht nur Descartes als das Ideal dieser Darstellungsform. Weil Descartes aber die Synthesis nur dort für geeignet hält, wo die Axiome *unmittelbar* einleuchten und plausibel sind, wählte er für die *Meditationes* – als besten »Weg zum Lehren« – die Form der Analysis (AT VII, 156f.; EE 165). Diese Selbstauskunft Descartes' trifft genau den Charakter der *Meditationes*, die voll von illustrierenden Beispielen und Analogieüberlegungen sind, und die sich vor allem durch eine komplexe »Dialektik« auszeichnen. Denn Descartes trägt, ohne dies von vornherein kenntlich zu machen, zahlreiche Überlegungen nur vor, um sie später zu verwerfen. Er zeichnet dadurch nach, wie aufgrund der Einsicht, dass einfache Argumente scheitern, komplexere Argumente entstehen. In der Rekonstruktion können wir indes schon aus Platzgründen nicht jede dieser dialektischen Schleifen Descartes' nachvollziehen, sondern müssen uns auf die Rekonstruktion der Endergebnisse solcher Überlegungen beschränken. Das bedeutet auch, dass etliche, bloß vorläufige Argumente nicht rekonstruiert werden.

Das Hauptaugenmerk der deduktiven Rekonstruktion liegt auf der Identifikation impliziter Prämissen der zu analysierenden Begründung. Dabei stellt sich immer die tendenziell problematische Frage, ob man einem Autor Annahmen, die sich nicht explizit im Text finden, unterstellen darf. Descartes macht es uns hier aber vergleichsweise einfach. Denn mit folgender Bemerkung zur Darstellungsform der Analysis gesteht er ein, entscheidende Prämissen ausgelassen zu haben, und fordert zu deren Ergänzung geradezu auf:

> »[...] außerdem werden viele Dinge, die ganz besonders beachtet werden müssen, gleichwohl oft kaum berührt, weil sie für alle transparent sind, die aufmerksam genug sind.« (AT VII, 156; EE 164)

Descartes' methodologische Überlegungen im *Discours de la méthode* (*Bericht über die Methode*) (veröffentlicht 1637) stützen gleichfalls unseren Interpretationsansatz. Die erste Hauptregel – eine methodologische Maxime, die ihre kulturelle Sprengkraft erst in den kommenden Jahrhunderten voll entfalten sollte – besagt,

> »[...] niemals irgendeine Sache als wahr zu akzeptieren, die ich nicht evidentermaßen als solche erkenne; dies bedeutet, sorgfältig Übereilung und Voreingenommenheit zu vermeiden und in meinen Urteilen nicht mehr zu umfassen als das, was sich so klar und so deutlich meinem Geist vorstellt, dass ich keine Möglichkeit hätte, daran zu zweifeln.« (AT VI, 18; Disc 39)

Diese erste Regel des *Discours* ist zum einen programmatisch für die gesamten *Meditationes*. Sie definiert die Beweis- und Begründungsstandards, an denen die Argumentation zu messen ist. Diese Regel ist zum anderen aber auch instruktiv für den eigenen Umgang mit Descartes' Text: Das Vorgehen, nämlich, ein kritisches philosophisches Gespräch mit Descartes zu führen, steht mit seiner allgemeinen methodologischen Maxime in Einklang. Als Interpreten behandeln wir die *Meditationes* nicht als autoritative Quelle philosophischer Offenbarungen, sondern vollziehen ihre Argumente kritisch nach, um unsere eigenen Gedanken zu schärfen.

Eingangs ist bemerkt worden, dass Descartes in den *Meditationes* eine Fülle von Themen und Grundfragen der Philosophie anschneidet. Worum geht es aber genau? Welche Thesen verficht Descartes in den *Meditationes* und wie lauten die Grundideen seiner Argumente? Obwohl er, wie gleich angedeutet wird, die unterschiedlichsten metaphysischen, ontologischen, epistemologischen und anthropologischen Thesen begründet und verteidigt, lassen sich die *Meditationes* als eine alles in allem doch sehr konsequente Argumentation zugunsten einer zentralen These interpretieren und rekonstruieren. Das ultimative Beweisziel der *Meditationes* besteht nämlich darin, die Wissenschaften auf eine sichere methodologische Grundlage zu stellen. Nicht die Resultate der empirischen Wissenschaften selbst, wohl aber die Zuverlässigkeit ihrer Methode will Descartes dabei als gewiss nachweisen. Insbesondere behauptet er, am Ende der *Meditationes* gezeigt zu haben,

– [*Methode der Verknüpfung*] Ich kann, indem ich der Methode der empirischen Wissenschaften folge, die Fehlerwahrscheinlichkeit bezüglich meiner empirischen Überzeugungen (beliebig) minimieren.

Die *Meditationes* sind eine komplexe Argumentation zugunsten dieser Behauptung – im Laufe derer allerdings eine Reihe philosophisch bedeutender Zwischenergebnisse gewonnen werden. *Vorläufig* stellt sich die Struktur der Gesamtargumentation wie folgt dar: In der ersten Meditation erörtert Descartes verschiedene Zweifelsgründe, also Argumente zugunsten der These,

– [*Zweifelsthese*] Es ist nicht ausgeschlossen, dass alle meine Überzeugungen falsch sind.

Insbesondere die Überlegung, dass es einen betrügerischen und ihn täuschenden Gott geben könnte, hält Descartes für eine stichhaltige Begründung dieser Behauptung. Bereits in der zweiten Meditation wird dieser radikale Skeptizismus jedoch eingeschränkt. Es gebe wenigstens eine Behauptung, die gewiss sei,

- [*Gewissheit der eigenen Existenz*] Es ist gewiss, dass ich existiere.

Descartes begründet diese erste Gewissheit mittels des berühmten Cogito-Arguments. Eine zweite Gewissheit, die ebenfalls in der zweiten Meditation begründet wird, lautet,

- [*Gewissheit der Denkfähigkeit*] Es ist gewiss, dass ich ein denkendes Ding bin.

Eine These, die in der zweiten Meditation vielleicht anklingt, jedoch keineswegs, so wird unsere Diagnose lauten, dort begründet wird, ist hingegen,

- [*These der realen Unterscheidung*] Als denkendes Ding bin ich von meinem Körper verschieden (falls ich überhaupt einen besitze), und kann ohne ihn existieren.

Den Begriff des Körpers verwendet Descartes in den *Meditationes* mehrdeutig. In einem weiten Sinne bezeichnen »Körper« und »körperliche Dinge« alle räumlich ausgedehnten Gegenstände; in einem engeren Sinne sind mit »Körper« hingegen leibliche Körper von Lebewesen gemeint. In unserem Kommentar verwenden wir den Begriff »Körper« ausschließlich in dem zweiten, engeren Sinne. Anstatt von »körperlichen Dingen« in weiterem Sinne werden wir hingegen von »materiellen Gegenständen« sprechen.

Die Analyse wird schließlich zeigen, dass Descartes in der zweiten Meditation auch begründen muss, dass alle analytisch wahren Sätze gewiss sind,

- [*Gewissheitskriterium der Analytizität*] Jeder als analytisch wahr erkannte Satz ist gewiss.

Auf diesem letzten Zwischenergebnis kann Descartes aufbauen, wenn er in der dritten Meditation den ideentheoretischen Gottesbeweis führt und die sogenannte Wahrheitsregel aufstellt. Letztere besagt,

– [*Wahrheitsregel*] Jeder Satz, den ich klar und deutlich zu erfassen meine, ist (gewiss) wahr.

Mit dem ideentheoretischen Gottesbeweis weist Descartes nicht nur nach, dass Gott existiert, sondern auch, dass Gott vollkommen ist,

– [*Theistische These*] Es gibt Gott und er ist vollkommen.

Der genaue argumentative Zusammenhang zwischen Wahrheitsregel und theistischer These muss an dieser Stelle offengelassen werden; es wird uns noch einige Mühe kosten, diesen Zusammenhang zu klären. Fest steht, dass sich aus der theistischen These in einer Schlüsselüberlegung ergibt,

– [*Nicht-betrügerischer Gott*] Es gibt Gott und er ist kein Schwindler.

Auf der Wahrheitsregel und der These des nicht-betrügerischen Gottes wird Descartes schließlich die Gewissheit wissenschaftlicher Erkenntnis gründen. Zuvor erörtert er in der vierten Meditation jedoch ein gewichtiges Problem, das sich angesichts der bis dahin entwickelten Position stellt. Kurz gesagt: Wie ist die Behauptung, es gebe einen allmächtigen Gott, der die Zuverlässigkeit meiner Erkenntnis verbürgt, mit der unbestreitbaren Tatsache vereinbar, dass wir uns gelegentlich irren? Descartes entwickelt eine eigene Fehler- und Irrtumstheorie, um diese Frage zu beantworten. Seine Antwort, so werden wir sehen, droht währenddessen, die Schlüsselthese des nicht-betrügerischen Gottes in Frage zu stellen.

In der fünften Meditation kann Descartes, ausgehend von der Wahrheitsregel, die Gewissheit mathematischer Theoreme und Resultate begründen.

– [*Gewissheit der Mathematik*] Mathematische Resultate sind gewiss.

Damit ist zumindest ein Teilziel der *Meditationes* erreicht. Außerdem stellt Descartes in Analogie zur Begründung mathematischer Gewissheiten einen zweiten, den sogenannten ontologischen Gottesbeweis auf. Die sechste Meditation enthält schließlich eine Reihe weiterer Argumente für, auf den ersten Blick, sehr unterschiedliche Thesen. Tatsächlich hängen aber auch diese Überlegungen eng miteinander zusammen. Zunächst begründet Descartes, ausgehend von der theistischen These und der These der Gewissheit der Denkfähigkeit (die in der zweiten Meditation bewiesen wurde), die Behauptung,

– [*Rein geistige Natur*] Die einzige Eigenschaft, die mir notwendig und wesentlich zukommt, ist meine Denkfähigkeit.

Mittels dieses Resultats kann Descartes dann die These der realen Unterscheidung (s.o.) begründen. Die These der realen Unterscheidung, die These der Gewissheit der eigenen Existenz und die Behauptung, es gebe materielle Dinge, bilden gemeinsam die Lehre des Substanzdualismus. Die dritte dieser Thesen lautet,

– [*Existenz der materiellen Außenwelt*] Es gibt eine von mir verschiedene Außenwelt, die meine Sinneseindrücke verursacht.

In die Begründung dieser Behauptung geht nicht allein die These der rein geistigen Natur (und damit ein Resultat der Cartesischen Philosophie des Geistes), sondern auch die theistische These bzw. die These des nicht-betrügerischen Gottes ein. Schließlich weist Descartes, abermals unter Rückgriff auf die theistische These, nach:

– [*Zuverlässigkeit der Sinnesdaten*] Die meisten meiner Sinneseindrücke lassen korrekte Rückschlüsse auf meine materielle Umwelt zu.

Und von hier ist es dann tatsächlich nur noch ein kleiner argumentativer Schritt zum zentralen Beweisziel, der Methode der Verknüpfung, mit dessen Erreichen die *Meditationes* schließen. Soweit die vorläufige Skizze der Hauptstränge der Cartesischen Argumentation.

Es wurde bereits erwähnt, dass es uns unmöglich sein wird, jedes Argument von Descartes detailliert zu besprechen und auf jede seiner Überlegungen gebührend einzugehen. Es gibt speziell zwei größere gedankliche Zusammenhänge in den *Meditationes*, die in dem folgenden Kommentar beinahe gänzlich ignoriert werden. Darauf sei an dieser Stelle aufmerksam gemacht. Es handelt sich dabei um den zweiten mutmaßlichen Gottesbeweis der dritten Meditation sowie um die vergleichsweise ausführliche Erklärung des Zustandekommens empirischer Irrtümer und Fehler in der sechsten Meditation. Tatsächlich ist es umstritten, ob die Überlegungen, die Descartes in der zweiten Hälfte der dritten Meditation anstellt, einen eigenständigen Gottesbeweis oder vielmehr nur eine Reformulierung des ideentheoretischen Gottesbeweises darstellen.[1] Es scheint aber, dass diese Überlegungen im Prinzip als Gottesbeweis rekonstruiert werden können – nämlich als Variante des kosmologischen Gottesbeweises. Gleichwohl stellt sich dabei heraus, dass die Prämissen dieses Gottesbeweises derart schwach sind, dass die wohlwollendste Interpretation der Passagen darin besteht, sie einzig als Begründung dafür zu lesen, dass Gott nicht bloß existiert, sondern auch mein Schöpfer ist. Auf diesen Punkt soll aber nicht weiter eingegangen werden. Ferner entwickelt Descartes in der sechsten Meditation – aus den gleichen Motiven, aus denen er in der vierten Meditation mit der Fehler- und Irrtumstheorie aufwartet – eine ausgeklügelte, teils sogar neurophysiologische Erklärung von

1 So macht Williams beispielsweise nur einen einzigen Gottesbeweis in der dritten Meditation ausfindig (Williams 2005, S. 95), Carriero spricht hingegen von zwei Gottesbeweisen (Carriero 2009, S. 197ff.).

Sinnestäuschungen. Diese Theorie spiegelt sich zwar partiell in unserer Rekonstruktion zugunsten der These der Zuverlässigkeit von Sinnesdaten wider, wird jedoch ebenfalls nicht in aller Ausführlichkeit analysiert.

Descartes baut in den *Meditationes* die philosophischen Gedanken aus, die sich im vierten Teil seines *Discours* finden. Ein erster Entwurf der *Meditationes*, der *Traité de Métaphysique*, lag mutmaßlich bereits Anfang der 1630er Jahre vor (vgl. Wohlers 2008, S. XII, XIX). 1640 stellte er das abgeschlossene, aber noch unveröffentlichte Manuskript der *Meditationes* zur Diskussion, wie sein Biograph Baillet berichtet (Baillet 1946, S. 175ff.). So bat er zunächst den niederländischen Kleriker Caterus, Einwände gegen die *Meditationes* zu formulieren. Er erwiderte die Einwände schriftlich und schickte das Manuskript samt Caterus' Einwänden und seiner Erwiderungen an seinen Freund Marin Mersenne mit der Bitte, Mersenne möge die Texte zirkulieren lassen, um weitere Einwände zu sammeln. Mersenne kam dieser Bitte nach, und so entstanden: die zweiten Einwände, welche die Kritikpunkte verschiedener Theologen, darunter die kritischen Anmerkungen Mersennes selbst, bündeln, die dritten Einwände, die Thomas Hobbes (1588–1679) verfasste, die vierten Einwände von Antoine Arnauld (1612–1694) und die fünften Einwände Pierre Gassendis (1592–1655). Descartes antwortete gesondert auf jede dieser Kritiken. In Kenntnis seiner Erwiderungen auf die ersten fünf Einwände verfassten Gelehrte im Umfeld Mersennes schließlich die sechsten Einwände. Descartes antwortete auch auf diese – und die erste Auflage der *Meditationes* wurde 1641 mit all jenen Einwänden und Erwiderungen veröffentlicht. Dieser dokumentierte, argumentative Schlagabtausch wird uns eine große Hilfe bei der Interpretation der *Meditationes* sein. Die zweite Auflage der *Meditationes* erschien nur ein Jahr später – 1642. Ihr sind zusätzlich die kritischen Kommentare des Jesuiten Pierre Bourdin und Descartes' Antwort auf diese beigefügt. Bereits 1644 veröffentlichte Descartes dann die *Principia philosophiae* (*Prinzipien der Philosophie*). In ihrem ersten Teil fasst er die Überlegungen und Ergebnisse der *Meditationes* zusammen. Daher können auch die *Principia* wertvolle Hinweise zum Verständnis der *Meditationes* geben.

Wir bedienen uns in diesem Kommentar folgender Übersetzungen der Schriften Descartes':

- *Discours de la méthode pour bien conduire sa raison, et chercher la verité dans les sciences:* französisch-deutsch. Übersetzt und herausgegeben von Holger Ostwald. Reclams Universal-Bibliothek 18100. Stuttgart: Reclam 1997. (AT VI; unter der Sigle »Disc«)
- *Meditationes de Prima Philosophia:* lateinisch-deutsch. Übersetzt und herausgegeben von Gerhart Schmidt. Reclams Universal-Bibliothek 2888. Stuttgart: Reclam 1986. (AT VII, 1–90; jede Meditation steht unter einer eigenen Sigle, nämlich »EM«, »ZM«, »DM«, »VM«, »FM« bzw. »SM«; die »Vorrede an den Leser« steht unter der Sigle »MV«; die »Übersicht der folgenden sechs Meditationen« steht unter der Sigle »MÜ«)
- *Meditationen. Mit sämtlichen Einwänden und Erwiderungen.* Übersetzt und herausgegeben von Christian Wohlers. 1. Auflage. Philosophische Bibliothek, Band 598. Hamburg: Meiner 2009. (AT VII, 91–561; unter der Sigle »EE«)
- *Die Prinzipien der Philosophie*: lateinisch-deutsch. Übersetzt und herausgegeben von Christian Wohlers. 1. Auflage. Philosophische Bibliothek, Band 566. Hamburg: Meiner 2005. (AT VIII/1; unter der Sigle »Prin«)
- *Gespräch mit Burman*: lateinisch-deutsch. Übersetzt und herausgegeben von Hans Werner Arndt. 1. Auflage. Philosophische Bibliothek, Band 325. Hamburg: Meiner 1982. (AT V; unter der Sigle »GmB«).

Durchgängig werden Band und Seitennummer der Standardausgabe der Werke Descartes' von Charles Adam und Paul Tannery (*Oeuvres de Descartes*, Paris: Cerf 1987–1913; abgekürzt »AT«) sowie, nach Siglen geordnet, die Übersetzungen mit Seitenzahl zitiert.

Erste Meditation
Der Cartesische Zweifel

Descartes' Zweifelsbehauptungen: Starke und schwache Lesart

Eines der zentralen Beweisziele der *Meditationes* besteht darin, die empirischen Wissenschaften und die Mathematik auf ein sicheres Fundament zu stellen. Descartes hält hierfür im Grunde genommen ein einfaches Rezept parat: Stelle, erstens, konsequent und radikal alle bisherigen Meinungen in Frage; gebe, zweitens, diejenigen Meinungen auf, die sich als zweifelhaft herausstellen; überprüfe, drittens, welche Meinungen dann übrig bleiben; und errichte, viertens, das Gebäude der Wissenschaften auf diesen sicheren Grundfesten! Descartes beginnt gleich in der ersten Meditation damit, diesen Plan in die Tat umzusetzen. So kündigt er an, nun »ernst und frei diesen allgemeinen Umsturz aller meiner Meinungen« vorzunehmen (AT VII, 18; EM 63). Dazu genüge es bereits, dass »ich in einer jeden irgendeinen Anlaß zum Zweifeln finde« (ebd.). Folgerichtig diskutiert Descartes in der ersten Meditation verschiedene Zweifelsgründe und sieht sich angesichts dieser skeptischen Argumente schließlich

> »[...] zu dem Geständnis gezwungen, daß man an allem, was ich einst für wahr hielt, zweifeln könne [...].«
> (AT VII, 21; EM 71)

Aber was behauptet Descartes damit in der ersten Meditation eigentlich genau? So sagt er ja offenbar nicht, dass alle seine Meinungen falsch seien. Er behauptet vielmehr nur, dass seine Überzeugungen allesamt bezweifelbar seien, das heißt, dass sie *falsch sein könnten*. Bei genauerer Betrachtung stellt sich heraus, dass dieser Satz wiederum mehrdeutig ist: Will Descartes sagen, dass jede einzelne Überzeugung, isoliert betrachtet, bezweifelt werden kann, oder, mehr noch, dass alle Überzeugungen auf einmal falsch sein könnten? Für die Rekonstruktion sollten auf jeden Fall zwei Lesarten der Zweifelsbehauptung voneinander unterschieden werden:

a) [*Schwache Zweifelsthese*] Für jede meiner Überzeugungen gilt: Sie ist möglicherweise falsch.
b) [*Starke Zweifelsthese*] Es ist möglich, dass für jede meiner Überzeugungen gilt: Sie ist falsch.

Machen wir uns kurz klar, dass diese zwei Lesarten nicht gleichbedeutend sind. Denn zwar folgt aus These (b) die Aussage (a) – Entgegengesetztes gilt aber nicht. Um von (a) auf (b) zu schließen, müsste man nämlich, ganz allgemein, argumentieren,

1) Jeder F-Gegenstand besitzt möglicherweise die Eigenschaft G.

---

2) Also: Es ist möglich, dass alle F-Gegenstände die Eigenschaft G besitzen.

Dieses Schlussschema ist jedoch nicht gültig, wie ein Gegenbeispiel zeigt: Zwar könnte sich etwa jedes einzelne Gemälde als eine, wenn auch äußerst raffinierte, Fälschung entpuppen, aber es ist sicherlich nicht möglich, dass alle Gemälde Fälschungen sind – denn ohne Originale auch keine Fälschungen.[2] Die zwei Lesarten der

2 Wir haben die Ungültigkeit des Schlussmusters durch ein Gegenbeispiel nachgewiesen, indem wir für die Eigenschaft F »Gemälde sein« und die Eigenschaft G »Fälschung sein« einsetzten. Das resultierende Argument, welches das allgemeine Schlussschema realisiert, besitzt einzig wahre Prämissen, aber eine falsche Konklusion. Daher ist das Schlussschema nicht gültig. Das Beispiel stammt von Rosenberg (1986).

Zweifelsbehauptung sind damit tatsächlich bedeutungsverschieden. Bevor wir herauszufinden versuchen, welche dieser zwei Thesen Descartes behauptet, sollte aber sichergestellt werden, dass wir die Thesen ganz und gar verstanden haben. Denn in den Zweifelsthesen kommen Ausdrücke einer Klasse vor, die philosophisch alles andere als leichtverständlich sind, und deren Klärung, so kann man wohl ohne zu übertreiben sagen, für die Interpretation der gesamten *Meditationes* von größter Bedeutung ist. Es handelt sich um die Modalausdrücke »möglich« und »möglicherweise«.

Eine ganz kurze modallogische Einführung: Die zwei wichtigsten Modalausdrücke sind die Operatoren »Es ist möglich:« und »Es ist notwendig:«. Diese zwei Modaloperatoren hängen eng miteinander zusammen: Ein Satz p ist genau dann notwendig wahr, wenn es nicht möglich ist, dass p falsch ist. Damit ist aber noch nichts darüber gesagt, was es eigentlich bedeutet, dass ein Satz möglicherweise oder notwendigerweise wahr ist. Tatsächlich kann damit auch ganz Verschiedenes ausgesagt werden, und dementsprechend tun wir gut daran, verschiedene Notwendigkeitsbegriffe voneinander zu unterscheiden. So kann ein Satz unter anderem *logisch-begrifflich notwendig* wahr sein, das heißt: wahr sein aufgrund der Bedeutung der in ihm vorkommenden Wörter und ihrer Stellung zueinander, mit anderen Worten: analytisch wahr sein; er kann *physikalisch notwendig* wahr sein, das heißt aus den physikalischen Naturgesetzen folgen; und er kann schließlich *epistemisch notwendig* wahr sein, das heißt, dass es (aus Sicht einer Person P) zwingende Gründe für diesen Satz gibt – der Satz ist gewiss. In diesem Kommentar sollen die Ausdrücke »notwendig« und »möglich« für logisch-begriffliche Modalitäten reserviert bleiben. Epistemische Modalitäten, um die es hauptsächlich gehen wird – doch dazu gleich mehr – werden hingegen wie in der folgenden Tabelle umschrieben.

Epistemische Modalaussage	*Reformulierungen*
Es ist epistemisch möglich, dass non-p.	Es ist bezweifelbar, dass p. Es ist nicht gewiss, dass p.
Es ist epistemisch notwendig, dass p.	Es ist gewiss, dass p. Es ist unbezweifelbar, dass p. Es ist ausgeschlossen / ich kann ausschließen, dass p falsch ist.
Es ist epistemisch möglich, dass p.	Es ist nicht ausgeschlossen, dass p. Es ist bezweifelbar, dass p falsch ist. Es ist nicht gewiss, dass p falsch ist.

Descartes versucht in den *Meditationes*, die Wissenschaften auf eine sichere Grundlage zu stellen. Dabei geht es ihm jedoch nicht um Notwendigkeit in einem »absoluten« Sinne, wie er in den Erwiderungen auf die zweiten Einwände erläutert.

> »Wenn nämlich diese [klar und deutlich erfasste] Überzeugung so fest ist, daß wir niemals irgendeine Ursache haben können, an dem zu zweifeln, wovon wir so überzeugt sind, gibt es nichts, was wir darüber hinaus erforschen wollen; wir haben alles, was man vernünftigerweise wünschen kann. Was nämlich geht es uns an, wenn vielleicht jemand so tut, als ob gerade das, von dessen Wahrheit wir so fest überzeugt sind, Gott oder den Engeln als falsch erscheine, und es deshalb absolut gesprochen falsch sei? Was kümmert uns diese absolute Falschheit, da wir doch nicht im Geringsten an sie glauben und auch wohl nicht den geringsten Verdacht hegen? Wir setzen nämlich voraus, daß eine derartig feste

Überzeugung in keiner Weise aufgehoben werden kann; und demnach ist diese Überzeugung genau dasselbe wie die allervollkommenste Gewißheit.«

(AT VII, 144f.; EE 154)

Die zentralen Thesen der *Meditationes* sind daher als epistemische Notwendigkeitsaussagen zu interpretieren: Es ist für den Denker unbezweifelbar und gewiss, dass Gott existiert, dass Körper und Geist real verschieden sind, dass die wissenschaftliche Methode zuverlässig ist. Auch die Zweifelsthesen (a) und (b) sind Modalaussagen. Sie bilden den Gegenpol zu den eigentlichen Beweiszielen Descartes'. Von welcher Art von Modalität dort die Rede ist, liegt damit auf der Hand: Es handelt sich um epistemische Möglichkeit und Notwendigkeit, d.h. um Zweifel und Gewissheit. Wir können die Lesarten (a) und (b) somit präzisieren zu:

a') [*Schwache Zweifelsthese*] Für jede meiner Überzeugungen gilt: Sie ist bezweifelbar.
b') [*Starke Zweifelsthese*] Es ist nicht ausgeschlossen, dass für jede meiner Überzeugungen gilt: Sie ist falsch.

Damit sind die beiden Lesarten der Zweifelsbehauptung hinreichend geklärt. Welche dieser zwei Thesen Descartes in der ersten Meditation aber letztlich vertritt, wird sich erst durch die Rekonstruktion der Zweifelsgründe, d.h. der Argumente zugunsten der Zweifelsbehauptung entscheiden lassen. Je nachdem ob Descartes' Argumente die starke, und somit automatisch auch die schwache, oder hingegen nur die schwache Lesart stützen, können wir ihm getrost die eine oder auch die andere These zuschreiben.

Erster Zweifelsgrund: Sinnestäuschungen

Den ersten Zweifelsgrund, das Argument aus den Sinnestäuschungen, formuliert Descartes wie folgt:

> »Alles nämlich, was ich bis heute als ganz wahr gelten ließ, empfing ich unmittelbar oder mittelbar von den Sinnen; diese aber habe ich bisweilen auf Täuschungen ertappt, und es ist eine Klugheitsregel, niemals denen volles Vertrauen zu schenken, die uns auch nur ein einziges Mal getäuscht haben.« (AT VII, 18; EM 65)

Die Grundidee dieser Überlegung ist ganz durchsichtig. Manchmal täuschen mich meine Sinne. Also könnte jede meiner Sinneserfahrungen eine Täuschung sein. Und da alle Überzeugungen auf Sinneserfahrungen beruhen, sind sie bezweifelbar. Welche Lesart der Zweifelsthese wird somit durch dieses Argument gestützt? Sollte es die starke Lesart begründen, so müsste ungefähr wie folgt geschlossen werden:

1) Jede Sinneserfahrung ist möglicherweise eine Täuschung.

---

2) Also: Es ist möglich, dass alle Sinneserfahrungen Täuschungen sind.

Dieser Schluss ist aber aus den gleichen Gründen wie der oben analysierte Schluss von der schwachen auf die starke Lesart der Zweifelsthese (vgl. hier S. 24) ungültig. Mit dem Argument aus den Sinnestäuschungen argumentiert Descartes also nur für die schwache Lesart, wobei er auf ein epistemisches Vorsichtsprinzip, das »Gebot der Klugheit«, zurückgreift, A1:

1) Einige meiner Sinneswahrnehmungen sind trügerisch.
2) Sind einige Gegenstände der Art F trügerisch, so gilt für jeden F-Gegenstand: Es ist nicht ausgeschlossen, dass er trügerisch ist (Gebot der Klugheit).

---

3) Also (aus 1,2): Jede meiner Sinneswahrnehmungen könnte trügerisch sein.
4) Alle meine Überzeugungen habe ich aufgrund wenigstens einer Sinneswahrnehmung gebildet.
5) Eine Überzeugung, die aufgrund einer Sinneswahrnehmung gebildet wurde, von der nicht auszuschließen ist, dass sie trügerisch ist, ist bezweifelbar.

---

6) Also (aus 3–5): Jede Überzeugung ist bezweifelbar (PRO schwache Zweifelsthese).

Kurz nach dessen Präsentation verwirft Descartes dieses Argument aber bereits wieder. Aus folgendem Grund hält er es für kaum beweiskräftig:

> »Indessen, wenn uns auch die Sinne zuweilen über kleine und ferner liegende Gegenstände täuschen, so ist doch an den meisten andern zu zweifeln gar nicht möglich, ungeachtet ihres sinnlichen Ursprungs; so z. B., daß ich hier bin, am Ofen sitze, […].«
>
> (AT VII, 18; EM 65)

Descartes unterstreicht hier, dass Täuschungen in spezifischen, charakteristischen Situationen vorliegen, die von Normalsituationen unterschieden werden können. Das Gebot der Klugheit (Prämisse 1.2) mahnt zu übertriebener Vorsicht und wird von Descartes deshalb nicht akzeptiert.

Zweiter Zweifelsgrund: Träume

Descartes macht in einer weiteren Überlegung eine Beobachtung, die sein zweites Argument zugunsten der Zweifelsthese antreibt. Er stellt nämlich fest, dass »nie durch sichere Merkmale der Schlaf vom Wachen unterschieden werden kann […]«. Daraufhin entfaltet er die Traumhypothese:

»Wohlan denn, wir träumen, und unwahr sollen alle jene Einzelheiten sein: daß wir die Augen öffnen, den Kopf bewegen, die Hände ausstrecken, ja sogar, daß wir solche Hände, überhaupt solch einen Körper haben!«

(AT VII, 19; EM 67)

Damit liegen die zwei wichtigsten Bestandteile des Traumarguments auf dem Tisch. Diese sind, erstens, dass wir nicht sicher erkennen können, ob wir träumen oder nicht, das heißt: dass wir träumen, ist nicht ausgeschlossen. Und, zweitens: Träumen wir, sind unsere Überzeugungen *vielleicht* allesamt falsch (wir besitzen vielleicht nicht einmal einen Körper!). Daraus ergibt sich folgende Rekonstruktion des Traumarguments, welches die starke Zweifelsthese stützt, A2:

1) Ich kann nicht anhand sicherer Kennzeichen unterscheiden, ob ich träume oder wache.
2) Wenn ich nicht anhand sicherer Kennzeichen unterscheiden kann, ob p oder non-p, so kann ich nicht ausschließen, dass p, und ich kann nicht ausschließen, dass non-p.

---

3) Also (aus 1–2): Ich kann nicht ausschließen, dass ich (dies alles, mein gesamtes Leben …) träume.
4) Es ist gewiss, dass, falls ich (dies alles, mein gesamtes Leben …) träume, es nicht ausgeschlossen ist, dass alle meine Überzeugungen falsch sind.

---

5) Also (aus 3–4)[3]: Es ist nicht ausgeschlossen, dass jede meiner Überzeugungen falsch ist (PRO starke Zweifelsthese).

3 In dem Schluss auf diese Konklusion wird von folgender modallogischer Schlussregel Gebrauch gemacht: Wenn (i) Mp und (ii) N(p→Mq)), so Mq. »M« und »N« stehen hier für den Möglichkeits- bzw. den Notwendigkeitsoperator. Jene Regel basiert insbesondere auf dem Modalprinzip »MMp→Mp«, das für den Fall epistemischer Modalitäten so auszuformu-

Wie überzeugend ist dieses Argument? Prämisse (2) ist eine einfache begriffliche Feststellung, und auch an Prämisse (1) gibt es nicht viel auszusetzen. Denn jedes Kennzeichen, anhand dessen ich angeblich zwischen Wach- und Traumzustand zu unterscheiden vermag (wie der Schmerz, wenn ich mich kneife), könnte ja selbst wieder bloß ge- und erträumt sein. Bleibt also noch Prämisse (4), die wir etwas gründlicher untersuchen sollten. Nehmen wir einmal an, wir träumten, wie im Antezedens (also dem Wenn-Teil) von (4) vorausgesetzt. Warum folgt daraus, dass all unsere Überzeugungen dann falsch sein könnten bzw. bezweifelbar sind? Nun, diese Konsequenz scheint sich zumindest dann zu ergeben, wenn man eine Korrespondenztheorie der Wahrheit vertritt, das heißt: sobald man annimmt, dass ein Satz genau dann wahr ist, wenn er mit einer von uns unabhängigen Tatsache korrespondiert. Denn im Traumszenario scheint ja gerade die Möglichkeit einer systematischen Kluft zwischen den Überzeugungen des Träumenden einerseits und den von ihm unabhängigen Tatsachen andererseits zu bestehen. Der Korrespondenztheorie der Wahrheit zufolge hieße ein solches Auseinanderfallen von Überzeugungen und Tatsachen aber nichts anderes, als dass diese Überzeugungen falsch sind. Die Prämisse (4) wird umgekehrt sofort fragwürdig, wenn man beispielsweise eine Kohärenztheorie der Wahrheit vertritt und unter der Wahrheit eines Satzes – vereinfacht gesagt – nichts anderes versteht, als seine Passgenauigkeit in ein gegebenes Überzeugungsnetz. Wie sich im Laufe der Interpretation der *Meditationes* immer wieder bestätigen wird, vertritt Descartes jedoch eine Korrespondenztheorie der Wahrheit (vgl. bspw. Carriero 2009, S. 227).

lieren ist: Wenn es nicht ausgeschlossen ist, dass es nicht ausgeschlossen ist, dass p, so ist es nicht ausgeschlossen, dass p. Das zugegeben nicht ganz durchsichtige Prinzip lässt sich in folgenden Schritten auf das ganz einsichtige Prinzip »NNp→Np« (gewiss Gewisses ist gewiss) zurückführen: MMp, also ¬N¬¬N¬p, also ¬NN¬p, also ¬N¬p, also Mp.

Ihm im Traumargument die Prämisse (4) zu unterstellen, passt also ziemlich gut zu seiner Position. Daran ändert auch die Tatsache nichts, dass Descartes das Traumargument, wie wir gleich sehen werden, letztlich nicht für besonders überzeugend hält. Denn auch seine Kritik am Traumargument setzt wiederum einen korrespondenztheoretischen Wahrheitsbegriff voraus.

Descartes gibt nämlich zu bedenken, es müsse doch wohl eingeräumt werden,

> »[...] daß uns im Schlaf gleichsam gewisse Malereien erschienen sind, die nur nach dem Vorbilde wirklicher Dinge gebildet werden konnten, und daß darum wenigstens im allgemeinen Augen, Kopf, Hände und der ganze Körper nicht als eingebildete, sondern als wirkliche Dinge existieren.« (AT VII, 19; EM 67)

Nach Descartes müssen auch im Traum ganz einfache und allgemeine Vorstellungen »wahr« sein, aus denen

> »[...] alle jene wahren oder unwahren Bilder von Dingen gestaltet werden, die in unserem [Denken][4] vorhanden sind.« (AT VII, 20; EM 67ff.)

Die Grundidee dieser Kritik macht Descartes mit einer Metapher verständlich. Mögen auch die Traumgebilde, die wir phantasierend im Schlaf konstruieren, nichts mit der Wirklichkeit gemein haben, so müssen doch zumindest die elementaren Bausteine, aus denen wir unsere Traumbilder zusammensetzen, mit gewissen grundlegenden Eigenschaften der Wirklichkeit übereinstimmen. Was aber sind diese elementaren Bausteine?

> »Dazu gehört anscheinend die Natur des Körpers im allgemeinen und seine Ausdehnung, desgleichen die Ge-

4 Im lateinischen Wortlaut: »in cogitatione nostrâ«. In diesem Kommentar wird *cogitatio* mit *Denken* übersetzt; die folgenden Zitate sind, wo erforderlich, entsprechend abgeändert worden.

stalt der ausgedehnten Dinge, ferner die Quantität, d.h. ihre Größe und Anzahl; [...] und ähnliches.«

(AT VII, 20; EM 69)

Daraus schließt Descartes, dass einfache mathematische, insbesondere geometrische oder arithmetische Wahrheiten auch im Traum bestehen.

Bevor wir den Einwand gegen das Traumargument aber rekonstruieren, wenden wir uns Descartes' etwas eigentümlichen Gebrauch des Wahrheitsbegriffs zu, der in den obigen Zitaten anklingt. Für das Verständnis des Einwands ist das zwar nicht unbedingt erforderlich. Spätestens um den Gottesbeweis der dritten Meditation zu rekonstruieren, muss der Wahrheitsbegriff indessen geklärt sein. Und da die dritte Meditation, die ganz sicherlich den unübersichtlichsten Teil der *Meditationes* darstellt, hinreichend viele andere explikationsbedürftige Begriffe enthält, ist der Einwand gegen das Traumargument ein willkommener Anlass, sich bereits an dieser Stelle dem Cartesischen Wahrheitsbegriff zuzuwenden.

Descartes zufolge können zwei ganz unterschiedliche Arten von Dingen wahr oder falsch sein. *Erstens* nämlich könne die Eigenschaft, wahr zu sein, einem »Urteil« zukommen. Descartes redet hier genaugenommen von der »formale[n]« Wahrheit und Falschheit (*falsitas formalis*) (AT VII, 43; DM 117), die ein Urteil besitzen könne. Schon hier weicht Descartes' Sprachgebrauch leicht von dem heutigen Sprachgebrauch ab. Urteile ich, dass Hannover mehr als 400 Kilometer von Stuttgart entfernt ist, so kann ich richtig oder falsch geurteilt haben. Zu sagen, ich hätte »wahr« geurteilt, klänge jedoch etwas merkwürdig. Dass ein Urteil richtig oder falsch ist, bedeutet aber nichts anderes, als dass der Satz, der den propositionalen Gehalt des Urteils bzw. der entsprechenden Überzeugung ausdrückt, wahr ist. Ich urteile genau dann richtig, dass p, wenn p wahr ist. Aus diesem Grund können wir die »formale«

Wahrheit eines Urteils bei Descartes schlichtweg mit der Wahrheit von Sätzen und Überzeugungen identifizieren. *Zweitens* könnten aber auch Denkakte mit gegenständlichem repräsentationalen Gehalt – also das, was Descartes »Ideen« (*idea*) oder, je nach Übersetzung, auch »Vorstellungen« nennt – wahr oder falsch sein. Er redet hier von der »materialen« Wahrheit und Falschheit: *falsitas materialis* (AT VII, 43; DM 117). Diese zweite Verwendung des Wahrheitsbegriffs weicht nun vollends von unserem heutigen Sprachgebrauch ab: So könnte die Aussage »Meine Vorstellung des Hauses, in dem ich aufwuchs, ist wahr« heute wohl kaum als ein wohlgeformter Satz gelten – Descartes' Terminologie entsprechend ist diese Aussage jedoch sinn- und bedeutungsvoll. Was aber bedeutet es dann, dass eine Idee material wahr ist? Wenn eine Idee »ein Nichtding als Ding« (AT VII, 43; DM 117) repräsentiert oder »nichts Reales« darstellt (AT VII, 46; DM 123), sagt Descartes, dann sei sie material falsch. Meine Interpretation des Begriffs materialer Wahrheit, die sich im Zuge der weiteren Rekonstruktion erst noch bewähren muss, lautet deshalb: Eine Idee ist genau dann material wahr, wenn sie etwas Existierendes und nicht einfach nichts repräsentiert. Denke ich also zum Beispiel an den derzeitigen König von Frankreich, so besitze ich eine material falsche Idee (denn es gibt im Moment keinen König von Frankreich). Meine Vorstellung von Winston Churchill hingegen ist material wahr. Und wenn Descartes erörtert, ob die Idee der Kälte einer realen Eigenschaft entspricht, fragt er sich, ob diese Idee material wahr oder falsch ist (AT VII, 43f.; DM 117ff.).[5] Mit dieser Interpretation lässt sich ein eleganter Zusam-

5 Perler erörtert den Begriff materialer Wahrheit ausführlich (Perler 1996, S. 54ff.). Aus Gründen, die Frankfurt anführt und die erst im Laufe des dritten Kapitels wirklich verständlich werden, weiche ich von Perlers Interpretation ab: Bedeutete »materiale Wahrheit« so viel wie »korrekte« oder »zutreffende Repräsentation«, so würde das klare und deutliche Erfassen der Idee eines Gegenstand bereits als Existenznachweis gelten (Frankfurt 1970, S. 178).

menhang zwischen (i) der Wahrheit als einer Eigenschaft von Sätzen und (ii) der materialen Wahrheit als einer Eigenschaft von Ideen herstellen, der uns bei verschiedenen Rekonstruktionen nützlich sein wird[6]: Einerseits nämlich setzt die Wahrheit eines Satzes voraus, dass die Ideen derjenigen Dinge, die in dem Satz benannt werden, material wahr sind. Das ergibt sich unmittelbar aus der Korrespondenztheorie der Wahrheit. Ein Satz, bzw. die Überzeugung, die er ausdrückt, kann nur dann mit einer Tatsache übereinstimmen, wenn seine Eigennamen tatsächlich irgendetwas repräsentieren – sonst handelte der Satz ja schlicht von nichts. Die Eigennamen, die in einem solchen Satz vorkommen, entsprechen aber bestimmten Ideen, die somit ebenfalls irgendetwas repräsentieren und daher material wahr sind. Andererseits setzt aber materiale Wahrheit in gewisser Weise auch (propositionale) Wahrheit voraus. Warum? Betrachten wir eine Vorstellung mit gegenständlichem Gehalt, etwa die Vorstellung des Gegenstands, den wir »Stuttgart« nennen. Nehmen wir an, nichts anderes als die Landeshauptstadt Baden-Württembergs hieße »Stuttgart«, und stellen wir uns ferner vor, Peter besäße keine einzige wahre Überzeugung über Stuttgart: Peter meint etwa, Stuttgart sei der geisterhafte Samurai-Held eines japanischen Epos des 9. Jahrhunderts – wobei wir annehmen wollen, dass es überhaupt keinen geisterhaften Samurai-Helden eines japanischen Epos des 9. Jahrhunderts gibt. Nun, in diesem Fall können wir gar nicht mehr verstehen, inwiefern Peters Idee von Stuttgart noch die Landeshauptstadt Baden-Württembergs, geschweige denn überhaupt irgendeinen Gegenstand repräsentiert.[7] Peter denkt an

6 Einen ähnlichen Zusammenhang stellt Carriero her (Carriero 2009, S. 311). Vgl. auch das Argument (A25), hier S. 116f.

7 Diese Folgerung ist in der Sprachphilosophie jedoch umstritten. So scheint beispielsweise Saul Kripkes kausale Theorie der Eigennamen, die er in seinem »Naming and Necessity« (1972) (dt., »Name und Notwendigkeit«, 1981) entwickelt, gerade *nicht* zu verlangen, dass man wahre Überzeugun-

nichts, wenn er sagt, er denke gerade an Stuttgart. Mit anderen Worten: seine Idee von Stuttgart referiert auf keinen Gegenstand – und ist demnach material falsch. Dieses Beispiel illustriert, dass eine Idee nur dann material wahr sein kann, wenn zumindest einige der Überzeugungen, die von dieser Idee bzw. von ihrem gegenständlichen Gehalt handeln, wahr sind. Die Ergebnisse unserer Diskussion des Cartesischen Wahrheitsbegriffs können wir in folgender Tabelle festhalten.

Formale Wahrheit	*Materiale Wahrheit*
Ein »Urteil«, d.h. ein Denkakt mit propositionalem Gehalt, ist genau dann »formal wahr«, wenn der Satz, der den Gehalt des Urteils ausdrückt, mit einer Tatsache korrespondiert (d.h. wahr ist).	Eine »Idee«, d.h. ein Denkakt mit gegenständlichem repräsentationalen Gehalt, ist genau dann »material wahr«, wenn diese Idee etwas Existierendes – und nicht einfach nichts – repräsentiert.
»⇒«: Die Übereinstimmung eines Satzes mit einer Tatsache setzt voraus, dass seine Eigennamen (und die ihnen entsprechenden Ideen) referieren.	
»⇐«: Einige Sätze, in denen der Eigenname »a« vorkommt, müssen wahr sein, damit »a« (und die entsprechende Idee) überhaupt etwas repräsentiert.	

Auf diese Weise begrifflich gewappnet, können wir Descartes' Einwand gegen das Traumargument rekonstruieren: Dessen Grundidee, daran sei kurz erinnert, besagte, dass zumindest die allereinfachsten und allgemeinsten Ide-

gen über einen Gegenstand besitzen muss, um auf ihn mit einem Eigennamen zu verweisen. Tugendhat und Wolf weisen jedoch – in meinen Augen: überzeugend – nach, dass auch Kripkes Auffassung zufolge nur dann mit einem singulären Terminus auf einen Gegenstand x referiert wird, wenn bestimmte Überzeugungen über x wahr sind (vgl. Tugendhat/Wolf 1983, S. 163 ff.).

en, aus denen sich Träume zusammensetzen, material wahr sein müssten. Materiale Wahrheit setzt aber, wie wir soeben sahen, propositionale Wahrheit voraus. A 3:

1) Sollte ich (dies alles, mein gesamtes Leben …) träumen, so sind meine Überzeugungen zweifelsfrei Traumbilder, die sich aus material wahren Ideen ganz einfacher und allgemeiner Gegenstände zusammensetzen.
2) Setzen sich meine Überzeugungen aus material wahren Ideen zusammen, die ergo irgendwelche real existierenden Gegenstände repräsentieren, so besitze ich zwangsläufig auch Überzeugungen über diese Gegenstände, die wahr sind.

---

3) Also (aus 1,2): Sollte ich (dies alles, mein gesamtes Leben …) träumen, so besitze ich dennoch zwangsläufig wahre Überzeugungen.
4) Es ist nicht ausgeschlossen, dass ich (dies alles, mein gesamtes Leben …) träume.

---

5) Also (aus 3,4)[8]: Es ist nicht gewiss, dass alle meine Überzeugungen vielleicht falsch sind, falls ich (dies alles, mein gesamtes Leben …) träume (CONTRA 2.4).

Die Konklusion des Einwands negiert die Prämisse (2.4) des Traumarguments, das somit erfolgreich angegriffen wird. Der Einwand teilt die Prämisse (4) mit dem Traumargument (wo der Satz, genau genommen, als Zwischenkonklusion fungiert); an dieser Stelle kann eine Verteidigung des letzteren daher nicht ansetzen. Bei Prämisse (2) hingegen handelt es sich um den Zusammenhang zwischen materialer und formaler Wahrheit, den wir weiter oben bereits erörtert haben (»⇐«-Richtung in der zusammenfassenden Tabelle).

Bleibt schließlich noch die erste Prämisse als Dreh- und

8 Die Konklusion folgt unter Verwendung der Schlussregel »Wenn (i) $N(p \rightarrow \exists x{:}F(x))$ und (ii) Mp, so $\neg N(p \rightarrow \forall x{:}\neg F(x))$«, wobei »eine wahre Überzeugung von mir sein« für »F« und »Ich träume« für »p« eingesetzt wird.

Angelpunkt des Einwands: Denkt man hier, wie Descartes, an mathematische Gegenstände und ihre Eigenschaften, scheint auch (1) äußerst plausibel. Auch im Traum teilt die Diagonale ein Rechteck in zwei Dreiecke, die je drei Seiten besitzen. Das mathematische Wissen, so scheint es, ist immun gegen das Traumargument. Als Argument zugunsten der starken Zweifelsthese weist Descartes es, zu recht, zurück.

Dritter Zweifelsgrund: Allmächtiger, täuschender Dämon

Nachdem Descartes auch den zweiten von ihm erwogenen Zweifelsgrund, der aus der Traumhypothese entstand, entkräftet hat, entwickelt er ein weiteres Szenario ausgehend von der Annahme,

> »[...] es gebe [...] einen Gott, der alles vermag; von ihm sei ich, so wie ich da bin, geschaffen worden. [Woher aber weiß ich, daß][9] dieser es nicht etwa so eingerichtet [hat], daß es überhaupt gar keine Erde, keinen Himmel, nichts Ausgedehntes, keine Gestalt, keine Größe, keinen Ort gibt und daß trotzdem alles dies mir genauso wie jetzt da zu sein scheint?« (AT VII, 21; EM 69)

Das hätte aber epistemisch fatale Folgen, sagt Descartes, der unmittelbar fortfährt:

> »Wäre es nicht sogar möglich, daß ich mich irre, sooft ich zwei und drei addiere oder die Seiten des Quadrats zähle oder bei irgend etwas anderem, womöglich noch Leichterem; ganz wie meiner Meinung nach die Leute bisweilen in Sachen irren, die sie aufs allergenaueste zu kennen meinen?« (AT VII, 21; EM 69ff.)

9 Im lateinischen Wortlaut: »Unde autem scio illum non fecisse ut nulla plane sit terra, nullum coelum, nulla res extensa [...]?«

Descartes könnte nun, ausgehend von diesem Szenario eines allmächtigen, täuschenden Schöpfers, die Überlegung analog zum Traumargument zu Ende führen. Die Traumhypothese würde in diesem Fall schlicht durch die noch weiter reichende Täuscher-Gott-Hypothese ersetzt. In dem »Woher weiß ich aber …« deutet sich dies vielleicht auch an, tatsächlich schlägt Descartes aber einen anderen Weg ein, indem er das Argument zu einem Dilemma vervollständigt. Entweder er wurde von einem allmächtigen und ihn potentiell täuschenden Wesen geschaffen. Oder dem ist nicht so, und wir erklärten, um des Arguments willen, »alles über Gott Gesagte sei erdichtet«. Doch dann wären all meine Überzeugungen erst recht bezweifelbar, denn in diesem Falle wäre mein Urheber weniger mächtig als im ersten:

> »[…] da Täuschung und Irrtum Unvollkommenheiten zu sein scheinen, wird es um so wahrscheinlicher sein, daß ich aus Unvollkommenheit immer irre […].«
> (AT VII, 21; EM 71)

Bei der Konklusion des Arguments handelt es sich um die starke Lesart der Zweifelsbehauptung, denn ein allmächtiges Wesen kann sicherlich bewirken, dass alle meine Überzeugungen falsch sind. Die Grundstruktur des dritten Zweifelsgrundes besteht also in einem klassischen Dilemma. Es wird gezeigt: Erstens, wenn es einen allmächtigen Gott gibt, dann ist nicht ausgeschlossen, dass ich mich immer irre (4.1–3). Und zweitens, wenn es keinen allmächtigen Gott gibt, ist es ebenfalls nicht ausgeschlossen, dass ich mich immer irre (4.4–7). Das Urheber-Dilemma lautet im Detail, A4:

1) Wenn es einen allmächtigen Gott gibt, dann ist es nicht ausgeschlossen, dass dieses Wesen mich hinsichtlich sämtlicher meiner Überzeugungen (einschließlich der geometrischen und arithmetischen) täuschen will.

2) Es ist gewiss, dass, wenn mich ein allmächtiges Wesen hinsichtlich sämtlicher meiner Überzeugungen täuschen will, diese dann allesamt falsch sind.

---

3) Also (aus 1,2): Wenn es einen allmächtigen Gott gibt, dann ist es nicht ausgeschlossen, dass alle meine Überzeugungen falsch sind.
4) Wenn es keinen allmächtigen Gott gibt, so ist die Ursache meiner Existenz von vergleichsweise geringer Macht.
5) Ist die Ursache meiner Existenz vergleichsweise wenig mächtig, so bin ich selbst entsprechend unvollkommen.
6) Unvollkommenheit impliziert, dass es nicht ausgeschlossen ist, sich in allem zu täuschen (das heißt: dass alle Überzeugungen falsch sind).

---

7) Also (aus 4–6): Wenn es keinen allmächtigen Gott gibt, dann ist es nicht ausgeschlossen, dass alle meine Überzeugungen falsch sind.

---

8) Also (aus 3,7): Es ist nicht ausgeschlossen, dass alle meine Überzeugungen falsch sind (PRO starke Zweifelsthese).

Descartes hält dieses Argument für schlagend: »Gegen diese Gründe habe ich in der Tat nichts einzuwenden [...]« (AT VII, 21; EM 71). Prüfen wir aber selbstkritisch seine Prämissen. Die erste Prämisse erscheint, ganz ähnlich wie beim Traumargument, plausibel: Alles, was ich als Grund dafür anführen könnte, dass mich das Wesen doch nicht täuschen will, könnte selbst auf einer Täuschung beruhen und somit der erforderlichen Beweiskraft ermangeln. Auch Prämisse (2) wirft keine Schwierigkeiten auf, handelt es sich doch letztlich um eine begriffliche Wahrheit, die man erkennt, wenn man die Bedeutung des Wortes »allmächtig« ausbuchstabiert. Problematisch hingegen ist das zweite Horn des Dilemmas, insbesondere die Prämissen (5) und (6). Denn ist meine Unvollkommenheit nicht etwa damit verträglich, dass ich zumindest einige Aussagen als gewiss wahr erkennen kann – zumal genau dies zu zeigen ja eines der Beweisziele der *Meditationes* ist. Angesichts der Schwäche der obigen Rekonstruktion tut man bei einer wohlwollenden Interpretation gut daran, sich etwas vom Text zu entfernen und das Urheber-Dilemma doch analog zum Traumargument zu rekonstruieren. Letztlich muss Prämisse (1) auch nur leicht modifiziert werden, damit die starke Zweifelsthese sofort aus (1') und (2) folgt.

1') Es ist nicht ausgeschlossen, dass, wenn es einen allmächtigen Gott gibt, dieses Wesen mich hinsichtlich sämtlicher meiner Überzeugungen täuschen will.

Während Descartes seinen dritten Zweifelsgrund entwickelt, deutet er beiläufig einen Einwand an, den er allerdings im selben Moment zu entkräften scheint (AT VII, 21; EM 71). In Einwand und Erwiderung skizziert er hier Gedanken, die er in den folgenden Meditationen aufgreifen wird. Sie seien nur in aller Kürze erwähnt. So ließe sich gegen das Urheber-Dilemma, auch in seiner vereinfachten Variante, einwenden, dass Gott aber sicherlich nicht betrügt, da er allgütig ist. Die Prämisse (1) bzw. (1') würde mit dem Nachweis, dass Gott gewiss existiert und allgütig ist, hinfällig. In der dritten Meditation nimmt Descartes in Anspruch, genau dies zu zeigen. Gegen die Behauptung, Gott sei allmächtig und allgütig, führt Descartes aber zugleich ins Felde, dass er sich in diesem Fall eigentlich niemals irren sollte – ein Problem, das schließlich erst in der vierten Meditation thematisiert und gelöst werden soll. Relativ zum Argumentationsstand der ersten Meditation scheint die starke Zweifelsthese durch das Urheber-Dilemma, wie Descartes richtig einschätzt, gut begründet zu sein.

Moderne Zweifelsgründe und anti-skeptische Strategien

Wir haben Descartes bisher klassisch als einen der Väter der modernen Erkenntnistheorie rekonstruiert: Er formuliert in der ersten Meditation, so könnte man die Rekonstruktion lesen, die »skeptische Herausforderung«, auf die jede akzeptable Theorie des Wissens eine Antwort geben muss. Bis in die Gegenwart hinein kreist die erkenntnistheoretische Debatte letztlich um das skeptische Problem. Die Argumente, die wir uns in diesem Abschnitt anschauen werden, fallen in jenen Kontext: Es handelt sich um Überlegungen von Barry Stroud und Hilary Putnam – zwei Philosophen des 20. Jahrhunderts, die die von Descartes begonnene Debatte fortsetzen. Wir wollen hier versuchen, beide in einen Dialog mit Descartes treten zu lassen, nicht zuletzt auch, um Descartes' eigene Position zu präzisieren.

Barry Stroud legt in seinem Aufsatz »Das Problem der Außenwelt« eine Interpretation des Traumarguments vor, die sich deutlich von der unsrigen unterscheidet (Stroud 1996).[10] Ich ziehe es vor, Strouds Argument tatsächlich eher ein »Argument *nach* Descartes« als eine »Rekonstruktion von Descartes« zu nennen. Im Gegensatz zu unserer Rekonstruktion des Traumarguments (A2, hier S. 30) stützt Strouds Traumargument nicht etwa die starke Zweifelsthese, sondern vielmehr die Behauptung, dass keine meiner Überzeugungen über die Außenwelt gerechtfertigt ist. Damit modifiziert er die Konklusion des Traumarguments gleich in doppelter Hinsicht, wobei es sich einerseits um eine Abschwächung und andererseits um eine Zuspitzung handelt. Stroud schwächt die starke Zweifelsthese ab, insofern er nicht mehr von allen Über-

10 Die folgende Interpretation von Strouds Traumargument beruht wesentlich auf der Analyse von Grundmann und Stüber (Grundmann/Stüber 1996).

zeugungen, sondern ausschließlich von Überzeugungen über die Außenwelt spricht. Geometrische oder arithmetische Sätze, die in dem Einwand gegen das Traumargument eine wichtige Rolle spielen (A3, hier S. 37), werden auf diese Weise von vornherein ausgeklammert. Er spitzt die Konklusion seines Traumarguments aber auch zu, indem er nicht einfach nur behauptet, Außenweltüberzeugungen seien nicht gewiss, sondern vielmehr nicht einmal gerechtfertigt. Er schließt somit auch fallible (d.h. nicht-gewisse), gerechtfertigte Außenweltüberzeugungen aus. Descartes hingegen geht es in der ersten Meditation, und daran soll sich bis zur sechsten auch nichts ändern, einzig um unbezweifelbare Überzeugungen, um Gewissheit.

Im Kern besagt Strouds Argument, dass Begründungen von Außenweltüberzeugungen zirkulär sind. Denn um eine beliebige Außenweltüberzeugung durch die Angabe von Gründen zu rechtfertigen, so Stroud, müsse vorausgesetzt werden, dass die spezielle Außenweltüberzeugung, dass ich nicht träume, bereits gerechtfertigt ist. Das raffinierte Argument, für dessen detailliertere Besprechung hier kein Platz ist, lässt sich wie folgt rekonstruieren, A5:

1) Für jede Außenweltüberzeugung p gilt: p ist nur dann durch meine Sinneserfahrungen begründet, wenn ich nicht träume (Prinzip der Reliabilität).
2) Für jede Außenweltüberzeugung p gilt: p ist nur dann begründet, wenn p durch meine Sinneserfahrungen begründet ist (empiristisches Grundlagenprinzip).

---

3) Also (aus 1,2): Für jede Außenweltüberzeugung p gilt: p ist nur dann begründet, wenn ich nicht träume.
4) Die Begründung einer Überzeugung q (insbesondere der Überzeugung, dass p begründet ist) setzt voraus, dass ich begründeterweise glaube, dass alles, was bekannterweise mit q inkompatibel ist, nicht der Fall ist.

---

5) Also (aus 3,4)[11]: Für jede Außenweltüberzeugung p gilt: Die Begründung der Überzeugung, dass p begründet ist, setzt voraus, dass ich begründeterweise glaube, nicht zu träumen.
6) Für jede Außenweltüberzeugung p gilt: Die Begründung von p setzt die Begründung der Überzeugung, dass p begründet ist, voraus (Variante des Internalismus der Begründung).
7) Setzt die Begründung von B voraus, dass C, und setzt die Begründung von A die Begründung von B voraus, so setzt die Begründung von A voraus, dass C (Transitivität der Begründungsvoraussetzung).

---

8) Also (aus 5–7)[12]: Für jede Außenwelt-Überzeugung p gilt: Die Begründung von p setzt voraus, dass ich begründeterweise glaube, nicht zu träumen.
9) Dass ich nicht träume, ist eine Außenweltüberzeugung.

---

10) Also (aus 8,9): Die Begründung der Überzeugung, dass ich nicht träume, setzt voraus, dass ich begründeterweise glaube, nicht zu träumen.
11) Für beliebige Überzeugungen q gilt: Setzt die Begründung von q bereits voraus, begründeterweise zu glauben, dass q, dann glaube ich niemals begründeterweise, dass q (Zirkularitätsverbot der Begründung).

---

11 Nach (3) ist die Überzeugung, dass p begründet ist, inkompatibel damit, dass ich träume. Die Begründung jener Überzeugung setzt (4) zufolge also voraus, begründeterweise zu glauben, nicht zu träumen.

12 Im Zuge dieses Schlusses wird (7) allspezialisiert auf: Setzt die Begründung der Überzeugung, dass p begründet ist, voraus, dass ich begründeterweise glaube, nicht zu träumen, und setzt die Begründung von p die Begründung der Überzeugung, dass p begründet ist, voraus, so setzt die Begründung von p voraus, dass ich begründeterweise glaube, nicht zu träumen.

12) Also (aus 10,11): Ich glaube nicht begründeterweise, dass ich nicht träume.

---

13) Also (aus 8,12): Keine meiner Überzeugungen über die Außenwelt ist begründet.

Dieses Argument unterscheidet sich ganz offenkundig, und bereits in seiner Grundstruktur (Rechtfertigungsregress), von Descartes' Traumargument. Dennoch lassen sich ein paar entferntere Parallelen ausmachen. So entspricht die Zwischenkonklusion (8) in Strouds Argument grob der Prämisse (2.4), und in Strouds Zwischenkonklusion (12) ist Descartes' Zwischenkonklusion (2.3) wiederzuerkennen.

War Stroud ein Fürsprecher der skeptischen Thesen Descartes', so soll nun mit Putnam ein Philosoph, der mit anti-skeptischen Argumenten aufwartet, zu Wort kommen. Ausgangspunkt der anti-skeptischen Überlegung Putnams in *Reason, Truth and History* (Putnam 1981) (*Vernunft, Wahrheit und Geschichte*, 1982) ist die sprachphilosophische These des (semantischen) Externalismus, der zufolge erfolgreiche Bezugnahme kausalen Kontakt voraussetzt: Jemand kann nur dann über einen materiellen Gegenstand sprechen, wenn er in geeignetem Kausalverhältnis zu diesem steht oder stand. (Eine Variante dieser These spielt später, in der dritten Meditation eine Rolle.) Ausgehend von jener Prämisse widerlegt Putnam das hypothetische Szenario, dass wir ›eingetankte Gehirne‹ sind. Diese Sciencefiction-Fassung des Täuschergott-Szenarios nimmt an, unsere Gehirne seien in einer aufwendigen Operation von unseren Körpern getrennt und je in einen Tank mit Nährflüssigkeit gelegt worden. Ein Supercomputer, der die Gehirne, die in dem Tank liegen, stimuliere und deren Aktivität auswerte, simuliere letztlich bloß die von uns wahrgenommene Außenwelt. Aber wie könnte dieses Szenario widerlegt werden? Nun, dem Externalismus zufolge sind Gehirne im Tank, in Ermangelung eines geeigneten Kausalkontakts, gar nicht in der Lage, auf Außenweltgegenstände, insbesondere nicht auf Behältnisse mit Nährlösung, erfolgreich Bezug zu nehmen. Während also die Dinge, die wir ein »Gehirn im Tank« nennen, gar nicht auf Tanks (oder andere Außenweltgegenstände wie etwa Tiger) referieren können, nehmen *wir* mit dem Wort »Tank« sehr wohl auf Tanks Bezug und sind daher selbst keine eingetankten Gehirne. Folgen wir weitestgehend Olaf Müller (Müller 2003), lässt sich das Argument im Kern so rekonstruieren, A6:

1) Meine Äußerungen des Wortes »Tiger« bezeichnen die Tiger.
2) Die »Tiger«-Äußerungen derjenigen Dinge, die ich in meiner Sprache »eingetanktes Gehirn« nenne, bezeichnen nicht die Tiger.

---

3) Also[13]: Ich bin nicht das, was ich in meiner Sprache »Gehirn im Tank« nenne.

Prämisse (1) ist a priori wahr. Und Prämisse (2) ergibt sich wie folgt aus der These des (semantischen) Externalismus, A7:

1) Jemand kann nur dann auf einen materiellen Gegenstand Bezug nehmen, wenn ein geeigneter Kausalkontakt besteht (These des semantischen Externalismus).
2) Das, was ich »ein eingetanktes Gehirn« nenne, steht in keinem geeigneten kausalen Kontakt zu Tigern.
3) Tiger sind materielle Gegenstände.

---

13 Hier wird geschlossen mit »Wenn (i) ∀x: R(a,b,x)↔F(x) und (ii) ∀y: G(y)↔(¬∀x: R(y,b,x)↔F(x)), so ¬G(a)«, wobei »ich« für »a«, »die Äußerung ›Tiger‹« für »b«, »Tiger« für »F«, »Gehirn im Tank« für »G« und »* bezieht sich mit # auf +« für das Relationszeichen »R(*,#,+)« eingesetzt wird.

4) Also (aus 1–3): Das, was ich »ein eingetanktes Gehirn« nenne, bezeichnet Tiger mit nichts (insbesondere mit keinem Wort).

---

5) Also (aus 4): Das, was ich »ein eingetanktes Gehirn« nenne, bezeichnet Tiger nicht mit dem Wort »Tiger«.
6) Jedes Ding, das ich »ein eingetanktes Gehirn« nenne, bezeichnet mit dem Wort »Tiger« etwas.

---

7) Also (aus 5,6): Die »Tiger«-Äußerungen derjenigen Dinge, die ich in meiner Sprache »eingetanktes Gehirn« nenne, bezeichnen nicht die Tiger (PRO 6.2).

Wie bezieht sich diese Argumentation aber auf unsere Descartes-Rekonstruktion? Insofern Putnams Argumente einzig von a priori wahren Prämissen ausgehen, zeigen sie: Es ist (für mich) *gewiss* wahr, dass ich kein Gehirn im Tank bin. Das heißt: Es gibt zumindest eine Gewissheit – und Putnams Überlegung schließt damit nicht nur ein potentielles skeptisches Szenario aus, sondern liefert auch ein Gegenbeispiel gegen die schwache – und folglich auch gegen die starke – Cartesische Zweifelsthese. Räumt man zudem ein, bei der Behauptung, ich sei kein Gehirn in einem Tank, handele es sich um eine Außenweltüberzeugung, liegt hier auch ein Gegenbeispiel gegen die Konklusion von Strouds Traumargument vor.

Die anti-skeptischen Überlegungen Putnams widerlegen die Konklusionen der skeptischen Argumente. Lässt sich aber auch ausmachen, was aus der Perspektive Putnams in diesen Argumenten selbst schiefläuft? Welche der Prämissen sind problematisch? Beginnen wir mit Descartes' Argumenten. Im Cartesischen Traumargument ist die Prämisse (2.4) aus der Sicht Putnams unhaltbar: Dass ich kein eingetanktes Gehirn bin, gilt auch im Traum – aufgrund des obigen Arguments – als gewiss. Diese Gewissheit hält ferner selbst der Hypothese eines täuschenden Gottes stand. Auch ein allmächtiges Wesen kann mich hier, so scheint es, nicht hinters Licht führen. Und das bedeutet: Die Prämisse (4.2) des Urheber-Dilemmas ist falsch. Die apriorische Überlegung Putnams stellt des weiteren das empiristische Grundlagenprinzip, Prämisse (5.2) von Strouds Traumargument, in Frage, denn die Außenweltüberzeugung, kein Gehirn im Tank zu sein, wird ja gerade nicht empirisch gerechtfertigt.

Zur Funktion der ersten Meditation

Unsere bisherige Rekonstruktion der ersten Meditation als Argumentation zugunsten der Zweifelsthesen fügt sich, das haben wir im letzten Abschnitt wenigstens ansatzweise nachvollzogen, nahtlos in die moderne erkenntnistheoretische Debatte ein. Nichtsdestotrotz stellt sich bei genauerer Betrachtung die Frage, ob unsere Interpretation nicht auf einem großen Missverständnis beruht. Denn die bisherige Rekonstruktion wirft ein nicht unerhebliches Problem auf. So hält Descartes die zentralen Behauptungen, als deren Begründung wir seine Überlegungen rekonstruiert haben, letztlich für völlig falsch. Und die *Meditationes* dienen unter anderem genau dazu, dies zu zeigen. Bedeutet das aber nicht, dass unsere Rekonstruktion unangemessen ist? Wieso begründet Descartes Thesen, die er für falsch hält? Andererseits: Kann der Zweifel der ersten Meditation überhaupt anders denn als Begründung der Zweifelsbehauptungen interpretiert werden? Worin besteht, kurzum, die Funktion der ersten Meditation?

Bevor wir versuchen, eine weitere, alternative Rekonstruktion zu entwickeln, sollten wir aber die Früchte der bisherigen ernten. Denn die obige Analyse kann allemal zur Klärung der Position Descartes' beitragen. Hält Descartes nämlich die Zweifelsthesen für falsch, so muss er mindestens je eine Prämisse der verschiedenen skeptischen Argumente, der Zweifelsgründe, ablehnen. Andernfalls wären seine Auffassungen gar nicht stimmig und kohärent. Wir können unsere Rekonstruktion daher dafür nutzen, während wir mit einem Auge auf die kommenden Meditationen schielen, Descartes' Position zu klären. Im Falle des Arguments aus den Sinnestäuschungen (A1, hier S. 28f.) sowie des Traumarguments (A2, hier S. 30) liegt es auf der Hand, welche der Prämissen Descartes ablehnt, da er diese Argumente ja explizit angreift. Es handelt sich demnach um (1.2) und (2.4). Gleichfalls ist Descartes überzeugt, am Ende der sechsten Meditation gezeigt zu haben, dass es sichere Kennzeichen dafür gibt, Traum- und Wachzustände voneinander zu unterscheiden; mithin bestreitet er auch Prämisse (2.1). Das Urheber-Dilemma verwirft Descartes ebenfalls aus mehreren Gründen. Zum einen gebe es Überzeugungen, die derart gewiss seien, dass er in Bezug auf diese selbst von einem allmächtigen Wesen nicht getäuscht werden könne (CONTRA 4.2). Dies zu zeigen ist eine der Aufgaben des Cogito-Arguments der zweiten Meditation. Zum anderen könne aber, infolge des Gottesbeweises, das gesamte skeptische Szenario eines betrügerischen, allmächtigen Urhebers ausgeschlossen werden (CONTRA 4.1'). Schließlich können wir auch das moderne skeptische Argument verwenden, um Descartes' Position zu erhellen.

Was würde Descartes Stroud antworten? Nun, seine Kritik fiele wohl ganz ähnlich wie die Putnams aus. So ist Descartes etwa der Meinung, dass einige Außenweltüberzeugungen, entgegen dem empiristischen Grundlagenprinzip, auch ohne Rückgriff auf Sinneserfahrungen gerechtfertigt werden können. Die Prämisse (5.2) in Strouds Traumargument sei mithin falsch. Dreh- und Angelpunkt der Cartesischen Argumentation sind dabei ebenfalls bestimmte sprachphilosophische Thesen (der dritten Meditation).

Nun aber zurück zum Interpretationsproblem: Worin besteht die Funktion der ersten Meditation, wenn Descartes die dort begründeten Thesen für falsch hält? Wozu dienen die skeptischen Argumente, wo er doch selbst »diesen Kohl nur mit Widerwillen aufwärmen« wollte (AT VII, 130; EE 141)? Hat Hobbes nicht Recht, wenn er beanstandet:

»›Wir erkennen also die Wahrheit dieser Meditation an. Indessen haben schon Plato und andere antike Philosophen über genau dieselbe Ungewißheit der sinnlichen Dinge disputiert, und die Schwierigkeit, den Wachzustand von den Traumbildern zu unterscheiden, wird allgemein anerkannt. Es wäre mir daher lieber, wenn der exzellente Autor neuer Spekulationen solche alten Kamellen nicht veröffentlichen würde.‹«

(AT VII, 171; EE 179)

Descartes' Antwort ist aufschlussreich.

»Die Zweifelsgründe, die der Philosoph hier als wahr gelten läßt, habe ich nur als gleichsam wahrscheinlich vorgebracht. Auch habe ich sie nicht verwendet, um sie als neu zu verkaufen, sondern teils, um die Gemüter der Leser darauf vorzubereiten, intellektuelle Dinge zu betrachten und sie von den körperlichen zu unterscheiden [...]; teils, um in den folgenden Meditationen auf sie zu antworten; teils aber auch, *um zu zeigen*, wie fest die Wahrheiten sind, die ich danach vorbringe, da sie ja durch diese metaphysischen Zweifel nicht erschüttert werden können.«

(AT VII, 171; EE 179f.; Hervorhebung GB)

Die erste Meditation, erläutert Descartes, erfüllt also insgesamt drei Funktionen. Sie dient erstens (ganz im Sinne der Darstellungsform der Analysis) als Heuristik, als eine Art ›kognitive Lockerungs- und Aufwärmübung‹. Sie bildet zweitens die Kontrastfolie, vor deren Hintergrund die Position Descartes' geschärft wird (oben wurde die Rekonstruktion der Zweifelsgründe genau hierfür ja auch schon verwendet). Schließlich sollen die Zweifelsgründe der ersten Meditation aber drittens auch *zeigen*, wie gewiss die von Descartes im Laufe der *Meditationes* begründeten Resultate sind. Hier deutet sich an, dass die erste Meditation eine weitere, die Überlegungen der folgenden Meditationen unterstützende, Begründungsfunktion erfüllt, die bisher noch nicht zu Tage gefördert wurde. Aber worin könnte diese Begründungsfunktion bestehen, da der Zweifel doch augenscheinlich ein nur destruktives kognitives Instrument darstellt?

Ein positives Resultat: das Gewissheitskriterium

Eine Interpretation der ersten Meditation, die in ihr mehr als eine bloße kognitive Lockerungs- und Aufwärmübung sieht, muss die Zweifelsgründe so rekonstruieren, dass auf den erschlossenen Konklusionen in den weiteren Meditationen aufgebaut werden kann. Der Ansatz unserer alternativen Rekonstruktion besteht, ganz im Sinne Descartes, darin, den Zweifel als Methode, und zwar, präziser, als konstruktive und ergebnisliefernde Methode, zu verstehen. So besagt die schon in der Einleitung zitierte erste Regel des *Discours de la méthode*,

> »niemals irgendeine Sache als wahr zu akzeptieren, die ich nicht evidentermaßen als solche erkenne; dies bedeutet, sorgfältig Übereilung und Voreingenommenheit zu vermeiden und in meinen Urteilen nicht mehr zu umfassen als das, was sich so klar und so deutlich meinem Geist vorstellt, dass ich keine Möglichkeit hätte, daran zu zweifeln.« (AT VI, 18; Disc 39).

Das konstruktive Element des Zweifels besteht darin, dass dasjenige, was dem Zweifel standhält, gerade aufgrund dieser Tatsache als gesichert gelten kann. Wir können uns das mit der von Descartes selbst verwendeten Bauwerksmetapher veranschaulichen. Indem wir zweifeln, reißen wir unser Meinungssystem ein, so wie wir mit Hammer und Schaufel ein Gebäude einreißen. Und mit diesen Werkzeugen zertrümmern wir das Gebäude und tragen es ab, bis der Hammer zerbricht – weil wir auf ein Stahlskelett treffen, und die Schaufel verbeult – weil wir auf ein Felsfundament stoßen. Und hierin besteht die positive Funktion der Abrissinstrumente: Sie zeigen an, dass man auf stabile Strukturen und Fundamente stößt. Entsprechend bestünde das negative Element des Zweifelns darin, unsichere Meinungen aufzugeben, das positive Element aber umgekehrt darin, *ex negativo* gesicherte Meinungen aufzufinden und als solche auszuweisen. Gelingt es uns, diese positive Funktion auch für die von Descartes vorgetragenen Zweifelsgründe stärker herauszuarbeiten? Können die Zweifelsgründe als Indikatoren für Gewissheit interpretiert und rekonstruiert werden?

Gegen Ende der ersten Meditation, nachdem die starke Zweifelsbehauptung etabliert worden ist, versucht Descartes, sich folgendermaßen vor voreiliger Zustimmung zu schützen:

> »Ich will also annehmen, daß nicht der allgütige Gott, der die Quelle der Wahrheit ist, sondern ein ebenso böser wie mächtiger und listiger Geist all sein Bestreben darauf richtet, mich zu täuschen; ich will glauben, daß der Himmel, die Luft, die Erde, die Farben, die Gestalten, die Töne und alles außerhalb von uns nur das Spiel von Träumen sei, durch die er meiner Leichtgläubigkeit nachstellt. [...] Ich will hartnäckig in dieser Meditation verharren, und wenn es dann auch nicht in meiner Macht steht, etwas Wahres zu erkennen, will ich wenigstens, soweit es an mir ist, mit festem Geist mich hüten, etwas Falschem zuzustimmen, damit nicht jener Betrüger, sei er noch so mächtig, noch so listig, irgendwelchen Einfluß auf mich bekomme.« (AT VII, 22f.; EM 73)

Descartes entwirft hier das skeptische Szenario des allmächtigen und boshaften Dämons, dessen (hypothetische) Unterstellung er am geeignetsten dafür hält, keinen überhaupt bezweifelbaren Meinungen zuzustimmen. Das Szenario des boshaften Dämons stellt insofern einen epistemischen Worst Case dar – den epistemischen Super-GAU, wenn man so will. Schlimmer als unter dieser Annahme kann es um uns, was unsere Wissensansprüche angeht, nicht bestellt sein. Descartes erläutert dies selbst im *Gespräch mit Burman*:

> »Hier macht der Autor in allem nur denkbaren Ausmaße den Menschen zum Zweifler und versetzt ihn in alle nur möglichen Bedenken. Darum macht er nicht nur von den gewöhnlichen Einwänden der Skeptiker Gebrauch, sondern von allem, was sich irgendwie einwenden läßt, *damit er so gänzlich jeden Zweifel beheben könne* [...].« (AT V, 147; GmB 5; Hervorhebung GB)

Übersetzt in die Bauwerksmetapher bedeutet dies: Einen mächtigeren Vorschlaghammer, eine stabilere Schaufel gibt es nicht. Bringen wir aber, wie es in dem Zitat schon anklingt, das positive Element des Zweifels ins Spiel! Wenn eine Säule selbst von dem mächtigsten Hammer nicht eingerissen werden kann, dann kann sie von gar keinem Hammer niedergerissen werden, dann ist sie *un*einreißbar. Und wenn eine Erd- und Gesteinsschicht selbst mit der stabilsten Schaufel nicht abgetragen werden kann, dann ist sie *un*abtragbar. Ganz analog könnte man schlussfolgern: Wenn eine Meinung selbst dem stärksten skeptischen Szenario standhält, dann ist sie *un*bezweifelbar. Damit scheinen uns die Überlegungen zum epistemischen Worst Case ein erstes *Kriterium* für gesicherte, gewisse Überzeugungen zu liefern. Äquivalente Formulierungen dieses Kriteriums, das »Böser-Dämon-Kriterium« genannt werden soll, lauten:

- Genau diejenigen meiner Überzeugungen, die selbst dann wahr sind, wenn ein allmächtiger, böser Dämon versucht, mich hinsichtlich aller Überzeugungen zu täuschen, sind gewiss.
- Genau diejenigen meiner Überzeugungen, deren Falschheit nicht von dem Böser-Dämon-Szenario impliziert wird, sind gewiss.
- Genau diejenigen meiner Überzeugungen, die mit dem Böser-Dämon-Szenario verträglich sind, sind gewiss.

Die obigen Überlegungen lassen sich in folgendes Argument gießen, welches das Böser-Dämon-Kriterium begründet, A 8:

1) Ich kann nicht ausschließen, dass mich ein böser Dämon systematisch und in größtmöglichem Ausmaße täuscht (Böser-Dämon-Hypothese).
2) Jede Überzeugung, die mit einem Sachverhalt, den ich nicht ausschließen kann, unverträglich ist, ist bezweifelbar.

---

3) Also (aus 1,2): Höchstens die Überzeugungen, die mit der Annahme, dass mich ein böser Dämon systematisch und in größtmöglichem Ausmaße täuscht, verträglich sind, sind gewiss.
4) Die Annahme, dass mich ein böser Dämon systematisch und in größtmöglichem Ausmaße täuscht, ist das stärkste skeptische Szenario.
5) Eine Überzeugung, die mit dem stärksten skeptischen Szenario verträglich ist, ist mit jedem skeptischen Szenario verträglich.
6) Eine Überzeugung, die mit jedem skeptischen Szenario verträglich ist, ist unbezweifelbar (das heißt: gewiss).

---

7) Also (aus 4–6): Jede Überzeugung, die mit der Annahme, dass mich ein böser Dämon systematisch und in

größtmöglichem Ausmaße täuscht, verträglich ist, ist gewiss.

---

8) Also (aus 3,7): Genau die Überzeugungen, die mit der Annahme, dass mich ein böser Dämon systematisch und in größtmöglichem Ausmaße täuscht, verträglich sind, sind gewiss (PRO Böser-Dämon-Kriterium).

Bei genauerer Betrachtung stellen sich aber sowohl das Böser-Dämon-Kriterium als auch seine Begründung als unhaltbar heraus, und das aus folgendem Grund: Die Überzeugung,

c) »Ich werde systematisch von einem boshaften Dämon getäuscht.«

ist offensichtlich mit dem Böser-Dämon-Szenario verträglich. Das Böser-Dämon-Kriterium (8) hat dann aber die absurde Konsequenz, dass (c) *gewiss* ist. Überdies ist (c) mit einigen skeptischen Szenarien offenbar nicht verträglich, etwa der Traumhypothese oder dem Gehirn-im-Tank-Szenario. Das heißt, dass (c) als Gegenbeispiel die Prämisse (5) des obigen Arguments widerlegt.

Diese Probleme entstehen, weil auch das stärkste skeptische Szenario offenbar bestimmte Überzeugungen, die tatsächlich bezweifelbar *sind*, nicht in Zweifel zieht. Übertragen in die Bauwerksanalogie bedeutet dies: Aufgrund ihrer Konstruktion kann man selbst mit der stabilsten Schaufel nicht immer alle instabilen und ungeeigneten Erdschichten abtragen, bis man auf tragfähigen Grund stößt – etwa in dem Fall, wenn Wasser in die Baugrube sickert: Obwohl wir mit der Schaufel dann nicht weiterkommen, sind wir noch nicht auf sicheres Fundament gestoßen. Neben der Schaufel benötigen wir ein zweites Werkzeug, das jene in geeigneter Weise ergänzt – beispielsweise einen Eimer. Erst dann, wenn wir mit Schaufel *und* Eimer nicht mehr weiter kommen, können wir schließen, auf sicheres Fundament gestoßen zu sein. In ähnlicher Weise muss das Böser-Dämon-Szenario durch ein *komplementäres* Szenario ergänzt werden; das heißt: durch ein Szenario, unter dem all jene trivialerweise verträglichen, da bereits in der Konstruktion des ursprünglichen Szenarios vorausgesetzten, Sätze falsch werden. Ein solches, zum Böser-Dämon-Szenario komplementäres Szenario, ist das radikale Traumszenario, demgemäß es gar keine Außenwelt gibt. Alles, was den geeinten Kräften des Böser-Dämon-Szenarios einerseits *und* dem radikalen Traumszenario andererseits standhält, können wir getrost als gewiss betrachten, so das modifizierte, kombinierte Gewissheitskriterium. Seine Begründung lässt sich, analog zu (A 8), wie folgt rekonstruieren, A 9:

1) Ich kann nicht ausschließen, dass mich ein böser Dämon systematisch und in größtmöglichem Ausmaße täuscht (Böser-Dämon-Hypothese).
2) Ich kann nicht ausschließen, dass ich alles träume (Traumhypothese).
3) Jede Überzeugung, die mit einem Sachverhalt, den ich nicht ausschließen kann, unverträglich ist, ist bezweifelbar.

---

4) Also (aus 1–3): Höchstens die Überzeugungen, die mit der Traumhypothese und der Böser-Dämon-Hypothese verträglich sind, sind gewiss.
5) Die Böser-Dämon-Hypothese ist das stärkste skeptische Szenario.
6) Die Traumhypothese ist ein zur Böser-Dämon-Hypothese komplementäres skeptisches Szenario.
7) Eine Überzeugung, die mit dem stärksten skeptischen Szenario sowie einem dazu komplementären skeptischen Szenario verträglich ist, ist mit jedem skeptischen Szenario verträglich.

8) Eine Überzeugung, die mit jedem skeptischen Szenario verträglich ist, ist unbezweifelbar (das heißt: gewiss).

---

9) Also (aus 5–8): Jede Überzeugung, die mit der Traumhypothese und der Böser-Dämon-Hypothese verträglich ist, ist gewiss.

---

10) Also (aus 4,9): Genau die Überzeugungen, die sowohl mit der Traumhypothese als auch mit der Böser-Dämon-Hypothese verträglich sind, sind gewiss (PRO kombiniertes Gewissheitskriterium).

Die Überzeugung (c), die das Argument (A8) zu Fall brachte, ergibt hier weder ein Gegenbeispiel gegen die Prämisse (7), noch gegen die Konklusion (10). Das kombinierte Gewissheitskriterium mitsamt seiner Rechtfertigung in Form des obigen Arguments stellt das positive Ergebnis der ersten Meditation dar, auf dem Descartes in den folgenden Meditationen aufbauen kann. Unsere Rekonstruktion besitzt schließlich den Vorzug, verständlich zu machen, warum Descartes tatsächlich zwei verschiedene skeptische Szenarien entwickelt hat. Dafür gibt es einen systematischen Grund: Nur Traum- und Böser-Dämon-Hypothese gemeinsam liefern ein plausibles und begründbares Gewissheitskriterium.

Grenzen des Zweifels

Das kombinierte Gewissheitskriterium liefert Indikatoren für gesichertes Wissen: Überzeugungen, die dem radikalen Zweifel standhalten und selbst mit Traum- und Böser-Dämon-Hypothese verträglich sind, gelten als gewiss. Wie weit reicht aber dieser Zweifel? Welche Überzeugungen hält Descartes, angesichts solch extremer Skepsis, für bezweifelbar? Das soll in diesem Abschnitt – wenigstens vorläufig – ausgelotet werden. Dabei wird sich zeigen, dass der Zweifel, auf die Spitze getrieben, das gesamte Projekt der *Meditationes* zu Fall zu bringen droht, so dass wir bereits an dieser frühen Stelle unserer Rekonstruktion eine wesentliche Korrektur vornehmen müssen. Das Ziel einer voraussetzungslosen und zugleich gewissen Begründung der Möglichkeit wissenschaftlicher Erkenntnis kann Descartes, so wird unser Ergebnis lauten, nicht erreichen.

Nun, welche Überzeugungen werden also durch Traum- und Böser-Dämon-Szenario in Frage gestellt? Sicherlich alle empirischen Überzeugungen, d.h. solche, die wir mittels Sinneserfahrungen bilden und rechtfertigen, zum Beispiel dass René Descartes von 1596 bis 1650 lebte; dass Galilei 1633 verurteilt wurde und den Rest seines Lebens unter Hausarrest stand; dass Stuttgart die Landeshauptstadt Baden-Württembergs ist usw. Descartes scheint zudem aber auch mathematische Sätze für bezweifelbar zu halten, wie ich zunächst anhand verschiedener Zitate belegen möchte. So heißt es, wie zuvor bereits zitiert, in der ersten Meditation:

> »Wäre es nicht sogar möglich, daß ich mich irre, sooft ich zwei und drei addiere oder die Seiten des Quadrats zähle oder bei irgend etwas anderem, womöglich noch Leichterem; ganz wie meiner Meinung nach die Leute bisweilen in Sachen irren, die sie aufs allergenaueste zu kennen *meinen*[14]?«
>
> (AT VII, 21; EM 69ff.; Hervorhebung GB)

In der fünften Meditation begründet Descartes – erst nach dem Gottesbeweis – explizit die Gewissheit mathematischer Erkenntnis, die er *prima facie* für zweifelhaft hält:

> »Ich könnte mir nämlich einreden, ich sei von Natur so beschaffen, daß ich zuweilen selbst in dem irre, was ich

14 Im lateinischen Wortlaut: »[...] vel si quid aliut facilius fingi potest.«

aufs klarste zu erfassen *meine*[15], besonders wenn ich daran denke, wie oft ich vieles für wahr und gewiß hielt, was ich später aus andern Gründen für falsch erklärte.«

(AT VII, 70; FM 173; Hervorhebung GB)

Schließlich kommentiert er in der dritten Meditation, rückblickend, den Zweifel der ersten Meditation:

»Wie verhielt es sich aber, wenn ich in der Arithmetik oder Geometrie irgend etwas ganz Einfaches und Leichtfaßliches betrachtete, wie z. B. daß zwei und drei zusammen fünf gibt oder dergleichen? Solche Sachverhalte wenigstens sah ich doch klar genug ein, um behaupten zu können, sie seien wahr. Allerdings erklärte ich sie später auch nur aus dem einzigen Grunde für zweifelhaft, weil mir in den Sinn kam, es hätte vielleicht ein Gott mir eine solche Natur verleihen können, daß ich mich selbst bei dem täuschte, was für mich ganz offen zutage [zu liegen *scheint*][16]. Sooft diese vorgefaßte Meinung von Gottes Allmacht mir begegnet, muß ich allerdings gestehen, daß Gott, wenn er nur wollte, es leicht zuwege brächte, daß ich mich irrte, selbst in Dingen, die ich mit meinen geistigen Augen aufs klarste zu erschauen *meine*[17].«

(AT VII, 35 f.; DM 101; Hervorhebung GB)

Auf die sechsten Einwände, in denen Descartes darauf hingewiesen wird, ein Atheist erkenne mathematische Sätze ganz klar und deutlich und würde bestreiten, er könne dabei von einem allmächtigen Gott getäuscht werden, antwortet er schließlich: Der Atheist kann nicht ausschließen, dass »[...] seine Natur vielleicht so unvollkommen ist, daß er sich auch in dem täuscht, was ihm als äußerst evident

15 Im lateinischen Wortlaut: »[...] ut interdum in iis fallar quae me puto quàm evidentissime percipere.«

16 Im lateinischen Wortlaut: »quae manifestissima viderentur«.

17 Im lateinischen Wortlaut: »[...] etiam in iis quae me puto mentis oculis quàm evidentissime intueri.«

erscheint[18], […]« (AT VII, 428; EE 408; Hervorhebung GB). Neben empirischen Überzeugungen hält Descartes also beispielsweise für bezweifelbar, dass im rechtwinkligen Dreieck die Summe der Kathetenquadrate gleich dem Hypothenusenquadrat ist; dass die Innenwinkelsumme eines Dreiecks 180 Grad beträgt; dass die Diagonale ein Rechteck in zwei Dreiecke teilt; dass zwei und drei miteinander addiert fünf ergeben; dass ein Quadrat vier Seiten hat; und »noch Leichteres« … Das bedeutet: Nicht nur die Sätze der Mathematik, sondern alles, was wir klar und deutlich zu erkennen meinen, könnte falsch sein, weil uns der böswillige Dämon systematisch täuscht. Um das noch besser zu verstehen, muss man aber etwas vorsichtiger und sorgfältiger sprechen. Dazu soll hier eine wichtige Unterscheidung eingeführt werden, der wir uns zunächst anhand einfacher Beispiele nähern wollen. So können wir ohne große Schwierigkeiten sinnvoll und verständlich voneinander unterscheiden:

Ich habe den Schulrekord gebrochen.	Ich glaube, den Schulrekord gebrochen zu haben.
Ich habe das Rätsel gelöst.	Ich meine, das Rätsel gelöst zu haben.
Ich habe die Bildungsministerin in der Einkaufsstraße gesehen.	Es scheint mir, als hätte ich die Bildungsministerin in der Einkaufsstraße gesehen.

Die hier einander gegenübergestellten Sätze sind nicht gleichbedeutend: Die links stehenden Sätze behaupten, dass ich mich in einem bestimmten objektiven Zustand befinde, der unabhängig davon besteht, was ich denke, glaube usw. Sie implizieren logisch-begrifflich weitere Sät-

18 Im lateinischen Wortlaut: »[…] ut fallatur etiam in iis quae sibi quàm evidentissima apparebunt«.

ze über Sachverhalte, die gänzlich unabhängig von mir sind. So folgt daraus, dass ich den Schulrekord gebrochen habe, dass es einen Wettkampf gab. Oder es folgt daraus, dass ich die Bildungsministerin in der Einkaufsstraße sah, dass sie sich dort tatsächlich aufgehalten hat. Genau das gilt aber für die rechts stehenden Sätze nicht: Diese sagen nämlich nur aus, dass ich mich in einem bestimmten psychischen Zustand befinde. Aus ihnen folgen nicht diejenigen Sätze, die von den links stehenden impliziert werden. Es schien mir, als hätte ich die Bildungsministerin dort gesehen – aber tatsächlich war das nur ein Tagtraum, hier gibt es nicht einmal eine Einkaufsstraße.

Wir können ganz entsprechend unterscheiden:

Ich erfasse klar und deutlich, dass p (wahr ist).	Ich meine, klar und deutlich zu erfassen, dass p (wahr ist).

Mit dem links stehenden Satz wird behauptet, dass ich mich in einem ausgezeichneten *epistemischen Zustand* befinde: Ich habe etwas klar und deutlich als wahr erfasst, sprich: erkannt. Ganz analog zu den anderen Beispielen folgt daraus bereits logisch-begrifflich: Das, was ich dort erkannt habe, ist wahr.[19] Wenn ich erkannt habe, dass p, dann weiß ich, dass p; und folglich ist p wahr. Der rechts stehende Satz hingegen sagt wiederum gerade nicht aus, dass ich mich in einem epistemischen, sondern nur, dass ich mich in einem *psychischen Zustand* befinde. Scheint es mir, als hätte ich p klar und deutlich erkannt, so folgt daraus nicht ohne weiteres, dass p wahr ist – geschweige denn, dass ich dies weiß.

Wie in den obigen Zitaten hervorgehoben, beschreibt Descartes die Reichweite der extremen Skepsis selbst sehr umsichtig: Der Zweifel erstrecke sich auch auf alle Über-

19 »Erkennen« und »erfassen« sind, genau so wie »lösen« und »sehen« das, was Gilbert Ryle treffend »Erfolgsverben« nennt (Ryle 1969, S. 173).

zeugungen, die wir *meinen*, klar und deutlich zu erkennen, d.h. die das *psychische* Kriterium der klaren und deutlichen Erkenntnis (KDE) erfüllen. Mit der von uns gemachten Unterscheidung wird auch verständlich, warum sich der radikale Zweifel derart weit erstreckt. Denn der böswillige Dämon macht sich genau diesen Unterschied zwischen dem psychischen und dem epistemischen Zustand des klaren und deutlichen Erfassens zunutze, indem er (als allmächtiges Wesen) den psychischen Zustand genau dann herbeiführt, wenn der entsprechende Satz tatsächlich falsch ist. Oder er könnte uns, sagt Descartes, eine solche »Natur« verliehen haben, dass ein psychischer KDE-Zustand niemals mit einem epistemischen zusammenfällt. Unabhängig davon, dass wir *meinen*, einen Sachverhalt klar und deutlich erfasst zu haben, können wir aber nicht wissen, ob wir ihn tatsächlich erkannt haben.

Halten wir also fest: Es ist bezweifelbar, dass es unendlich viele Primzahlen gibt; dass im rechtwinkligen Dreieck die Summe der Kathetenquadrate gleich dem Hyothenusenquadrat ist; dass die Diagonale ein Rechteck in zwei Dreiecke teilt; dass zwei und drei addiert fünf ergeben; dass ein Quadrat vier Seiten hat; oder »noch Leichteres«, wie Descartes sagt, – also auch: dass Gleiches gleich ist; dass eins gleich eins; dass Widersprüchliches falsch ist? – Wäre dann aber nicht auch die gesamte Logik bezweifelbar, sprich: dass ich die Fähigkeit besitze, richtig zu schlussfolgern und korrekt zu argumentieren?

Descartes bewegt sich hier auf einer schiefen Ebene – einmal losgetreten, scheint der radikale Zweifel vor nichts mehr haltzumachen. Wird mit dem Zweifel am folgerichtigen Argumentieren aber nicht das gesamte Projekt der *Meditationes*, den Skeptizismus begründeterweise zurückzuweisen, in Frage gestellt? Wie will Descartes dem Zweifel Gründe entgegen setzen, wenn er nicht einmal erkennen kann, ob eine Überlegung überhaupt ein (schlüssiges) Argument darstellt oder nicht? – Treten wir kurz einen

Schritt zurück und überlegen uns, was es eigentlich bedeutet, folgerichtig zu argumentieren!

Korrektes Schlussfolgern setzt zuallererst die Fähigkeit voraus, einer Regel richtig zu folgen. Und letztlich, so scheint es mir, ist auch nur dies für das folgerichtige Argumentieren erforderlich. Auf die Wahrheit von Aussagen, etwa logischer Theoreme, kommt es dabei strenggenommen gar nicht an. Aber liegen nicht, könnte man einwenden, den allermeisten Argumenten bestimmte Schlussregeln zugrunde, deren Gültigkeit die Logik prüft, nachweist oder widerlegt? Das ist zweifelsohne richtig. Nur können die einem Argument zugrundeliegenden Schlussregeln im Zweifelsfall immer als weitere Prämissen, die der Schluss voraussetzt, expliziert werden. Das Argument zu verstehen, setzt dann im Kern allein voraus, zu erkennen, dass die Konklusion aus den Prämissen folgt, indem man eine Regel (die als Prämisse expliziert ist) auf einen Fall (die übrigen Prämissen) anwendet. Man versteht sodann das Argument, weil man einsieht, dass die Konklusion wahr ist, falls die Prämissen wahr sind. Wie man die Wahrheit der Prämissen, einschließlich der als Prämisse aufgeführten Schlussregel, erkennt, steht auf einem ganz anderen Blatt. Letzteres gehört jedenfalls nicht mehr zur Fähigkeit des folgerichtigen Argumentierens im engeren Sinne.

Es stellt sich damit die folgende Frage: Ist selbst dies, dass ich die Fähigkeit besitze, eine Regel richtig anzuwenden, bezweifelbar? Kann ich mir selbst darin nicht sicher sein, dass ich in einem bestimmten Fall korrekt einer Regel gefolgt bin?

Abermals können wir sinnvoll und verständlich unterscheiden:

Ich folge der Regel R.	Ich meine, der Regel R zu folgen.

Angesichts dieser Unterscheidung müssen wir aus analogen Gründen zugeben, dass für jeden Fall von Regelanwendung gilt: Es ist bezweifelbar, ob ich der entsprechenden Regel tatsächlich gefolgt bin. Denn vielleicht *scheint* es mir ja bloß so. Und das bedeutet insbesondere, dass es für jede Schlussfolgerung, die ich ziehe, bezweifelbar ist, ob ich korrekt geschlussfolgert habe. Wenn überhaupt, können aber nur korrekte Schlussfolgerungen eine Konklusion als gewiss und gesichert begründen. Und eine prinzipiell bezweifelbare Methode kann keine unbezweifelbaren Resultate liefern. Das führt wiederum zu der fatalen Konsequenz, dass Schlussfolgerungen, Beweise und Argumente in den *Meditationes*, die ja gesicherte Erkenntnisse etablieren sollen, nichts zu suchen haben!

Diese Diagnose lieferte schon David Hume. Der methodische Zweifel, sagt Hume,

> »empfiehlt uns einen allgemeinen Zweifel nicht nur an all unseren früheren Meinungen und Prinzipien, sondern auch an unseren eigenen Fähigkeiten, von deren Wahrhaftigkeit, sagt man, wir uns durch eine Kette von Denkakten erst überzeugen müssen, die wir aus einem ursprünglichen Prinzip gewinnen, das uns unmöglich täuschen oder betrügen kann. Aber weder gibt es ein solch ursprüngliches Prinzip, das anderen gegenüber, die von selbst einleuchtend und überzeugend sind, den Vorrang besäße, noch könnten wir, wenn es ein solches gäbe, einen Schritt über es hinaus tun ohne den Gebrauch eben der Fähigkeiten, denen wir doch bereits misstrauen wollten.« (Hume 1993, S. 175–176)

Der Zweifel, fasst man ihn so weit, wie Descartes dies tut, scheint das gesamte Projekt der *Meditationes* zu untergraben. Denn ohne Argumentation gibt es für ihn kein Fortkommen, und die »Begründung« gewisser Erkenntnis ist aussichtslos. Eine wohlwollende Interpretation des weiteren Gedankengangs der *Meditationes* bliebe uns verwehrt.

Wir könnten dann weder die Cogito-Überlegung noch den darauf aufbauenden Gedankengang Descartes' (etwa den Gottesbeweis) als Argumentation begreifen. Das machte die *Meditationes* aber nicht nur unverständlich, sondern stünde auch Descartes' Selbstverständnis (vgl. hier die Einleitung bzw. S. 11 f.) diametral entgegen. Dies alles lässt uns bei der wohlwollenden Interpretation gar keine andere Wahl, als unsere Fähigkeit, korrekt Regeln anzuwenden – genaugenommen: unsere entsprechenden Überzeugungen darüber, eine Regel korrekt angewendet zu haben – vom Cartesischen methodischen Zweifel auszunehmen. Sorgfältig geprüfte Urteile über folgerichtiges Argumentieren, in denen wir etwa schlüssige von unschlüssigen Argumenten unterscheiden, müssen aus der ganzen Untersuchung ausgeklammert werden, insbesondere aus dem methodischen Zweifel; sie werden, in der Bauwerks-Metapher gesprochen, wie ein Gebäudeteil behandelt – etwa die Treppe, die in die Baugrube führt –, den wir mit den Abrisswerkzeugen gar nicht erst antasten.

Diese Ausnahme, die wir schlussendlich einführen müssen, bedeutet, dass Descartes dem Skeptiker (und Atheisten), der den Zweifel soweit treibt, dass er selbst unsere Fähigkeit hinterfragt, korrekt zu argumentieren, nichts, gar nichts entgegenzusetzen hat. Sie bedeutet ferner, dass das Cartesische Projekt seine Voraussetzungslosigkeit verliert. Alles, was Descartes in den *Meditationes* überhaupt noch zu leisten vermag, ist, *bedingte* Gewissheiten zu begründen – relativ nämlich zu der Annahme, dass es bei hinreichend sorgfältigem Vorgehen unbezweifelbar ist, dass man korrekt schlussfolgert. Das Projekt der *Meditationes* ist in seiner von Descartes intendierten Radikalität undurchführbar.

Zweite Meditation
Existenz und Selbstkenntnis des Denkers

Die Gewissheit der eigenen Existenz

Ausgehend von dem kombinierten Gewissheitskriterium verfolgt Descartes in der zweiten Meditation, in parallelen Argumentationssträngen, drei Beweisziele (einige Interpreten behaupten: vier, aber dazu mehr im letzten Abschnitt dieses Kapitels): Descartes überwindet den radikalen Zweifel, indem er, *erstens*, die Gewissheit seiner eigenen Existenz begründet. *Zweitens* weist er nach, dass er über gesichertes Selbstwissen verfügt – denn es sei gewiss, dass er ein denkendes Wesen sei. Und schließlich zeigt er explizit, *drittens*, dass diese Art gewisser Selbsterkenntnis möglich ist.

Die Begründung der Gewissheit seiner Existenz gehört sicherlich zu den bekanntesten Argumenten Descartes', wenn nicht der Philosophie überhaupt. Die kanonische Formulierung »Je pense, donc je suis« bzw. »Ego cogito, ergo sum« findet sich bemerkenswerterweise jedoch nirgends in den *Meditationes*, sondern im *Discours* (AT VI, 32; Disc 65) sowie in den *Principia* (AT VIII/1, 7; Prin 15). Wie lautet dann aber Descartes' Argument in den *Meditationes*? Er schreibt:

> »Aber es gibt irgendeinen sehr mächtigen, sehr schlauen Betrüger, der mit Absicht mich immer täuscht. Zweifellos bin also auch Ich, wenn er mich täuscht; mag er mich nun täuschen, soviel er kann, so wird er doch nie bewirken können, daß ich nicht sei, solange ich denke, ich sei etwas. Nachdem ich so alles genug und überge-

nug erwogen habe, muß ich schließlich festhalten, daß der Satz ›Ich bin, Ich existiere‹, sooft ich ihn ausspreche oder im Geiste auffasse, notwendig wahr sei.«

(AT VII, 25; ZM 79)

Descartes prüft hier, ob der Satz »Ich bin, ich existiere« dem stärksten skeptischen Szenario standhält, und kommt zu einem positiven Ergebnis. Weil ich natürlich auch unter Annahme der Traumhypothese existiere, erfüllt die Überzeugung, zu existieren, das kombinierte Gewissheitskriterium. Die Rekonstruktion des sogenannten Cogito-Arguments fällt jetzt nicht mehr schwer, A 10:

1) Die Überzeugung, dass ich existiere, wird sowohl von der Traumhypothese als auch von der Böser-Dämon-Hypothese impliziert.
2) Wenn eine widerspruchsfreie Hypothese H den Satz p impliziert, dann ist p mit H verträglich.
3) Traumhypothese und Böser-Dämon-Hypothese sind widerspruchsfrei.

---

4) Also (aus 1–3): Die Überzeugung, dass ich existiere, ist sowohl mit der Traumhypothese als auch mit der Böser-Dämon-Hypothese verträglich.
5) Genau die Überzeugungen, die sowohl mit der Traumhypothese als auch mit der Böser-Dämon-Hypothese verträglich sind, sind gewiss (kombiniertes Gewissheitskriterium).

---

6) Also (aus 4,5): Es ist gewiss (epistemisch notwendig wahr), dass ich existiere (PRO Gewissheit der eigenen Existenz).

Diese Gewissheitsbehauptung gilt, wie wir hier und im Weiteren stillschweigend voraussetzen, immer relativ zum jeweils Denkenden und Sprechenden. So zeigt das Argument, präziser formuliert:

6') Es ist *für mich* gewiss, dass ich existiere.

und offenkundig nichts dergleichen wie:

6") Es ist *für dich* gewiss, dass ich existiere.
6"') Es ist *für Gerhard* gewiss, dass ich existiere.

Wie stichhaltig ist das Argument (A10) aber? Eine genauere Analyse bringt uns nochmals zum Gewissheitskriterium (10.5) zurück: Die Überzeugung, dass ich existiere, folgt unmittelbar und logisch-begrifflich aus der Beschreibung der sich ergänzenden skeptischen Szenarien. Dabei machen sowohl das Böser-Dämon- wie auch das Traumszenario von dem Eigennamen (und indexikalischen Ausdruck) »ich« Gebrauch.

Sollten unsere stärksten skeptischen Szenarien, die wir als Prüfsteine für Gewissheit verwenden, aber nicht so weit wie möglich auf Eigennamen verzichten oder, wo dies nicht möglich ist, zumindest durch Szenarien ergänzt werden, die nicht von denselben Eigennamen Gebrauch machen? So sind beispielsweise die Szenarien »Gerhard wird von einem bösen Dämon getäuscht« und »Gerhard träumt« keine zum Auffinden gewisser Überzeugungen geeigneten skeptischen Hypothesen, da sie implizieren, dass Gerhard existiert – was alles andere als gewiss ist.

Damit sich das Traumszenario tatsächlich komplementär zum Böser-Dämon-Szenario verhält, müsste es vielleicht lauten: Träume finden statt (vgl. dazu auch Williams 2005, S. 79ff.). Folglich würde aber der Satz »Ich existiere« nicht mehr von dem Traumszenario impliziert! Nur eine schwächere Behauptung könnte als gewiss nachgewiesen werden, A11:

1) Die Traumhypothese impliziert, dass es etwas gibt, das träumt.
2) Was träumt hat folglich Gedanken.

3) Also (aus 1,2): Die Traumhypothese impliziert, dass es etwas gibt, das Gedanken hat.
4) Die Böser-Dämon-Hypothese impliziert, dass es etwas gibt, das getäuscht wird.
5) Was getäuscht wird, hat Gedanken.

---

6) Also (aus 4,5): Die Böser-Dämon-Hypothese impliziert, dass es etwas gibt, das Gedanken hat.
7) Wenn eine widerspruchsfreie Hypothese H den Satz p impliziert, dann ist p mit H verträglich.
8) Traumhypothese und Böser-Dämon-Hypothese sind widerspruchsfrei.

---

9) Also (aus 3,6–8): Die Überzeugung, dass es etwas gibt, das Gedanken hat, ist sowohl mit der Traumhypothese als auch mit der Böser-Dämon-Hypothese verträglich.
10) Genau die Überzeugungen, die sowohl mit der Traumhypothese als auch mit der Böser-Dämon-Hypothese verträglich sind, sind gewiss (kombiniertes Gewissheitskriterium).

---

11) Also (aus 9,10): Es ist gewiss, dass es etwas gibt, das Gedanken hat.

Mit der Konklusion (11) dieses Arguments hätte Descartes sein intendiertes Beweisziel, das *Existo*, indessen noch nicht erreicht. Könnte Descartes, um diese argumentative Lücke zu schließen, nicht aber den Gedankenträger, dessen Existenz nach (11) als gesichert gilt, schlicht »ich« taufen, das heißt das Wort »ich« auf diese Weise einführen? Dem steht folgende Schwierigkeit entgegen: (11) behauptet, genau genommen, dass es *mindestens* einen Gedankenträger gibt. Ein einzelner Gegenstand, den man benennen könnte, ist mithin aber noch gar nicht individuiert. Allein deshalb schon muss dieser Fortsetzungsversuch des Arguments scheitern. Verschärfen wir das kombinierte Gewissheitskriterium in scheinbar gebotener Weise, indem wir das Traumszenario modifizieren, so kann Descartes' erstes Argument, welches die Gewissheit seiner Existenz begründen soll, nicht restlos überzeugen. Wir werden auf dieses erste Argument in Kürze wieder zurückkommen, verlassen es nun aber, um eine von der ersten unabhängige Begründung der Gewissheit der eigenen Existenz zu analysieren.

Descartes wartet nämlich in den Erwiderungen auf die zweiten Einwände mit einem weiteren, beachtlichen und raffinierten Argument auf.

> »Einiges davon [was klar durch den Verstand erfasst wird] ist nun so transparent und zugleich so einfach, daß wir niemals an es denken können, ohne zugleich zu glauben, daß es wahr ist: wie *daß ich selbst, während ich denke, existiere; daß das, was geschehen ist, nicht wieder ungeschehen werden kann*; und anderes, worüber offensichtlich eine solche Gewißheit herrscht: Denn wir können es nur bezweifeln, indem wir es denken, es denken können wir aber nur, wenn wir zugleich glauben, dass es wahr ist, wie vorausgesetzt wurde; also können wir es nicht bezweifeln, ohne zugleich zu glauben, daß es wahr ist, das heißt: Wir können es niemals bezweifeln.«
>
> (AT VII, 145 f.; EE 155; Hervorhebung im Original)

Descartes bringt hier zum Ausdruck, dass der Zweifel an der eigenen Existenz nichts geringeres als einen performativen Selbstwiderspruch darstellt. Sein Argument lässt sich entsprechend rekonstruieren, A 12:

1) Ich kann nicht widerspruchsfrei an einen Satz denken, ohne es für wahr zu halten, dass ich denke. (Sonst beginge ich einen performativen Selbstwiderspruch.)

2) Ich kann nicht für wahr halten, dass ich denke, ohne es für wahr zu halten, dass ich existiere.

---

3) Also (aus 1,2): Ich kann nicht widerspruchsfrei an einen Satz denken, ohne es für wahr zu halten, dass ich existiere.

---

4) Also (aus 3): Ich kann nicht widerspruchsfrei daran denken, dass ich existiere, ohne es für wahr zu halten, dass ich existiere.
5) Wenn ich niemals widerspruchsfrei an p denken kann, ohne p für wahr zu halten, dann ist p gewiss.

---

6) Also (aus 4,5): Es ist gewiss (epistemisch notwendig wahr), dass ich existiere (PRO Gewissheit der eigenen Existenz).

Die Prämisse (5) stützt Descartes auf folgende Weise, A 13:

1) *Ich kann niemals widerspruchsfrei an p denken, ohne p für wahr zu halten* (Annahme um des Arguments willen).
2) Ich kann nicht widerspruchsfrei an p zweifeln, ohne widerspruchsfrei an p zu denken.

---

3) Also (aus 1,2; hängt ab von 1): Ich kann nicht widerspruchsfrei an p zweifeln, ohne p für wahr zu halten.
4) Man zweifelt nur dann widerspruchsfrei an einem Satz, wenn man ihn dabei nicht für wahr hält.

---

5) Also (aus 3,4; hängt ab von 1): Ich kann nicht widerspruchsfrei an p zweifeln.
6) Was ich nicht widerspruchsfrei bezweifeln kann, ist gewiss.

---

7) Also (aus 5,6; hängt ab von 1): Es ist gewiss, dass p.

---

8) Also (Annahmebeseitigung aus 1,7): Wenn ich niemals widerspruchsfrei an p denken kann, ohne p für wahr zu halten, dann ist p gewiss (PRO 12.5).

Die Argumentkette (A12–A13) begründet die Gewissheit der eigenen Existenz, ohne von dem für diese Zwecke scheinbar problematischen Gewissheitskriterium Gebrauch zu machen. Andererseits basiert es auf zahlreichen weiteren Prämissen, die einer gründlichen Prüfung unterzogen werden müssen; denn Descartes beansprucht schließlich, voraussetzungslose Gewissheiten zu etablieren! In den zwei entscheidenden Prämissen, nämlich (12.1) und (13.6), werden nicht einfach nur Sachverhalte erster, sondern Sachverhalte zweiter Ordnung behauptet. Dabei setzt Descartes voraus, dass (i) er ein denkendes Wesen ist, welches er bezeichnen kann, dass (ii) er seine Gedanken und Überlegungen selbst zum Gegenstand weiterer Überlegungen machen kann (Überlegungen zweiter Ordnung) und dass (iii) sich an derartige höherstufige Reflexionen bestimmte Anforderungen stellen lassen (Konsistenz), die wiederum epistemisch relevant sind (Indikatoren für Gewissheit). Fassen wir diese Annahmen unter dem Titel »Perspektive höherstufiger Reflexion« zusammen: Es ist eine ganz wichtige Einsicht unserer Analyse, dass es sich hierbei um *Voraussetzungen der Argumentation* handelt, die nicht weiter begründet werden. Gesteht man Descartes aber die Perspektive der höherstufigen Reflexion als Ausgangspunkt seiner Begründungsversuche zu, so dass er erfolgreich die Argumente (A12–A13) entwickeln kann, so spricht andererseits auch nichts dagegen, diesen Ausgangspunkt schon bei der Formulierung des kombinierten Gewissheitskriteriums zugrunde zu legen und insbesondere die Ausdrücke »ich«, »meine Überzeugungen«, »dies alles, was ich wahrzunehmen meine« in den stärkstmöglichen skeptischen Szenarien zu verwenden. Die oben geforderte Verschärfung des kombinierten Gewissheitskriteriums durch Modifikation des Traumszenarios erübrigte sich, und der Einwand gegen die ursprüngliche Rekonstruktion des Cogito-Arguments (A 10) entfiele. Das Argument (A 10) wäre demnach beweiskräftig und seine ohnehin fehlgeschlagene Modifikation (A 11) überflüssig.

So gesehen handelt es sich bei den Cogito-Argumenten aber keineswegs um voraussetzungslose Begründungen der Gewissheit der eigenen Existenz; stattdessen machen sie schlicht eine ganz elementare Voraussetzung der Perspektive der höherstufigen Reflexion, die Descartes einnimmt, explizit. Die Argumentkarte 1 fasst die Einzelargumente, aus denen der erste Argumentationsstrang der zweiten Meditation besteht, zusammen.

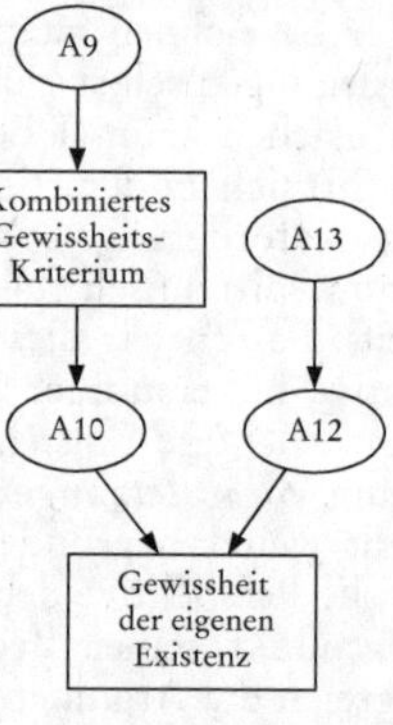

Argumentkarte 1

Sicheres Selbstwissen und dessen Grenzen

Wie sieht es mit dem zweiten Argumentationsstrang der zweiten Meditation aus? Nachdem Descartes begründet hat, dass seine eigene Existenz gewiss ist, fragt er sich, was er denn ansonsten über sich weiß – abgesehen davon, dass er existiert. Dabei mahnt er zunächst, keine voreiligen Schlüsse zu ziehen, denn:

> »Ich bin mir aber noch nicht hinreichend klar darüber, wer denn Ich bin – jener Ich, der notwendigerweise ist. Ich muß mich von nun an in acht nehmen, daß ich nicht etwa unvorsichtigerweise etwas anderes für mich selbst halte und so selbst in derjenigen Erkenntnis abirre, die für mich die gewisseste und evidenteste sein soll.«
>
> (AT VII, 25; ZM 79)

Descartes prüft mit Hilfe des Gewissheitskriteriums, welche Eigenschaften er unbezweifelbarerweise besitzt. »Aber wer bin ich nun, angenommen irgendein sehr mächtiger und, wenn ich so sagen darf, bösartiger Betrüger habe mich in allem, soweit es ihm nur irgend möglich war, absichtlich irregeführt« (AT VII, 26; ZM 83)? Einen Körper etwa besäße er dann nicht. Schließlich bemerkt er aber: »Und das Denken? Hier werde ich fündig: das Denken [...] ist es; es allein kann von mir nicht abgetrennt werden« (AT VII, 27; ZM 83). Dass er denke, so Descartes, hält selbst dem stärksten Zweifel stand. »Also was bin ich nun? Ein denkendes Ding. Was ist das? – Ein Ding, das zweifelt, einsieht, bejaht, verneint, will, nicht will, das auch bildlich vorstellt und empfindet« (AT VII, 28; ZM 87).

Warum kann das Denken, wie Descartes sich ausdrückt, aber nicht von ihm getrennt werden? Warum kann ein boshafter Dämon uns nicht hinsichtlich der Tatsache täuschen, dass wir denken, wollen, bestreiten etc.? Betrachten wir folgende Gegenüberstellungen:

Ich denke an irgendetwas.	Ich meine, dass ich an irgendetwas denke.
Ich will irgendetwas.	Ich meine, irgendetwas zu wollen.
Ich bezweifele irgendetwas.	Ich meine, irgendetwas zu bezweifeln.

Von den hier einander gegenübergestellten Sachverhalten kann der eine nicht ohne den anderen bestehen. Und das scheint mir die richtige Beobachtung zu sein, die Descartes' Überlegung zugrunde liegt: Dass ich an etwas denke, heißt, dass ich meine, an etwas zu denken; und umgekehrt denke ich etwas, wenn ich dies meine. Indem die hier gegenübergestellten Sätze zusammenfallen, gleichbedeutend und nicht »trennbar« sind, ist der böswillige Dämon der Möglichkeit beraubt, mich hinsichtlich der links stehenden Sachverhalte zu täuschen. Deswegen sind diese mit den skeptischen Szenarien verträglich.

Eine solche Analyse stößt aber schnell auf Kritik. Täuschen wir uns etwa nicht bisweilen auch in Bezug auf das, was wir zu denken oder zu wollen meinen? Könnte jemand nicht zum Beispiel glauben, ein Land erkunden zu wollen (und deshalb verreisen), obwohl er in Wirklichkeit vor seiner Verwandtschaft flieht? Doch dies widerspricht gar nicht der bisherigen Interpretation. Descartes' Argument setzt nämlich nicht voraus, dass ich mich nicht hinsichtlich des Gegenstands meines Denkens, Wollens etc. täuschen könnte; immun gegen den Zweifel ist allein meine Überzeugung, dass ich *irgendetwas* denke, will usw. (vgl. Kenny 1968, S. 72). Das Argument des zweiten Argumentationsstrangs lautet schlicht, A14:

1) Genau die Überzeugungen, die sowohl mit der Traumhypothese als auch mit der Böser-Dämon-Hypothese

verträglich sind, sind gewiss (kombiniertes Gewissheitskriterium).

2) Die Überzeugung, dass ich ein Ding bin, welches denkt, sich etwas einbildet, will, empfindet, ist sowohl mit der Traumhypothese als auch mit der Böser-Dämon-Hypothese verträglich.

---

3) Also: Es ist gewiss, dass ich ein Ding bin, welches denkt, sich etwas einbildet, will, empfindet, d.h. ein Ding, das Denkfähigkeit besitzt (PRO Gewissheit der Denkfähigkeit).

Wie die Argumente des ersten Argumentationsstranges artikuliert diese Überlegung schlicht eine elementare Voraussetzung der Perspektive der höherstufigen Reflexion. Diese Perspektive wird hier subtil, wie bereits in (A10), in Form des kombinierten Gewissheitskriteriums eingenommen. Denn nur wenn bei der Formulierung der entsprechenden skeptischen Szenarien die Perspektive der höherstufigen Reflexion unterstellt wird, ist die zweite Prämisse wahr. Legten wir hingegen die oben diskutierte Modifikation des Traumszenarios zugrunde, wäre diese Prämisse falsch.

Descartes behauptet, dass seine Denkfähigkeit die einzige Eigenschaft sei, derer er sich – in der zweiten Meditation – gewiss sein könne. Insbesondere, so bemerkten wir ja bereits, könne es nicht als gewiss gelten, dass er einen Körper besitze. Die Begründung hierfür lautet, A15:

1) Genau die Überzeugungen, die sowohl mit der Traumhypothese als auch mit der Böser-Dämon-Hypothese verträglich sind, sind gewiss (kombiniertes Gewissheitskriterium).
2) Die Überzeugung, dass ich einen Körper bzw. Eigenschaften, die nur materiellen Gegenständen zukommen, besitze, ist nicht mit der Böser-Dämon-Hypothese verträglich.

---

3) Also: Es ist ungewiss, ob ich einen Körper bzw. materielle Eigenschaften besitze (PRO Ungewissheit des Körpers).

Wohlgemerkt bedeutet die Konklusion (3) aber nicht, dass Descartes bereits definitiv ausschließt, einen Körper zu besitzen. Der zweite Argumentationsstrang ist in Argumentkarte 2 dargestellt.

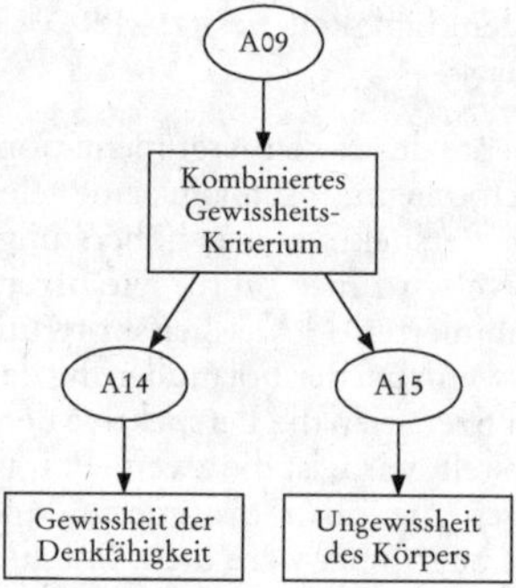

Argumentkarte 2

Zur Möglichkeit gewisser Selbsterkenntnis

An die ersten beiden Argumentationsstränge schließt sich die auf den ersten Blick komplizierteste Überlegung der zweiten Meditation an. In ihrem Mittelpunkt steht das Wachsbeispiel. Wie schon eingangs des Kapitels angedeutet, schlage ich vor, diese Überlegung als Begründung der Möglichkeit gesicherter Selbsterkenntnis zu interpretieren. Aber warum hält Descartes eine solche überhaupt für erforderlich? Die ersten zwei Argumentationsstränge begründen doch angeblich gesichertes Selbstwissen – damit steht doch auch dessen Möglichkeit fest. Descartes erkennt aber, dass die von ihm bisher begründeten Thesen ein Folgeproblem aufwerfen.

> »Es scheint mir aber doch – und ich kann mich der Meinung nicht erwehren –, daß die körperlichen Gegenstände, deren Bilder im [Denken] entstehen und die von den Sinnen erkundet werden, viel deutlicher erkannt werden als jenes rätselhafte Meinige, das nicht bildhaft vorstellbar ist.« (AT VII, 29; ZM 87 ff.)

Descartes weist uns hier auf einen Konflikt zwischen den Thesen (14.3) und (15.3) hin. Ist es nicht zumindest kontraintuitiv und erklärungsbedürftig, dass ich »meinen Geist« leichter erkenne als meinen Körper? Dieser Konflikt lässt sich in folgender Weise zuspitzen, so dass ein philosophisches Problem im engeren Sinne entsteht: Wir müssen, falls wir (14.3) akzeptieren, (15.3) ablehnen, denn, A 16:

1) Es ist (aufgrund eigenen Nachdenkens) gewiss, dass ich ein Ding bin, welches denkt, sich etwas einbildet, will, empfindet, d. h. ein Ding, das Denkfähigkeit besitzt (Gewissheit der Denkfähigkeit).
2) Ich kann meinen Körper oder andere materielle Gegenstände mindestens ebenso leicht wie »meinen Geist« (d. h. etwa die Tatsache, dass ich ein denkendes Ding bin) erkennen.
3) Ist es (i) aufgrund eigenen Nachdenkens gewiss, dass p, und (ii) sind Sachverhalte der Art F leichter zu erkennen, als p, und (iii) meine ich, den F-Sachverhalt q zu erkennen, dann ist q gewiss.
4) Ich meine zu erkennen, dass ich einen Körper und physische Eigenschaften besitze.

5) Also: Es ist gewiss, dass ich einen Körper bzw. physische Eigenschaften besitze (CONTRA Ungewissheit des Körpers).

Dieses Argument stellt den Einwand dar, den Descartes anhand seiner Überlegungen zum Wachsbeispiel zu entkräften sucht. Dazu lässt er sich auf die Voraussetzung des Einwands ein und argumentiert unter der Annahme, es gebe materielle Gegenstände. Die Prämisse (2) des obigen Arguments erweise sich dann, meint Descartes, als falsch.

> »Wenn mir nun aber die [Erfassung] des Wachses [cerae perceptio] deutlicher erschien, da sie sich mir nicht durch das Gesicht oder das Gefühl allein kundgab, sondern durch mehrere Zugangsweisen, so muß ich wohl zugeben, daß ich mich selbst noch um vieles deutlicher erkenne; denn alle Gründe, die mir zur Kenntnis des Wachses oder irgendeines andern Körpers verhelfen könnten, erweisen noch viel besser die Natur meines Geistes.« (AT VII, 33; ZM 97)

Tatsächlich sei es ganz einleuchtend, dass wir unsere geistigen Eigenschaften einfacher und evidenter erkennen als körperliche und materielle Eigenschaften, denn auch materielle Gegenstände würden wir in Wirklichkeit – wie am Beispiel des Stückes Wachs vorgeführt – niemals ohne unsere geistigen Fähigkeiten, das heißt niemals einzig mittels Sinneswahrnehmung erfassen. Nur aufgrund unseres Denkvermögens könnten wir einen materiellen Gegenstand wiedererkennen und als ein und denselben identifizieren, kurzum: individuieren. So lautet zumindest der Kerngedanke des Arguments, dessen detaillierte Rekonstruktion wir nun Schritt für Schritt durchgehen, A17:

1) Ein erhitztes Stück Wachs besitzt keine der sinnlich wahrnehmbaren Eigenschaften, die dem vormals kalten Wachsstück zukamen.

2) Beim erhitzten und kalten Wachsstück handelt es sich aber um ein und denselben Gegenstand.
3) Unterscheidet sich ein und derselbe Gegenstand zu zwei verschiedenen Zeitpunkten hinsichtlich sämtlicher Eigenschaften der Art X, so kann der Gegenstand nicht anhand von X-Eigenschaften individuiert werden.

---

4) Also (aus 1–3): Das konkrete Stück Wachs kann nicht aufgrund seiner sinnlich wahrnehmbaren Eigenschaften individuiert werden.
5) Was nicht aufgrund sinnlich wahrnehmbarer Eigenschaften individuiert werden kann, kann nicht mit Hilfe der Sinneswahrnehmung individuiert werden.

---

6) Also (aus 4,5): Das konkrete Stück Wachs kann nicht mit Hilfe der Sinneswahrnehmung individuiert werden.

Damit ist ein erstes wichtiges Zwischenergebnis erzielt (vgl. AT VII, 30; ZM 89). Descartes schließt als nächstes aus, dass wir materielle Gegenstände mit Hilfe unseres bildlichen Vorstellungsvermögens individuieren (AT VII, 31; ZM 93), und fährt fort,

7) Die einzigen Eigenschaften, die das Stück Wachs im kalten wie auch im erhitzten Zustand besitzt, sind: räumliche Ausdehnung, Biegsamkeit, Veränderlichkeit.
8) Ein Gegenstand kann nur anhand invarianter Eigenschaften individuiert werden.

---

9) Also (aus 7,8): Die einzigen Eigenschaften, anhand derer das Stück Wachs individuiert werden kann, sind: räumliche Ausdehnung, Biegsamkeit, Veränderlichkeit.

Keine dieser Eigenschaften erfasste ich aber mit meinem bildlichen Vorstellungsvermögen, denn das Wachsstück könne sich auf viel mehr verschiedene Weisen ausdehnen, biegen und verändern, als ich mir jemals vorstellen könne. Mithin gelte:

10) Die Eigenschaft der Biegsamkeit und Veränderlichkeit kann ich mir nicht bildlich vorstellen.
11) Die Eigenschaft der räumlichen Ausdehnung kann ich mir nicht bildlich vorstellen.
12) Kann ich mir keine der Eigenschaften, anhand derer ein Gegenstand individuiert werden kann, bildlich vorstellen, so kann der Gegenstand nicht mit Hilfe des bildlichen Vorstellungsvermögens individuiert werden.

---

13) Also (aus 9–12): Das konkrete Stück Wachs kann nicht mit Hilfe des bildlichen Vorstellungsvermögens individuiert werden.

Hierin besteht das zweite wichtige Zwischenresultat der Überlegung. Descartes behauptet und schließt,

14) Ein materieller Gegenstand wird entweder mit Hilfe (i) der Sinneswahrnehmung, (ii) der bildlichen Vorstellungskraft oder (iii) geistigen Erfassens (durch Nachdenken) individuiert.

---

15) Also (aus 6,13,14): Das konkrete Stück Wachs wird mit Hilfe geistigen Erfassens (durch Nachdenken) individuiert.
16) Alle materiellen Gegenstände werden mit demselben Erkenntnisvermögen individuiert.
17) Materielle Gegenstände werden wesentlich mit dem Erkenntnisvermögen erkannt, mit dem sie individuiert werden.

---

18) Also (aus 15–17): Materielle Gegenstände werden wesentlich durch Nachdenken, durch ein geistiges Vermögen, und nicht durch Sinneswahrnehmung erkannt.

Daraus ergibt sich aber vergleichsweise einfach, dass wir unsere geistigen Eigenschaften leichter erkennen als körperliche und materielle Dinge:

19) Durch Nachdenken als einem geistigen Vermögen lässt sich der menschliche Geist leichter erfassen als materielle Gegenstände.
20) Werden Gegenstände der Art F wesentlich mit dem Erkenntnisvermögen E erfasst und lassen sich G-Gegenstände mit E leichter erfassen als F-Gegenstände, so kann man G-Gegenstände leichter als F-Gegenstände erkennen.

---

21) Also (aus 18–20): Ich kann meinen Geist leichter als materielle Dinge erkennen (CONTRA 16.2).

Auf diese Weise hofft Descartes, den in (A16) zum Ausdruck gebrachten Einwand zu entkräften. Selbstredend sind nicht alle Prämissen dieses langen Arguments auf den ersten Blick einsichtig und plausibel. Die Behauptung in den Prämissen (3) und (8), dass sich Eigenschaften, anhand derer Gegenstände individuiert werden, nicht ändern dürften, ist sogar offenkundig falsch: Wir können etwa einen materiellen Gegenstand anhand des Weges, den er zurückgelegt hat, wiedererkennen. »Ist das dasselbe Auto, das hier vor zehn Minuten vorbeigefahren ist?« Wüssten wir, wo sich das Auto in den letzten 15 Minuten aufgehalten hat, fiele die Antwort leicht. Das heißt aber, dass wir materielle Gegenstände anhand ihrer Raum-Zeit-Koordinaten individuieren, obwohl diese sich permanent ändern – im Widerspruch zu (3) und (8).

Ungeachtet dieser und womöglich weiterer Schwächen macht die Rekonstruktion indessen verständlich, welche diskursive Funktion das Wachsbeispiel in der zweiten Meditation erfüllen soll. Das Scheitern des Arguments (A17) ist für das Gesamtprojekt der *Meditationes* letztlich wenig bedrohlich. Denn unabhängig davon, wie man (A17) systematisch beurteilen mag, zeigt das Argument zumindest, dass Descartes die Prämisse (2) des Einwands (A16) ablehnt – was vollkommen ausreicht, um eine kohärente Position zu vertreten. Der dritte Argumentationsstrang ergänzt den zweiten daher wie in Argumentkarte 3 dargestellt.

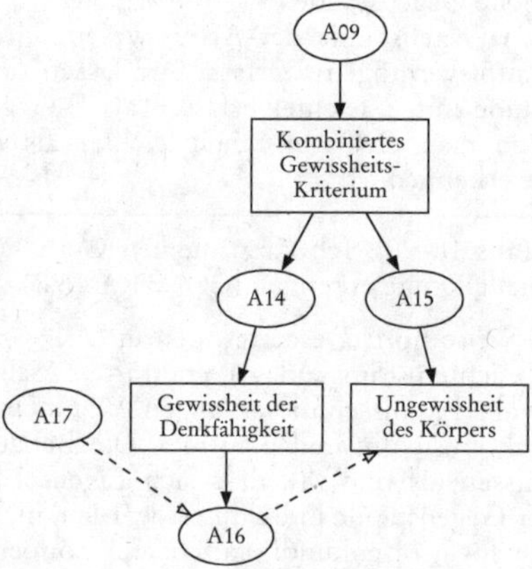

Argumentkarte 3

Wir haben in den ersten drei Abschnitten dieses Kapitels die wichtigsten Überlegungen der zweiten Meditation rekonstruiert und uns so einen passablen Überblick des Gedankengangs verschafft. In den folgenden Abschnitten sollen bestimmte Aspekte der Argumentation näher unter die Lupe genommen werden. Besonderes Augenmerk verdient dabei erneut Descartes' Begründung der Gewissheit seiner Existenz. Wir werden eine Alternativrekonstruktion besprechen, erörtern, ob diese Überlegung überhaupt eine inferentielle Struktur aufweist, und ganz allgemein die Zulässigkeit von Prämissenergänzungen angesichts des radikalen Zweifels klären, bevor wir zum Abschluss dieses Kapitels die Frage beantworten, ob Descartes bereits in der zweiten Meditation den Dualismus begründet.

Eine weitere Rekonstruktion nach Williams und Perler

Unsere Rekonstruktion der Cogito-Überlegung basiert auf Passagen der zweiten Meditation, bzw. Descartes' Erwiderung auf die zweiten Einwände. Die kanonische Fassung dieses Arguments – Ich denke, also bin ich –, die sich, wie bereits erwähnt, gar nicht in den *Meditationes* findet, bildet den Ausgangspunkt der aufschlussreichen Analysen von Bernard Williams und Dominik Perler.

Beide Kommentatoren sind der Auffassung, dass es sich bei dem klassischen Cogito um ein besonderes Argument handele. Eine erste Besonderheit der Cogito-Überlegung besteht, Williams zufolge, darin, dass sowohl die Prämisse (»Ich denke«) als auch die Konklusion (»Ich bin«) außergewöhnliche, da epistemisch ausgezeichnete, Sätze darstellen. Sie seien insbesondere, worauf es uns hier ankommt, *unkorrigierbar* (Williams 2005, S. 59). Dabei heißt ein Satz p genau dann unkorrigierbar, falls von ihm gilt: Wenn jemand denkt, dass p, dann ist p auch wahr. Dass ich denke, ist klarerweise in diesem Sinne unkorrigierbar. Denn wenn ich denke, dass ich denke, dann denke ich.

Neben der Unkorrigierbarkeit von Prämisse und Konklusion macht Perler auf eine weitere Besonderheit aufmerksam: Das Cogito-Argument benötige nämlich nur eine einzige Prämisse (»Ich denke«), von der *unmittelbar* auf die Konklusion geschlossen werden könne (Perler 2006, S. 144 f.). Der Schluss macht sich dabei, so Perler, eine notwendige Bedingung der erfolgreichen Referenz singulärer Termini (Eigennamen) zunutze, und ist deshalb gültig, weil ein Satz nicht wahr sein kann, wenn seine Eigennamen nicht referierten. Für diese Erläuterung spricht, dass sie mit Descartes' korrespondenztheoretischem Wahrheitsbegriff in Einklang steht (siehe Kapitel 1, S. 31). Eine Rekonstruktion, die Williams' und Perlers Einsichten zusammenfügt, kommt indes nicht ohne zusätzliche Prämissen aus, und könnte etwa so aussehen, A18:

1) *Ich denke den Satz »Es gibt einen Satz, den ich denke«* (Annahme um des Arguments willen).

---

2) Also (mit Existenzeinführung; hängt ab von 1): Es gibt einen Satz, den ich denke.

---

3) Also (mit Annahmebeseitigung aus 1,2): Wenn ich den Satz »Es gibt einen Satz, den ich denke« denke, dann gilt: Es gibt einen Satz, den ich denke.
4) Ein Satz p ist genau dann unkorrigierbar, wenn gilt: Falls ich denke, dass p, so p (Definition Unkorrigierbarkeit).

---

5) Also (aus 3,4): Der Satz »Es gibt einen Satz, den ich denke« ist unkorrigierbar.
6) Jeder unkorrigierbare Satz ist gewiss (Williams 2005, S. 35).

---

7) Also (aus 5,6): Es ist gewiss, dass es einen Satz gibt, den ich denke.
8) Wenn es einen Satz gibt, den ich denke, so folgt (bekanntlich), dass ich denke.
9) Ist p gewiss und folgt q (bekanntlich) aus p, so ist q gewiss (Abgeschlossenheit der Gewissheit hinsichtlich bekannter deduktiver Inferenzen).

---

10) Also (aus 7–9): Es ist gewiss, dass ich denke.
11) Für jeden unkorrigierbaren, gewissen (atomaren) Satz p gilt notwendigerweise: seine singulären Termini

nehmen auf etwas real Existierendes Bezug (Perler 2006, S. 145).

12) Es ist gewiss: »ich« ist ein singulärer Terminus des (atomaren) Satzes: »Ich denke«.

---

13) Also (aus 10–12): Es ist gewiss, dass der Ausdruck »ich« auf etwas real Existierendes Bezug nimmt.

---

14) Also (aus 13): Es ist gewiss (epistemisch notwendig wahr), dass ich existiere (PRO Gewissheit der eigenen Existenz).

Dieses Unkorrigierbarkeits-Argument nimmt einen Platz neben den bisherigen Rekonstruktionen (A10, hier S. 68) und (A12–A13, hier S. 71ff.) des ersten Argumentationsstrangs der zweiten Meditation ein, mit denen es die Konklusion gemein hat. Wie neuartig und von den bisherigen Argumenten verschieden ist das Unkorrigierbarkeits-Argument aber? Und wo liegen, andersherum, Ähnlichkeiten zu den vorherigen Rekonstruktionen?

Die verschiedenen Argumente teilen tatsächlich mehr als die gemeinsame Konklusion. Ein Satz ist nämlich genau dann unkorrigierbar, wenn er mit dem Traum- und dem Böser-Dämon-Szenario verträglich ist. Das liegt daran, dass die Gegenüberstellung von

p	Ich denke, dass p

für unkorrigierbare Sätze irrelevant wird. Denn falls p unkorrigierbar ist, impliziert der rechts stehende Satz *qua definitionem* den links stehenden. Einem boshaften Dämon ist es damit unmöglich herbeizuführen, dass ich denke, dass p, ohne dass p tatsächlich wahr ist. Unkorrigierbare Sätze halten dem größtmöglichen Zweifel stand und sind, so lässt sich aus dem kombinierten Gewissheitskriterium folgern, gewiss, A19:

1) Genau die Überzeugungen, die sowohl mit der Traumhypothese als auch mit der Böser-Dämon-Hypothese verträglich sind, sind gewiss.
2) Jeder unkorrigierbare Satz ist sowohl mit der Traumhypothese als auch mit der Böser-Dämon-Hypothese verträglich.

---

3) Also: Jeder unkorrigierbare Satz ist gewiss (PRO 18.6).

Das kombinierte Gewissheitskriterium, welches bereits der allerersten Cogito-Rekonstruktion (A10) zugrunde lag, stützt vermittels der hier genannten Überlegung auch das Unkorrigierbarkeits-Argument nach Williams und Perler (A18) bzw., genau genommen: dessen Prämisse (18.6). Der in dieser Weise ergänzte erste Argumentationsstrang ist in Argumentkarte 4 abgebildet.

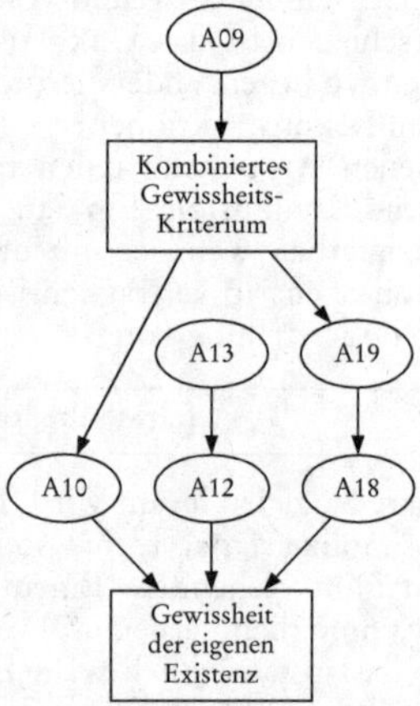

Argumentkarte 4

Des weiteren setzt auch das Unkorrigierbarkeits-Argument (A18) die Perspektive der höherstufigen Reflexion voraus. Denn Descartes argumentiert hier abermals aus der Perspektive eines denkenden Wesens, das er bezeichnen kann (nämlich mit dem Ausdruck »ich«) und das seine Gedanken und Überlegungen selbst zum Gegenstand weiterer Überlegungen macht. Ohne solche Überlegungen zweiter Ordnung könnten ja bereits die Annahme um des Arguments willen (18.1) oder die Definition der Unkorrigierbarkeit (18.4) gar nicht formuliert werden. Höherstufige Reflexionen dieser Art, so wird ferner vorausgesetzt, sind epistemisch relevant – nämlich insofern sie Indikatoren für Gewissheit darstellen und können, so Prämisse (18.11), implizieren, dass bestimmte objektive Sachverhalte bestehen. Anstatt sie in Frage zu stellen, bestätigt das Unkorrigierbarkeits-Argument damit unsere bisherige Interpretation: Das Cogito-Argument macht nur eine fundamentale Voraussetzung der Perspektive, die Descartes in den *Meditationes* einnimmt, explizit. Es begründet die Gewissheit der eigenen Existenz nicht aus dem Nichts heraus, nicht *ex nihilo*.

Die Cogito-Überlegung: inferentielle Struktur versus unmittelbare Gewissheit

Wir haben bisher als selbstverständlich angenommen, dass die Cogito-Überlegung eine Prämissen-Konklusion-Struktur aufweist, mit anderen Worten: dass es sich um ein Argument handelt, eben das Cogito-Argument.

Nicht alle Interpreten Descartes' sind jedoch dieser Meinung. Was aber spricht überhaupt dagegen, das Cogito als einen Schluss aufzufassen? Nun, wir haben in den obigen Abschnitten gesehen, dass das Cogito, als Argument interpretiert, bei genauerer Analyse vielleicht weniger zu leisten vermag, als Descartes selbst annahm. Das ist der erste Grund, der gegen die inferentielle Interpretation des Cogito spricht: Bevor wir Descartes ein besonders schwaches Argument zuschreiben, sollten wir ihm vielleicht lieber gar kein Argument unterstellen.

Verstärkt werden diese Bedenken durch einen zweiten Gedankengang. Berücksichtigen wir den Kontext, in dem die Cogito-Überlegung steht, so erscheint jede Rekonstruktion derselben als ein Argument noch viel schwächer, als wir bisher behauptet haben. Denn es müssen in jedem Fall implizite Prämissen ergänzt und vorausgesetzt werden. Wie kann das im Kontext des radikalen Zweifels aber überhaupt zulässig sein? Es scheint, als hätte die inferentielle Interpretation des Cogito zur Folge, dass Descartes sein Ziel einer voraussetzungslosen Begründung von Gewissheiten keinesfalls erreicht. Das alles motiviert die Interpretationsstrategie, das Cogito *nicht* als einen Schluss aufzufassen. Im Folgenden wird dieser Ansatz diskutiert – und letztlich verworfen.

Zunächst einmal kann sich eine nicht-inferentielle Interpretation des Cogito auf bestimmte Äußerungen Descartes selbst berufen. So verteidigt Descartes seine Cogito-Überlegung gegen den Einwand, das Schlussfolgern sei in der zweiten Meditation noch nicht als zuverlässige Erkenntnismethode etabliert, wie folgt:

> »Wenn wir beachten, daß wir denkende Dinge sind, dann ist das ein ganz bestimmter erster Grundbegriff, der nicht aus einem Syllogismus geschlossen wird; und auch wenn jemand sagt, *Ich denke, also bin ich, bzw. existiere*, dann deduziert er nicht die Existenz durch einen Syllogismus aus dem Denken, sondern erkennt eine gewissermaßen selbstverständliche Sache durch eine einfache Intuition des Geistes. Das ergibt sich daraus, daß, wenn er es durch einen Syllogismus deduzieren würde, er zuvor den Obersatz *Alles, was denkt, ist, bzw. existiert* gekannt haben müßte. Diesen Satz aber

lernt er doch erst, indem er an sich erfährt, daß er unmöglich denken kann, wenn er nicht existiert.«

(AT VII, 140; EE 150; Hervorhebung im Original)

Descartes begründet hier, dass das Cogito keinen Syllogismus darstellt, und insbesondere nicht das Schema realisiert,

1) Alle F-Gegenstände sind G.
2) Der Einzelgegenstand a ist F.

---

3) Also: Der Einzelgegenstand a ist G.

Descartes meint weiter: Wenn es sich um keinen Schluss dieser Form handele, dann könne es gar kein Schluss sein. Denn die aristotelische Logik galt ihm noch als vollständig, und ein korrekter Schluss war für Descartes nichts anderes als ein aristotelischer Syllogismus. Dass Descartes die primitive, syllogistische Rekonstruktion der Cogito-Überlegung zurückweist, können wir gut verstehen. Dass eine solche Rekonstruktion unangemessen ist, bedeutet im Lichte der modernen Logik aber keineswegs, dass das Cogito gar keinen Schluss darstellt und nicht etwa in anderer Weise als Argument rekonstruiert werden kann. Keine der oben besprochenen Rekonstruktionen beruht einzig auf der aristotelischen Logik.

Unbeschadet seiner Vorbehalte gegen eine syllogistische Deutung des Cogito (die einer inferentiellen Interpretation nicht grundsätzlich widersprechen), räumt Descartes an verschiedenen Orten ein, dass die Cogito-Überlegung keineswegs voraussetzungslos ist. So thematisieren die sechsten Einwände, die in Kenntnis aller vorherigen Erwiderungen Descartes' verfasst wurden, abermals das Cogito und geben zu bedenken:

»›Es scheint keineswegs schon so sicher zu sein, daß wir sind, aufgrund dessen, daß wir denken. Um nämlich sicher sein zu können, daß Sie denken, müssen Sie wissen, was es heißt, zu denken, bzw. was das Denken ist, oder was Ihre Existenz ist. Da Sie aber noch nicht wissen, was diese Dinge sind, woher können Sie wissen, daß Sie denken oder existieren‹?‹« (AT VII, 413; EE 393)

Zumindest müsse man doch die Bedeutung der Begriffe »denken« und »existieren« kennen, um die Cogito-Überlegung zu vollziehen. Descartes gesteht diesen Punkt zu, indem er sagt: »Es ist zwar wahr, ›daß niemand sicher sein kann, dass er denkt, noch, daß er existiert, wenn er nicht weiß, was Denken und was Existenz ist‹« (AT VII, 422; EE 403). Das bedeutet aber nichts Geringeres, als dass dem Cogito bestimmte Voraussetzungen zugrunde liegen. Diese Deutung bestätigt Descartes in den *Principia*:

»Wenn ich nun jenen Satz, *ich denke, daher bin ich*, den ersten und sichersten genannt habe, auf den jeder regelgeleitet Philosophierende stößt, dann habe ich damit nicht bestreiten wollen, dass es zuvor nötig ist, zu wissen, *was Denken ist, was Existenz, was Gewissheit*, und ebenso dass es nicht möglich ist, *dass das, das denkt, nicht existieren sollte* und dergleichen Dinge mehr, sondern ich habe nur sagen wollen, dass ich es nicht für zweckmäßig erachtet habe, sie hier aufzuführen, weil sie die allereinfachsten Grundbegriffe sind und für sich genommen die Erkenntnis der realen Existenz keines einzigen Dinges herbeiführen.«
(AT VIII/1, 8; Prin 19; Hervorhebung im Original)

Das Cogito setzt implizite Prämissen voraus, die Descartes nur deshalb nicht aufgeführt hat, weil er sie für trivial hielt. In dem *Gespräch mit Burman* erläutert er schließlich noch etwas ausführlicher:

»Vor dieser Folgerung ›ich denke, also bin ich‹ kann man jenen Obersatz kennen, ›alles, was denkt, ist‹, da er ja der Sache nach meiner Folgerung vorgängig und diese sich auf jenen stützt. So sagt der Autor auch in den

›Prinzipien‹, daß jener voranginge, da er nämlich implizit immer vorausgesetzt wird und vorangeht.«

(AT V, 147; GmB 7)

Descartes akzeptiert hier sogar die einfache syllogistische Interpretation des Cogito, derzufolge »Alles was denkt, existiert« eine implizite Prämisse des Arguments ist. Argumentieren wir umgangssprachlich, fährt Descartes fort, so seien wir uns jedoch nicht immer aller impliziten Prämissen bewusst, die dabei vorausgesetzt würden.

»Doch erkenne ich deshalb nicht immer ausdrücklich und explizit, daß jener [Obersatz] vorangeht und weiß ihn vor meiner Folgerung, da ich ja nur auf das Acht habe, was ich in mir erfahre, also auf die Einsicht ›ich denke, also bin ich‹. So habe ich aber nicht Acht auf jene allgemeine Einsicht ›alles, was denkt, ist‹ [...].«

(AT V, 147; GmB 7)

Descartes' allgemeine Beobachtung ist sicherlich richtig. Nur aufgrund der Tatsache, dass uns beim Diskutieren und Argumentieren zahlreiche Voraussetzungen unserer Schlüsse gar nicht gegenwärtig sind, machen wir durch die Rekonstruktion von Argumenten ja substantielle Entdeckungen. Descartes' Kommentar zum Cogito, der sich durch die Erwiderung auf die sechsten Einwände, die *Principia* sowie durch das *Gespräch mit Burman* zieht, läuft darauf hinaus, dass er selbst das Cogito gerade nicht als voraussetzungslos ansah. Es beruhe auf impliziten Prämissen, stelle also letztlich einen Schluss dar, der als Argument mit Prämissen-Konklusion-Struktur rekonstruiert werden könne.

Descartes' Selbstauskunft spricht zweifelsohne gegen die nicht-inferentielle Deutung des Cogito. Diese ist damit jedoch nicht gänzlich vom Tisch. Denn man könnte das Cogito ja auch ein Stück weit gegen Descartes nicht-inferentiell interpretieren. Wie aber sähe eine solche Deutung aus? Was wäre denn das Cogito, wenn es sich nicht um ein Argument handelte? Eine bloße Behauptung? Nein, das wäre zu wenig. Die Gewissheit der eigenen Existenz gilt es schon zu begründen. Aber wie könnte denn eine nicht-inferentielle Begründung derselben aussehen?

Hintikka schlägt vor, die Überlegung als eine »performative« Begründung zu deuten (Hintikka 1962, 1963). Letztlich bleibt eine solche Interpretation aber unverständlich. Auszusprechen, dass ich heute nichts sage oder dass ich nichts denke, kann als paradigmatischer Fall eines performativen Selbstwiderspruchs gelten. Das, was geäußert wird, widerspricht dem Akt des Äußerns und wird durch die entsprechende Sprechhandlung widerlegt. Widerspreche ich mir in diesem Sinne selbst, wenn ich sage: »Ich existiere nicht«? Hier liegt, anders als bei »Ich sage heute nichts«, ja gar kein unmittelbarer Bezug auf eine Denk- und Sprechhandlung vor – und damit ist »Ich existiere« auch nicht performativ selbstbewahrheitend. Ganz allgemein lässt sich gegen performative, nicht-inferentielle Deutungen des Cogito einwenden: Wenn der Denkakt mit dem Gehalt »Ich existiere« die Begründung für die Wahrheit des Satzes, dass ich existiere, darstellen soll, dann wird eine Explikation und vollständige Rekonstruktion dieser Begründung doch wieder zu einem Schluss, einer Prämissen-Konklusion-Struktur führen. Unsere zweite Rekonstruktion (A 12–A 13, hier S. 71 ff.) liegt schließlich auch ganz auf dieser Linie. Aus diesen systematischen Überlegungen heraus erscheint die Interpretation des Cogito als ein Argument alternativlos.[20] Das oben angedeutete Motiv für die nicht-inferentielle Deutung, dass nämlich die Verwendung von zusätzlichen Prämissen im Kontext des

20 Für eine ausführlichere Diskussion Hintikkas performativer Lesart des Cogito vgl.: Frankfurt (1966) und Williams (2005, S. 60 ff.).

radikalen Zweifels unzulässig ist, stellt sich damit in aller Schärfe als Problem unserer inferentiellen Deutung. Dieses Problem ragt über die Rekonstruktion des Cogito gleichwohl weit hinaus. Wir müssen schließlich ganz grundsätzlich klären, von welchen Sätzen Descartes in seiner Argumentation, die ihn aus dem Zweifel führen soll, Gebrauch machen darf.

Prämissenergänzung und analytische Sätze

Will Descartes Überzeugungen als gewiss begründen, so dürfen seine Begründungen nicht auf zweifelhaften Prämissen beruhen. Das ist der richtige und wichtige Kerngedanke der Kritik an der inferentiellen Deutung des Cogito im besonderen und an der Prämissenergänzung im allgemeinen. Es wäre etwa ein fataler Einwand gegen Descartes' Argumente, wenn man nachweist, dass sie auf empirischen Annahmen beruhen, die durch die skeptischen Szenarien in Zweifel gezogen werden.

Wie charakterisiert Descartes selbst die impliziten Prämissen, von denen er zugibt, dass sie seinen Überlegungen zugrunde liegen? Sie setzten, sagt er, wie bereits oben zitiert (hier S. 92), nur »die allereinfachsten Grundbegriffe« voraus. Das können wir vielleicht auch so ausdrücken: Die Prämissen werden nicht unter Rückgriff auf nicht-sprachliche Sachverhalte begründet. Es handelt sich, kurzum, nicht um synthetische, sondern um analytische Aussagen. Die impliziten Prämissen sind also Sätze der Art »Bücher haben Seiten«, »In Opern wird gesungen«, »Junggesellen sind unverheiratet«. So sagt zumindest Descartes.

Und so lautet auch der Interpretationsansatz, den wir in diesem Abschnitt ausarbeiten wollen. Wir müssen dazu zweierlei Fragen klären: Kann die Verwendung analytischer Aussagen als Prämissen, erstens, angesichts des radikalen Zweifels gerechtfertigt werden? Und sind, zweitens, alle Prämissen, die Descartes verwendet, tatsächlich analytisch? Insofern es gelingen sollte, beide Fragen in überzeugender Weise zu bejahen, wäre das Problem der Prämissenergänzung gelöst.

Um die Verwendung analytischer Aussagen im Kontext des radikalen Zweifels zu rechtfertigen, gibt es prinzipiell zwei alternative Strategien: Entweder gelingt es uns nachzuweisen, dass alle analytisch wahren Aussagen zweifelsresistent und damit gewiss sind. Dann könnten auf ihrer Grundlage nämlich weitere Gewissheiten abgeleitet werden. Oder wir nehmen alle analytisch wahren Aussagen (ähnlich wie unsere Fähigkeit und unser Wissen darüber, korrekt zu schlussfolgern) von vornherein vom Zweifel aus. Letzteres stellt dabei nur eine Rückfalloption dar, denn es würde sich um eine weitere massive Korrektur des Cartesischen Projekts handeln.

Dass analytische Aussagen gewiss sind, lässt sich womöglich ganz ähnlich wie die Gewissheit der eigenen Existenz oder Denkfähigkeit begründen. Würden analytische Sätze dem stärkstmöglichen Zweifel standhalten, wären sie unbezweifelbar. Aber warum sollten analytische Aussagen derart zweifelsresistent sein? Könnte ich mich nicht auch darin irren, einen bestimmten Satz für analytisch wahr zu halten? Nun, das setzte voraus, dass ich mich hinsichtlich der Bedeutung der in diesem Satz vorkommenden Wörter täuschte. Und, so müsste Descartes behaupten, genau dies sei, zumindest nach gründlicher und sorgfältiger Prüfung, gerade nicht möglich. *En detail* ließe sich damit wie folgt für die Gewissheit analytischer Sätze argumentieren, A20:

1) *Nach sorgfältiger Prüfung meine ich, den Satz p als wahr aufgrund der Bedeutung der in ihm vorkommenden Wörter zu erkennen* (Annahme um des Arguments willen).

2) Wenn ich nach sorgfältiger Prüfung meine, den Satz p als wahr aufgrund der Bedeutung der in ihm vorkommenden Wörter zu erkennen, dann meine ich, nach sorgfältiger Prüfung zu erkennen: (i) dass B die Bedeutungsexplikation der Wörter in p ist, (ii) dass die Bedeutungsexplikation B p logisch impliziert.
3) Wenn ich nach sorgfältiger Prüfung meine, die Bedeutungsexplikation B der Wörter eines Satzes zu kennen, dann ist B die explizierte Bedeutung der Wörter (These der semantischen Transparenz).
4) Wenn ich nach sorgfältiger Prüfung meine, zu erkennen, dass aus Sätzen S der Satz s logisch folgt, dann folgt s aus S (Fähigkeit korrekten Schlussfolgerns).

---

5) Also (aus 1–4; hängt ab von 1): B ist die Bedeutungsexplikation der Wörter in p, und B impliziert p.
6) Wenn B die Bedeutungsexplikation der Wörter in p ist, und wenn B p impliziert, dann ist p wahr aufgrund der Bedeutung der in p vorkommenden Wörter.

---

7) Also (aus 5,6; hängt ab von 1): Der Satz p ist wahr aufgrund der Bedeutung der in p vorkommenden Wörter.

---

8) Also (mit Annahmebeseitigung aus 1,7): Wenn gilt: Nach sorgfältiger Prüfung meine ich, den Satz p als wahr aufgrund der Bedeutung der in ihm vorkommenden Wörter zu erkennen, so gilt auch: p ist wahr aufgrund der Bedeutung der in p vorkommenden Wörter.

---

9) Also (aus 8): Wenn ich, nach sorgfältiger Prüfung, den Satz p als wahr aufgrund der Bedeutung der in ihm vorkommenden Wörter zu erkennen meine, dann ist p wahr.

10) Für jeden Satz p gilt: Ist p wahr, falls ich nach sorgfältiger Prüfung meine, dass p, dann ist p sowohl mit der Traumhypothese als auch mit der Böser-Dämon-Hypothese verträglich.
11) Genau die Überzeugungen, die sowohl mit der Traumhypothese als auch mit der Böser-Dämon-Hypothese verträglich sind, sind gewiss (kombiniertes Gewissheitskriterium).

---

12) Also (aus 9–11): Jeder Satz, den ich, nach sorgfältiger Prüfung, als wahr aufgrund der Bedeutung der in ihm vorkommenden Wörter zu erkennen meine, ist gewiss (PRO Gewissheitskriterium der Analytizität).

Die entscheidende Voraussetzung dieses Arguments ist die Prämisse (3), die These der semantischen Transparenz. Sie besagt, dass die Bedeutung von Wörtern offen zutage liegt. Ihr gilt im Folgenden unser Augenmerk. Betrachten wir, um die These der semantischen Transparenz noch besser zu verstehen, einige Gegenüberstellungen:

»Junggeselle sein« heißt (u. a.) unverheiratet zu sein.	Ich meine nach sorgfältiger Prüfung, dass »Junggeselle sein« (u. a.) unverheiratet zu sein heißt.
Zu wissen, dass p, heißt (u. a.), dass p wahr ist.	Ich meine nach sorgfältiger Prüfung, dass p zu wissen u. a. heißt, dass p wahr ist.
Ein Rechteck mit gleich langen Seiten heißt »Trapez«.	Ich meine nach sorgfältiger Prüfung, dass ein Rechteck mit gleich langen Seiten »Trapez« heißt.

Der These der semantischen Transparenz zufolge implizieren die rechts stehenden die links stehenden Sätze. Zu meinen, dass der Ausdruck F auch G bedeutet, impliziert, dass F tatsächlich G bedeutet. Aus genau diesem Grund ist Irrtum hier ausgeschlossen. Ein boshafter Dämon kann nicht herbeiführen, dass ich, nach sorgfältiger Prüfung, meine, das und das sei die Bedeutung eines Ausdrucks, ohne dass dem wirklich so ist.

Wir tun gut daran, die These der semantischen Transparenz von einer weiteren, zugegebenermaßen ähnlichen These zu unterscheiden: der These des semantischen Internalismus. Der semantische Internalismus behauptet, dass die Bedeutung eines Ausdrucks einzig und allein von den gedanklichen (und damit: internen) Zuständen eines Sprechers abhängt. Bedeutungen sind im Kopf. Negativ formuliert hätten äußere (externe) Umstände keinen Einfluss darauf, was ein Ausdruck bedeutet. Die Gegenthese dieser sprachphilosophischen Position heißt dann auch treffend »semantischer Externalismus« – wir sind ihr im ersten Kapitel bereits begegnet (A7, hier S. 46f.). Für unsere Interpretation ist es verlockend, die These der semantischen Transparenz mit der These des semantischen Internalismus zu verbinden, vielleicht sogar jene auf diese zurückzuführen. Bedeutungen sind transparent, könnte man etwas vereinfacht sagen, weil Bedeutungen im Kopf sind. Das wäre aber kein überzeugender Interpretationsansatz. Die Frage, ob Descartes eine internalistische oder externalistische Sprachphilosophie vertritt, sollte an dieser Stelle noch so weit wie möglich offengelassen werden. Im nächsten Kapitel werde ich versuchen, plausibel zu machen, dass Descartes tatsächlich eine Variante des semantischen Externalismus befürwortet. Erst dies nämlich, gepaart mit der These der semantischen Transparenz, erlaubt es ihm im Gottesbeweis, die Existenz von Außenweltdingen zu erschließen.

Was jedoch spricht für die These der semantischen Transparenz? Wie kann diese gerechtfertigt werden? Warum sind Bedeutungen offenkundig und, nach sorgfältiger

Prüfung, zweifelsfrei erkennbar? Um Descartes hier systematisch zu verteidigen, schlage ich vor, die These der semantischen Transparenz darauf zurückzuführen, dass wir korrekt Regeln folgen und dieses auch erkennen sowie beurteilen können. Dazu müssen wir gleichwohl eine Gebrauchstheorie der Bedeutung annehmen. Die Kenntnis der Bedeutung von Wörtern, so die Grundidee des Arguments, lässt sich dann nämlich auf die Kenntnis ihres Gebrauchs, und das heißt letztendlich: auf die Kenntnis richtigen Regelfolgens reduzieren, A21:

1) Die Bedeutung eines Wortes zu kennen heißt nichts anderes, als seine Verwendungsregel (partiell) explizieren zu können (Gebrauchstheorie der Bedeutung).
2) Für beliebiges (zumindest sprachliches) Verhalten gilt: Ich kann korrekt Regeln folgen und (mit Gewissheit) die Regeln angeben, denen ich folge.

---

3) Also (aus 1,2): Ich kann die Bedeutung von Wörtern mit Gewissheit kennen.
4) Wenn ich die Bedeutung von Wörtern mit Gewissheit kennen kann, dann ist, falls ich nach sorgfältiger Prüfung meine, die Bedeutungsexplikation B der Wörter eines Satzes zu kennen, B auch die explizierte Bedeutung der Wörter.

---

5) Also (aus 3,4): Wenn ich nach sorgfältiger Prüfung meine, die Bedeutungsexplikation B der Wörter eines Satzes zu kennen, dann ist B die explizierte Bedeutung der Wörter (PRO These der semantischen Transparenz, 20.3).

Die kognitiven Fähigkeiten (i) des korrekten Regelfolgens und (ii) des unfehlbaren Wissenserwerbs über Regelfolgen (Prämisse 2) musste Descartes aber ohnehin als Voraussetzung der gesamten Argumentation annehmen (vgl. Kapitel 1, hier S. 65). Diese Voraussetzung garantiert uns also auch zweifelsfreie Erkenntnis der Bedeutung von Wörtern.

Allerdings ist dieser Begründungsversuch der These der semantischen Transparenz nicht ganz problemlos. So scheint sich im Hinblick auf (2) sofort die berechtigte Frage zu stellen, ob korrektes Regelfolgen denn *immer* explizierbar sei. Können wir die Regeln, denen wir folgen, *in jedem Fall* partiell oder sogar vollständig artikulieren? Spätestens seit Wittgensteins *Philosophischen Untersuchungen* ist das ein großes Thema der Philosophie. Und gegen die These, alle Regeln ließen sich immer vollständig angeben, scheinen gute Argumente im Raum zu stehen (bspw. Brandom 2000, S. 56ff.). Vielleicht genügt uns für unser Argument hier aber auch nur die partielle Explizierbarkeit.

Ein weiteres Problem betrifft die Kohärenz unserer Gesamtrekonstruktion. Können wir Descartes hier eine Gebrauchstheorie der Bedeutung zuschreiben, um die These der semantischen Transparenz zu begründen, und andernorts feststellen und voraussetzen, dass Descartes eine Korrespondenztheorie der Bedeutung vertritt? Diese Spannung lässt sich schwer leugnen. Und es ist in der Tat ein Desiderat unserer Rekonstruktion, die Prämisse (1) des obigen Arguments mit Descartes' korrespondenztheoretischen Thesen – etwa (18.11, hier S. 86f.) oder (25.4, hier S. 116) – in Einklang zu bringen. Descartes Argumentation um (A21) zu ergänzen, scheint mir trotz dieser Schwierigkeiten aber eine wohlwollende Interpretation zu sein. Denn ohne (A21) müsste Descartes auf eine Begründung der semantischen Transparenz und damit der Gewissheit analytischer Prämissen gänzlich verzichten. Letzteres hätte jedoch zur Folge, Descartes' zentrale Schlussfolgerungen und Resultate der *Meditationes* noch größeren Vorbehalten auszusetzen. Diese, so wären wir gezwungen zu sagen, würden nur unter der Voraussetzung gelten, dass mutmaßlich analytische Sätze tatsächlich auch gewiss sind.

Das stellte eine weitgehende Einschränkung dar, die Descartes' Begründungsabsichten fundamental zuwider liefe. Eine Begründung der Gewissheit analytischer Prämissen stellt deshalb, mag sie auch Folgeprobleme aufwerfen, allemal die bessere Option dar.

Fassen wir mit Blick auf Argumentkarte 5 unsere bisherigen Modifikationen des Cartesischen Projekts noch einmal zusammen.

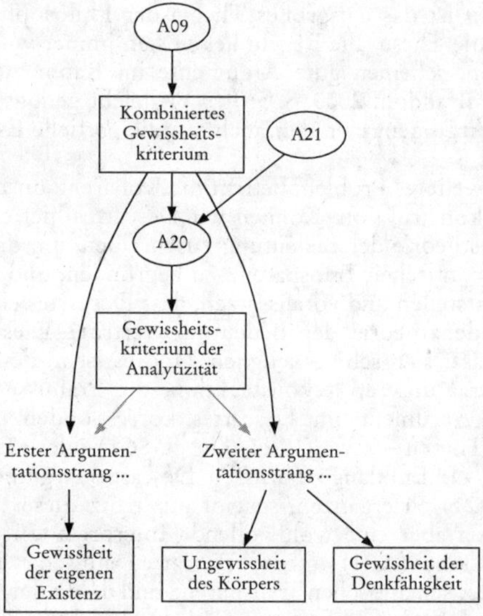

Argumentkarte 5

Unsere kognitiven Fähigkeiten, einer Regel korrekt zu folgen und hierüber sicheres Wissen zu erlangen, haben wir (bereits im vorherigen Kapitel) pauschal vom methodischen Zweifel ausgenommen. Damit wurde das Schlussfolgern zu einer zulässigen, da zuverlässigen, Methode, derer sich Descartes in den *Meditationes* von Anfang an bedienen darf. Wie in der Argumentkarte ersichtlich, kann er mit dem Argument (A9) das kombinierte Gewissheitskriterium und mit dessen Hilfe über (A20), gestützt von (A21), die These begründen, dass alle Prämissen, die nach sorgfältiger Prüfung als analytisch wahr eingestuft wurden, gewiss sind. Dies rechtfertigt die Verwendung mutmaßlich analytischer Sätze als Prämissen in der weiteren Argumentation (in der Argumentkarte dargestellt durch graue Pfeile). Hierbei handelt es sich, argumentationsstrategisch betrachtet, um ein wichtiges Ergebnis, denn erst mit ihm hat Descartes eine hinreichend breite Argumentationsbasis geschaffen, auf der er aufsetzen kann. Während die analytischen Prämissen aller dann folgenden Argumente als gewiss gelten können, trifft dies auf die freien (das heißt unbegründeten) Prämissen der Argumente (A9), (A20) und (A21), selbst dann, wenn es sich bei ihnen um analytische Sätze handeln sollte, keinesfalls zu. Diese Prämissen können ihre eigene Gewissheit natürlich nicht selbst begründen: Das wäre offenkundig zirkulär und fehlerhaft. Die freien Prämissen der Argumente (A9), (A20) und (A21) stellen folglich zusätzliche unbegründete, wenn auch vielleicht plausible Voraussetzungen der Cartesischen Argumentation dar. Sie bilden die minimale Ausgangsbasis, von der aus Descartes' Projekt startet.

Für jedes auf (A9) und (A20) folgende Argument gilt es zu prüfen, ob seine Prämissen, insofern sie nicht durch andere Argumente gestützt werden, analytisch wahr sind. Nur dann hat es im Kontext der *Meditationes* überhaupt Beweiskraft.

Beginnen wir sogleich mit dieser Prüfung: Sind die freien Prämissen, die in den drei Argumentationssträngen der zweiten Meditation verwendet werden, tatsächlich analytisch wahr? Ich denke, das ist der Fall. Hier ist nicht der Platz, um dies für jede Prämisse einzeln nachzuweisen, ich will stattdessen nur auf einige Zweifelsfälle hinweisen. Die Prämisse (12.1, hier S. 71) zum Beispiel, ist deshalb analytisch wahr, weil sie ausdrückt, was es unter anderem heißt, dass eine Handlung widersprüchlich ist. Eine begriffliche Voraussetzung des Zweifelns wird von Prämisse (13.4, hier S. 72) zum Ausdruck gebracht. Prämisse (18.11, hier S. 86 f.) des Unkorrigierbarkeit-Arguments wiederum expliziert partiell die Bedeutung der Begriffe der Gewissheit, Wahrheit und Referenz.

Stuft man die Prämissen der drei Argumentationsstränge tatsächlich allesamt als analytisch wahr ein, d.h. als wahr aufgrund der Bedeutung der in ihnen vorkommenden Ausdrücke, dann hat das eine interessante Folge, die wir zum Abschluss dieses Abschnitts notieren sollten: Die Perspektive der höherstufigen Reflexion als substantielle Voraussetzung der Cogito-Überlegungen ist bereits ganz tief in der Art und Weise, wie wir uns beschreiben, verwurzelt. Sie ist unserem kognitiven Zugriff auf uns und die Welt eingeprägt. Diese Perspektive nicht einzunehmen, hieße, eine andere Sprache zu sprechen.

Das Argument aus dem Zweifel

Zum Eingang dieses Kapitels wurde darauf hingewiesen, dass Descartes womöglich längs der drei analysierten Argumentationsstränge noch ein weiteres Argumentationsziel in der zweiten Meditation verfolgt. Worum geht es? Zeitgenössische wie auch moderne Kommentatoren entdecken bereits in der zweiten Meditation einen – in ihren Augen misslungenen – Versuch, den Dualismus zu begründen (vgl. Beckermann 1986, S. 56 ff.; Schütt 1990, S. 148 ff.; Williams 2005, S. 87 ff.). Die These der realen Unterscheidung – eines der zentralen Beweisziele der *Me-*

ditationes – stellt eine Modalaussage dar. Sie behauptet die prinzipielle Trennbarkeit und Unabhängigkeit von Geist und Körper. Es sei *möglich*, so diese These, dass Körper und Geist unabhängig voneinander existierten. Für einen Begründungsversuch dieser These in der zweiten Meditation ergibt sich damit aber sofort eine Schwierigkeit: Descartes hat bisher nur epistemische Notwendigkeits- und Möglichkeitsaussagen begründet, also Aussagen der Form »Es ist gewiss, dass …« und »Es ist bezweifelbar, dass …«. In der These der realen Unterscheidung ist jedoch nicht von epistemischer, sondern von objektiver, logisch-begrifflicher Möglichkeit die Rede. Lässt sich das sogenannte Argument aus dem Zweifel rekonstruieren, ohne Descartes dabei zu unterstellen, er habe diese zwei verschiedenen Möglichkeitsbegriffe durcheinandergebracht und verwechselt?

Schütt legt eine Rekonstruktion des Arguments aus dem Zweifel vor, die dieses Desiderat erfüllt (Schütt 1990, S. 148 ff.). Ausgehend davon, dass meine Existenz gewiss ist, wohingegen die Existenz materieller Gegenstände (in der zweiten Meditation noch) ungewiss ist, begründet es die Konklusion, dass ich kein materielles Ding – bzw. von meinem Körper verschieden – bin. Und das heißt, so können wir diese Konklusion auslegen, dass ich als denkendes Wesen (s. zweiter Argumentationsstrang) insbesondere nicht mit meinem Körper (sollte ich einen besitzen) identisch bin und ohne diesen existieren kann. Schütts Argument aus dem Zweifel lautet nun, A22:

1) *Ich bin identisch mit einem Körper k* (Annahme um des Arguments willen).
2) Wenn ich identisch mit einem Körper k bin, dann bin, falls k etwas ist, dessen Existenz bezweifelt wird, auch ich etwas, dessen Existenz bezweifelt wird.

---

3) Also (aus 1,2; hängt ab von 1): Falls k etwas ist, dessen

Existenz bezweifelt wird, bin auch ich etwas, dessen Existenz bezweifelt wird.
4) Es ist ungewiss, ob Körper existieren.

---

5) Also (aus 4): Die Existenz des Körpers k wird bezweifelt.

---

6) Also (aus 3 und 5; hängt ab von 1): Ich bin etwas, dessen Existenz bezweifelt wird.
7) Meine Existenz ist unbezweifelbar (Gewissheit der eigenen Existenz).

---

8) Also (mit Annahmewiderlegung aus 1,6,7): Ich bin kein Körper.

Die Rekonstruktion knüpft an die übrigen Argumente der zweiten Meditation nahtlos an: Prämisse (7) ist das Ergebnis des ersten Argumentationsstranges, und (4) kann ganz analog zu den Resultaten des zweiten Argumentationsstranges, insbesondere zu (A15, hier S. 77f.), gewonnen werden. Die entscheidende Prämisse ist Satz (2).

Schütt erörtert nun, ob sich (2) vielleicht aus einem allgemeinen logischen Prinzip, Leibniz' Substitutionsprinzip, ableiten lasse. Dieses Prinzip besagt, dass sich der Wahrheitswert eines Satzes nicht ändert, wenn man einen seiner Bestandteile durch einen bedeutungsgleichen austauscht. Ein entsprechendes Argument, das (2) stützt, könnte damit lauten, A23:

1) Für beliebige Gegenstände x,y und beliebige offene Sätze F gilt: Wenn x=y, dann auch: Fx genau dann, wenn Fy.
2) »... ist etwas, dessen Existenz bezweifelt wird« ist ein offener Satz.

---

3) Also: Wenn ich identisch mit einem Körper k bin, dann

bin, falls k etwas ist, dessen Existenz bezweifelt wird, auch ich etwas, dessen Existenz bezweifelt wird (PRO 22.2).

Leibniz' Substitutionsprinzip, die Prämisse (1), gilt jedoch nur unter einer wichtigen Einschränkung, die hier verletzt wird. Solche Substitutionen sind im Allgemeinen nur in bestimmten, sogenannten extensionalen Kontexten wahrheitserhaltend. Gegen das Prinzip (1), insofern es von beliebigen offenen Sätzen spricht, welche extensionale *oder* intensionale Kontexte bilden, lassen sich sofort Gegenbeispiele anführen. Etwa: Die Anzahl der Jupitermonde ist gleich 4; und es gewiss, dass 4 eine Quadratzahl ist. Mit dem in (1) formulierten Prinzip folgt daraus aber, dass die Anzahl der Jupitermonde, ebenfalls gewiss und unbezweifelbar, eine Quadratzahl ist. Diese empirische Behauptung besitzt jedoch keinesfalls die Gewissheit einer mathematischen Tatsache. Ganz generell berechtigt Prämisse (1) dazu, sogenannte intensionale Fehlschlüsse zu ziehen, und ist deshalb falsch. Um das oben genannte Argument zu reparieren, müsste (1) eingeschränkt werden, nämlich auf offene Sätze, die einen extensionalen Kontext bilden. Dann wäre aber zu fordern, dass »... ist etwas, dessen Existenz bezweifelt wird« tatsächlich einen extensionalen Kontext bildet, was wiederum nicht der Fall ist. Kurzum, die Prämisse (22.2) kann nicht unter Rückgriff auf das Substitutionsprinzip gerechtfertigt werden. Sie stellt die Sollbruchstelle, so auch Schütt, dieser Rekonstruktion des Arguments aus dem Zweifel dar.

Schütt zeigt mit seiner Interpretation exemplarisch, dass Rekonstruktionsversuche einer Dualismusbegründung in der zweiten Meditation nur schwache, fehlerhafte Argumente liefern. Das ist ein erster, wichtiger Hinweis darauf, dass hier womöglich gar kein derartiges Argument vorliegt – oder dass wenigstens die wohlwollendste Interpretation der zweiten *Meditationes* darin besteht, hier keine

Dualismusbegründung zu verorten. Eine solche Auffassung wird ferner durch die sorgfältige Lektüre der *Meditationes* gestützt. Descartes selbst glaubte nicht, in der zweiten Meditation die Verschiedenheit von Geist und Körper begründet zu haben (was übrigens auch sein Kritiker Arnauld erkannte, vgl. AT VII, 199; EE 207). Zwar heißt es in der zweiten Meditation:

> »Ich bin, Ich existiere, das ist gewiß. [...] Ich lasse jetzt nichts gelten, als was notwendig wahr ist; demnach bin ich genaugenommen *lediglich* [tantùm] ein denkendes Ding, d. h. Geist bzw. Seele bzw. Verstand bzw. Vernunft; lauter Bezeichnungen, deren Bedeutung mir früher unbekannt war.« (AT VII, 27; ZM 83; Hervorhebung GB)

Und dieses *»lediglich* ein denkendes Ding« könnte eben auch bedeuten, *kein* materielles Ding zu sein. Descartes erkennt indes – nicht zuletzt in Auseinandersetzung mit den Einwänden – die Mehrdeutigkeit seiner Formulierung. Im *Vorwort an den Leser* referiert er zunächst das Missverständnis:

> »Der erste Einwand besagt: Daraus, daß der auf sich zurückbezogene menschliche Geist sich lediglich als ein denkendes Ding [erfaßt][21], folge noch nicht, daß seine Natur oder sein ›Wesen‹ darin allein besteht, daß er ein denkendes Ding ist (so daß also das Wort ›allein‹ [tantùm] alles andere ausschlösse, was vielleicht noch außerdem als zum Wesen der Seele gehörig angesehen werden könnte).«

Er stellt dann klar:

> »Ich erwidere darauf, daß ich dies auch keineswegs in der Abfolge hinsichtlich der Wahrheit der Sache selbst

21 Im lateinischen Wortlaut: »[...] ex eo quod mens humana in se conversa non percipiat aliud se esse quàm rem cogitantem«. In diesem Kommentar werden *perceptio/percipere* mit *Erfassung/erfassen* übersetzt; die folgenden Zitate sind, wo erforderlich, entsprechend abgeändert worden.

> habe ausschließen wollen (wovon ich damals gar nicht handelte), sondern lediglich in der Abfolge hinsichtlich meines [Erfassens]. Der Sinn ist demnach, daß ich gar nichts als zu meinem Wesen gehörig erkenne, außer daß ich ein denkendes Ding bin, d.h. etwas, was in sich die Fähigkeit des Denkens hat.« (AT VII, 7 f.; MV 45 ff.)

Nicht weniger deutlich wird Descartes in der *Übersicht*, die den *Meditationes* vorangestellt ist. Der Schluss, dass Körper und Geist real voneinander verschieden sind, sagt Descartes, werde erst in der sechsten Meditation gezogen (AT VII, 13; MÜ 53 ff.). Das Scheitern der Rekonstruktionsversuche und Descartes' eigene Klarstellungen legen also nahe, dass das Argument aus dem Zweifel gar kein Argument Descartes' ist. Die wohlwollendste Interpretation der zweiten Meditation lautet, hier gar keine Begründung der These der realen Unterscheidung zu suchen.

Dritte Meditation
Der ideentheoretische Gottesbeweis

Grundgedanke der Interpretation

Ein Gedankenspiel: Eine Archivarin im württembergischen Landesarchiv stößt beim Aufräumen auf ein Notizenheft eines, wie eine internationale Expertenkommission nach mehrmonatiger Untersuchung zweifelsfrei feststellt, Reichenauer Mönches aus dem späten 8. Jahrhundert. Als ob das noch nicht Sensation genug wäre, enthält dieses Heftchen dutzende detaillierte Skizzen eines Bauwerks, bei dem es sich, wie wir dank der Ausgrabungen des 19. und 20. Jahrhunderts wissen, um kein anderes als das babylonische Ischtar-Tor mitsamt Prozessionsstraße handeln kann! Aber wie ist das möglich? Wie konnte der Mönch eine so detaillierte Vorstellung des Ischtar-Tors erwerben, das beinahe eineinhalbtausend Jahre vor seiner Zeit und dies zudem mehrere tausend Kilometer vom Bodensee entfernt gebaut wurde? Um ein bloßes Hirngespinst kann es sich nicht handeln. Nähere Nachforschungen ergeben, dass der Mönch die Alpen nie überquert hat und dass als Informationsquellen letztlich nur in Frage kommen:

- Eine nicht überlieferte, antike Abhandlung über Architektur, über deren Inhalt wir praktisch nichts wissen, von der sich aber ein Exemplar, wie aus dem Katalog hervorgeht, in der Reichenauer Klosterbibliothek befand.
- Ein ebenfalls in der Bibliothek vorhandener und seit dem 11. Jahrhundert verschollener Brief eines römi-

schen Patriziers, der geschäftliche Beziehungen in den Nahen Osten unterhielt.

Jener Brief, so geht aus dem Antwortschreiben hervor, war allerdings nur wenige Zeilen lang. Damit ist klar: Dieses Schriftstück konnte unmöglich Quelle der detaillierten und umfangreichen Informationen sein, aufgrund derer der Mönch seine Vorstellung vom Ischtar-Tor bildete und schließlich zu Papier brachte. Es gab also ein antikes Architekturtraktat, welches auch neubabylonische Bauwerke behandelte. Eine kunsthistorische Sensation!

Diese kurze Geschichte enthält hoffentlich nichts Unverständliches oder prinzipiell Unvorstellbares. Insbesondere können wir die Schlüsse, die die Historiker aus ihren Quellenfunden ziehen, und speziell den Schluss auf die Existenz dieses außergewöhnlichen Architekturtraktats, gut nachvollziehen. Meine Interpretationsthese bezüglich der dritten Meditation lautet, dass der ideentheoretische Gottesbeweis im großen und ganzen von keinen anderen Begriffen und Prinzipien Gebrauch macht, als der soeben fingierte, ganz einsichtige Schluss. Seine Grundidee ist bestechend einfach: Ähnlich wie das Architekturtraktat als einzige Ursache der Idee des Mönches in Frage kommt und daher existieren muss, kann auch einzig Gott die Ursache unserer Idee Gottes sein, und existiert folglich. Der vollständige Beweis ist im Vergleich zu dieser Skizze jedoch äußerst ausgefeilt und raffiniert. Und im Gegensatz zum Grundgedanken ist er *en detail* leider nur schwer nachvollziehbar. Das liegt vor allen Dingen daran, dass Descartes seinen Beweis nicht in einer uns unmittelbar verständlichen Sprache präsentiert. Es wird einige Mühe kosten und Geduld abverlangen, dem Gedankengang auf die Schliche zu kommen. Wir wenden uns zunächst aber nicht direkt dem Gottesbeweis, sondern einem weiteren allgemeinen Prinzip, der sogenannten Wahrheitsregel, zu, welches augenscheinlich im Gottesbeweis vorausgesetzt wird. Anschließend werden dann die Cartesische Ideentheorie sowie die Schlüsselbegriffe des Gottesbeweises besprochen, um schließlich eine detaillierte Rekonstruktion zu versuchen. Gegen den Gottesbeweis sind zahlreiche Einwände vorgebracht worden. Einige davon beziehen wir, mitsamt Descartes' Erwiderungen, auf unsere Rekonstruktion. Ganz zum Abschluss dieses Kapitels diskutieren wir den prominentesten dieser Einwände: den Zirkularitätsvorwurf. Die Entkräftung dieses Vorwurfs wird die gesamte Argumentation der ersten drei Meditationen in neuem Licht erscheinen lassen.

Die Wahrheitsregel

Descartes leitet die dritte Meditation mit Überlegungen zu einem Prinzip ein, dessen Aufgabe letzten Endes darin besteht, zumindest den grundsätzlichsten Zweifel, der in der ersten Meditation in Gang gesetzt wurde, zu beseitigen. Erinnern wir uns kurz! Wir stellten gegenüber (vgl. S. 61):

Ich erfasse klar und deutlich, dass p (wahr ist).	Ich meine, klar und deutlich zu erfassen, dass p (wahr ist).

In der linken Spalte wird ein epistemischer Sachverhalt zum Ausdruck gebracht, rechts hingegen nur ein psychischer. Der epistemische Sachverhalt impliziert, dass p wahr ist, der psychische Sachverhalt hingegen nicht. Der Zweifel hinsichtlich dessen, was ich klar und deutlich zu erkennen meine, entstand deshalb, weil ein boshafter und allmächtiger Dämon sich diesen Unterschied zunutze machen könnte, indem er den psychischen Zustand herbeiführt, ohne dass der entsprechende epistemische Sachverhalt besteht.

Die sogenannte Wahrheitsregel, die Descartes zu Beginn der dritten Meditation formuliert, dient dazu, diesen Gegensatz zu überbrücken. Sie behauptet, dass alles, was ich klar und deutlich zu erkennen meine, wahr sei. Das ist genau der Zusammenhang, der im radikalen Zweifel in Frage gestellt wird. Infolgedessen bedarf diese Regel auch einer gesonderten, besonders überzeugenden Begründung, wie Descartes richtig sieht (doch dazu gleich mehr).

Mit der Wahrheitsregel ließe sich wie folgt für die Wahrheit einer Aussage argumentieren, A24:

1) Alles, was ich klar und deutlich zu erfassen meine, ist wahr (Wahrheitsregel).
2) Ich meine, klar und deutlich zu erfassen, dass p.

---

3) Also: p ist wahr.

Sätze, die hier als zweite Prämisse fungieren können, sind aber vielleicht problematischer, als es auf den ersten Blick scheint. Als wir den zweiten Argumentationsstrang der zweiten Meditation rekonstruierten (vgl. hier S. 76), hatten wir festgestellt, dass wir uns, wenn auch nicht über den allgemeineren Sachverhalt, dass wir *irgend*etwas denken, wünschen etc., so doch über den spezifischen Inhalt unserer Gedanken (unserer Wünsche, Überzeugungen, Befürchtungen) täuschen können. Diese Irrtumsmöglichkeit ist hier einschlägig, denn sie stellt in Frage, dass Sätze der Art (2) tatsächlich zweifelsfrei erkannt werden können. Vielleicht bin ich der Überzeugung, dass ich meine, p klar und deutlich zu erkennen, aber angenommen, dass ein Irrtum hinsichtlich des Gehalts meiner Gedanken nicht ausgeschlossen ist: Könnte es dann nicht sein, dass ich tatsächlich vielmehr nur meine, einen leicht verschiedenen Satz p' klar und deutlich zu erkennen? Weil Descartes mit der Wahrheitsregel argumentiert, muss er dies ausschließen und voraussetzen, dass Prämissen der Art (2) gewiss sind.[22]

Zurück aber zur Wahrheitsregel: Descartes ist sich darüber im Klaren, dass sie, streng genommen, nicht ausnahmslos gilt: In manchen Fällen glauben wir, etwas klar und deutlich zu erkennen, ohne dass das so Erfasste jedoch wahr wäre (vgl. Frankfurt 1970, S. 203f.; Williams 2005, S. 195f.), nämlich dann, wenn wir voreilig urteilen, ohne einen Sachverhalt sorgfältig durchdacht zu haben, oder wenn wir gar nicht kompetent sind, eine Hypothese zu beurteilen, weil uns zum Beispiel die dafür erforderliche Ausbildung fehlt. Solche Irrtumsfälle werden natürlich auch nicht durch die Existenz eines gütigen Gottes ausgeräumt. Strenggenommen müsste die Wahrheitsregel daher lauten: Alles, was ich *als kompetenter Denker und nach sorgfältiger Prüfung* klar und deutlich zu erfassen meine, ist wahr. Nur um einer möglichst einfachen Darstellung der Argumente willen lassen wir diesen Zusatz im Weiteren weg. Wir unterstellen also stillschweigend, dass wir kompetente Denker sind und die Sätze, die wir klar und deutlich zu erkennen meinen, tatsächlich sorgfältig geprüft haben.

Alles, was ich klar und deutlich zu erfassen meine, ist wahr. – Was genau besagt dieses Prinzip? Was versteht Descartes eigentlich unter »Wahrheit«? Wir haben diese Frage bereits im Zusammenhang mit dem Traumargument der ersten Meditation (vgl. hier S. 33ff.) diskutiert und dort zwei Wahrheitsbegriffe voneinander unterschieden. Beiden liegt gleichsam eine Korrespondenztheorie zugrunde. Überzeugungen bzw. Sätze können »formal« wahr sein – nämlich dann, wenn sie einer Tatsache entsprechen. Vorstellungen, deren repräsentationaler Gehalt

22 Eine ausführlichere, kritische Diskussion dieser Voraussetzung findet sich bei: Williams (2005, S. 69f., 284ff.). Descartes setzt hier – wohlwollend interpretiert – vielleicht auch nur voraus, dass wir kognitiv intakt sind. Vgl. dazu auch die Analyse der Cartesischen Vollkommenheitsthese, hier S. 179f.

gegenständlicher und nicht propositionaler Natur ist, sind hingegen »material« wahr oder falsch. Eine material wahre Idee, im Gegensatz zu einer material falschen, repräsentiert irgendetwas und nicht einfach nichts. Diesen zwei verschiedenen Wahrheitsbegriffen entsprechen zwei Varianten der Wahrheitsregel:

- [*Propositionale Variante der Wahrheitsregel*] Jeder Satz, den ich klar und deutlich zu erfassen meine, ist wahr, d. h. er korrespondiert mit einem bestehenden Sachverhalt.
- [*Gegenständliche Variante der Wahrheitsregel*] Jede Vorstellung, die ich klar und deutlich zu erfassen meine, ist material wahr, d. h. repräsentiert irgendetwas.

Da die zwei Cartesischen Wahrheitsbegriffe vermittels der Korrespondenztheorie der Wahrheit und Bedeutung systematisch zusammenhängen (vgl. die Prämissen 1 und 6 des folgenden Arguments), kann die gegenständliche Variante der Wahrheitsregel aus der propositionalen Variante gefolgert werden, A25:

1) Ich meine nur dann, eine Vorstellung klar und deutlich zu erfassen, wenn ich meine, wenigstens einen Satz, der von dieser Vorstellung handelt, klar und deutlich erfasst zu haben.
2) Jeder Satz, den ich ganz klar und deutlich einzusehen meine, ist wahr (propositionale Variante der Wahrheitsregel).

---

3) Also (aus 1,2): Ich meine nur dann, eine Vorstellung klar und deutlich zu erfassen, wenn wenigstens ein Satz, der von dieser Vorstellung handelt, wahr ist.
4) Ein Satz ist genau dann wahr, wenn er mit einem bestehenden Sachverhalt korrespondiert (Korrespondenztheorie der Wahrheit).

---

5) Also (aus 3,4): Ich meine nur dann, eine Vorstellung klar und deutlich zu erfassen, wenn wenigstens ein Satz, der von dieser Vorstellung handelt, mit einem bestehenden Sachverhalt korrespondiert.
6) Ein Satz korrespondiert nur dann mit einem bestehenden Sachverhalt, wenn die Vorstellungen, von denen er handelt, mit entsprechenden real existierenden Gegenständen korrespondieren, d.h. diese repräsentieren.

---

7) Also (aus 5,6): Jede Vorstellung, die ich klar und deutlich zu erfassen meine, ist material wahr, d.h. repräsentiert etwas (PRO gegenständliche Variante der Wahrheitsregel).

Die Wahrheitsregeln setzen den radikalen Zweifel außer Kraft. Es ist daher anzunehmen, dass sie besonders ausführlich und aufwendig begründet werden. Vor diesem Hintergrund stellt Descartes zu Beginn der dritten Meditation folgende Überlegung an, in der er die Voraussetzungen dafür erwägt, dass er bisher überhaupt zumindest einige gesicherte Erkenntnisse erlangen konnte:

> »Ich bin sicher, daß ich ein denkendes Ding bin; weiß ich also nicht auch, was dazu gehört, damit ich einer Sache sicher bin? Es ist doch in jener ersten Erkenntnis nichts anderes enthalten als eine klare und deutliche [Erfassung] dessen, was ich behaupte. Diese würde offenbar nicht genügen, mich der Wahrheit eines Gegenstands zu versichern, wenn jemals etwas, das ich so klar und deutlich [erfasse], falsch sein könnte. Somit darf ich als allgemeine Regel festsetzen, daß alles das wahr ist, was ich ganz klar und deutlich [erfasse].«
>
> (AT VII, 35; DM 99ff.)

Verschiedene Interpreten deuten diese Passage als erste Begründung der Wahrheitsregel (etwa Frankfurt 1970, S. 157; Mackie 1985, S. 54; Perler 2006, S. 147). Aber: Wie genau funktioniert diese Begründung? Descartes knüpft hier an das Ergebnis der zweiten Meditation an, demzufolge er sicher ist, ein denkendes Wesen zu sein.[23] Er fragt sich dann, wie das überhaupt sein kann. Warum ist er sich dieses Sachverhaltes gewiss? Warum gelingt es ihm, für diesen schlüssig zu argumentieren? Offenbar hält er diese Gewissheit (ein denkendes Wesen zu sein) und die Möglichkeit, sie schlüssig zu begründen, für erklärungsbedürftig. Auf der Suche nach einer Erklärung hält er nach Merkmalen Ausschau, in denen sich diese gewisse Meinung von anderen Überzeugungen, welche sich als zweifelhaft erwiesen haben, unterscheidet. Der einzige Unterschied scheint aber darin zu bestehen, dass Descartes meint, die eine Überzeugung (nach sorgfältiger Prüfung) klar und deutlich erkannt zu haben, die anderen nicht. Allein dieses Merkmal komme damit als Erklärung dafür in Frage, warum er sich sicher sei, ein denkendes Wesen zu sein. Die Begründung hat damit die Form eines Schlusses auf die beste Erklärung, A26:

1) Ich bin gewiss, dass ich ein denkendes Wesen bin.
2) Ich kann schlüssig begründen, dass ich ein denkendes Wesen bin.
3) Vieles, was ich ansonsten gewöhnlich für wahr gehalten habe (insbesondere die Existenz einer Außenwelt), ist ungewiss und nicht schlüssig begründbar.
4) Das einzige, von der Gewissheit und Begründbarkeit verschiedene Merkmal, das die Überzeugung, ich sei ein denkendes Wesen, von anderen Überzeugungen, die ich gewöhnlich für wahr gehalten habe, unterscheidet, ist, dass ich erstere ganz klar und deutlich eingesehen habe.
5) Unterscheiden sich F-Gegenstände von Non-F-Gegenständen einzig und allein hinsichtlich des Gesichts-

23 Er knüpft also nicht an das Cogito-Argument an, wie Frankfurt unterstreicht und zu erklären versucht (Frankfurt 1970, S. 157).

punkts A, so liefert A die beste Erklärung dafür, dass einige Gegenstände F, andere hingegen nicht F sind.[24]

---

6) Also (aus 1–5): Die beste Erklärung dafür, dass ich gewiss bin und schlüssig begründen kann, ein denkendes Wesen zu sein, ist, dass jeder Satz, den ich klar und deutlich einsehe, wahr ist.
7) Dass ich gewiss bin und schlüssig begründen kann, ein denkendes Wesen zu sein, ist erklärungsbedürftig.
8) Ist p die beste Erklärung für eine erklärungsbedürftige Tatsache, so gilt p (Prinzip des Schlusses auf die beste Erklärung).

---

9) Also (aus 6–8): Jeder Satz, den ich ganz klar und deutlich einzusehen meine, ist wahr (PRO propositionale Variante der Wahrheitsregel).

Die ersten drei Prämissen stellen Ergebnisse der ersten und zweiten Meditation dar. Dennoch unterzieht Descartes die dritte Prämisse einer genaueren Prüfung. Insbesondere fragt er sich, ob es nicht doch gute Gründe gebe, seine Außenweltüberzeugungen, im Widerspruch zu (3), für wahr zu halten. Sind seine Außenweltvorstellungen vielleicht deswegen wahr, weil sie »nicht von meiner Willkür, mithin nicht von mir selbst abhängen« (AT VII, 38; DM 107)? Letztlich verwirft er diesen Einwand aber. Die Willensunabhängigkeit unserer Sinneswahrnehmungen allein gestatte keineswegs den Schluss auf die Existenz von Außenweltdingen, die seinen Ideen zudem ähnlich seien.

24 Buchstabiert man diese Prämisse präziser aus, so lautet sie: Wenn (i) ich gewiss bin und schlüssig begründen kann, dass p, wenn ich ferner jedoch (ii) ungewiss bin und nicht begründen kann, ob die Überzeugungen S wahr sind, und wenn (iii) das einzige, von der Gewissheit und Begründbarkeit verschiedene Merkmal, das die Überzeugung p von den Überzeugungen S unterscheidet, M darstellt, dann besteht die beste Erklärung dafür, dass ich gewiss bin und schlüssig begründen kann, dass p, darin, dass alle Überzeugungen, die durch M ausgezeichnet sind, wahr sind.

Denn obwohl »jene Vorstellungen unabhängig sind von meinem Wollen, so ist damit noch nicht erwiesen, daß sie von außerhalb meiner liegenden Dingen herkommen«. Schließlich »könnte es ein anderes mir noch nicht hinreichend bekanntes Vermögen in mir geben, das jene Vorstellungen hervorbringt« (AT VII, 39; DM 109). Um die Begründung der Wahrheitsregel hier zu verteidigen, verwirft Descartes die Überlegung, dass die Außenwelt aufgrund der Willensunabhängigkeit unserer Sinneswahrnehmungen existieren müsse. Bei der Interpretation der sechsten Meditation müssen wir uns hieran erinnern und genau prüfen, ob Descartes' Herleitung der Existenz einer Außenwelt mit jener Verteidigung verträglich ist.

Zurück aber zu dem obigen Argument: Dessen Prämisse (8) formuliert ein prinzipiell problematisches induktives Schlussprinzip. Das ist offenkundig eine Schwäche. Weil die Wahrheitsregel mit einem Schluss auf die beste Erklärung begründet wird, erscheint es jedenfalls äußerst fraglich, ob diese bloß induktive Rechtfertigung tatsächlich den Beweisstandards der *Meditationes* genügt.

Es gibt noch eine letzte Frage, die zu klären ist, bevor wir die Diskussion der Wahrheitsregel abschließen: In der zweiten Meditation gewinnt Descartes Resultate, die beanspruchen, sicher und gewiss zu sein. Demgegenüber stellt er in der dritten Meditation eine Regel auf, die eine hinreichende Bedingung für Wahrheit, nicht aber für Gewissheit formuliert. Das ist offenkundig ein bedeutender Unterschied: Zwar sind alle gewissen, d.h. als gewiss erkannten, Überzeugungen (aus begrifflichen Gründen) auch wahr. Umgekehrt sind aber längst nicht alle wahren Sätze gewiss – schon allein deshalb nicht, weil es viel zu viele Wahrheiten gibt, als dass wir sie alle kennen könnten. Descartes legt die Wahrheitsregel aber augenscheinlich seiner weiteren Argumentation zugrunde.

Heißt das etwa, dass die Ergebnisse der Meditationen 3 bis 6 einen anderen Status besitzen als die Konklusionen der zweiten Meditation? Sind jene, weil sie mit der Wahrheitsregel erschlossen wurden, schwächer als die Gewissheitsaussagen, die Descartes aus den Cogito-Überlegungen gewinnt? Dies liefe sicherlich Descartes' Absicht zuwider, die Wissenschaften, als Endergebnis der *Meditationes*, auf eine sichere Grundlage zu stellen. Und verschiedene Äußerungen Descartes' sprechen ebenfalls gegen diese Sichtweise. Den ideentheoretischen Gottesbeweis schließt er etwa wie folgt:

> »So ergibt sich aus dem oben Gesagten, daß Gott *notwendig* existiere.«
> (AT VII, 45; DM 121; Hervorhebung GB)

Und am Ende der fünften Meditation fasst er zusammen:

> »So sehe ich deutlich, daß die *Gewißheit* und Wahrheit alles Wissens allein von der Erkenntnis des wahren Gottes abhängt [...]. Jetzt aber kann mir Unzähliges ganz bekannt und *gewiß* sein [...].«
> (AT VII, 71; FM 175; Hervorhebung GB)

Descartes geht es also um mehr als die bloße Wahrheit seiner zentralen Thesen. Sein Beweisziel ist der Nachweis ihrer Gewissheit. Sollte die Wahrheitsregel dann aber nicht auch besser als Gewissheitsregel interpretiert werden? So scheint es jetzt zumindest. Löst man sich von den Eingangspassagen der dritten Meditation, lassen sich sogar Textstellen anführen, die diese Reformulierung stützen. Während Descartes nämlich in der ersten (wie wir im Zusammenhang des Zirkularitätsvorwurfs sehen werden: ohnehin nur vorläufigen) Formulierung der Wahrheitsregel das klare und deutliche Erfassen tatsächlich nur als einen Indikator für Wahrheit – und nicht für Gewissheit – auffasst (AT VII, 35; DM 99), deuten spätere Formulierungen darauf hin, dass Descartes jenes Kriterium letztlich sogar für einen Gewissheitsindikator hält. Am Ende der vierten Meditation behauptet er klipp und klar: Vorausgesetzt, dass er nur sorgfältig genug vorgeht und nur über dasjenige urteilt, was ihm »der Verstand klar und deutlich aufweist«, ist es »gänzlich *unmöglich*«, dass er sich irrt (AT VII, 62; VM 157; Hervorhebung GB). Denn: »Jede klare und deutliche [Erfassung] ist ja ohne Zweifel Etwas, kann also nicht von Nichts kommen« und ist daher *»unzweifelhaft* wahr« (AT VII, 62; VM 157ff.; Hervorhebung GB). Gegen Ende der fünften Meditation schließt Descartes aus der Existenz eines allgütigen Gottes, nicht minder deutlich, »daß alles [*notwendig*][25] wahr ist, was ich klar und deutlich erfasse« (AT VII, 70; FM 173). Die mit der Wahrheitsregel gewonnenen Resultate hält Descartes damit offenbar für *gewiss*.

Daraus lassen sich verschiedene Konsequenzen für die Darstellung und Formulierung der rekonstruierten Argumente und Thesen ziehen. Uns stehen hier zwei Optionen zur Verfügung: Wir könnten, erstens, in der Wahrheitsregel sowie in allen Prämissen und Konklusionen der weiteren Argumentation explizit kenntlich machen, dass Descartes die entsprechenden Sätze für gewiss hält. Die Wahrheitsregel lautete dann etwa: Jeder Satz, den ich klar und deutlich zu erfassen meine, ist gewiss wahr. Und die theistische These müssten wir formulieren als: Es ist gewiss, dass Gott existiert. Und so weiter. Bei der Rekonstruktion der zweiten Meditation haben wir genau dies getan. So besagte die Konklusion der Cogito-Argumente etwa: Es ist gewiss, dass ich existiere. Die zweite Option besteht hingegen darin, von nun an bei der Darstellung der Argumente und Thesen konsequent auf diesen epistemischen Modaloperator zu verzichten und stillschweigend zu unterstellen, dass alle Prämissen, Konklusionen und Thesen als gewiss wahr behauptet werden. Die Wahrheitsregel, die theistische These, die Dualismusthese etc. würden im-

25 Im lateinischen Wortlaut: »[…] illa omnia, qual clare & distincte percipio, necessariò esse vera«.

plizit als gewiss gelten, ohne dass dies ausdrücklich notiert wäre. Um einer möglichst kurzen und einfachen Darstellung der Argumente willen habe ich mich für diese zweite Option entschieden. Worauf gilt es dann aber bei der Prüfung und Kritik der Argumente zu achten?

Nun, solange wir die Argumente als deduktiv rekonstruieren, überträgt sich nicht nur die Wahrheit der Prämissen, sondern auch deren Gewissheit auf die jeweilige Konklusion.[26] Sofern also zum Beispiel beide Prämissen des Arguments (A24, hier S. 114) gewiss sind, ist auch seine, aus der Wahrheitsregel abgeleitete Konklusion zweifelsfrei wahr. Die einzige Besonderheit, auf die wir deshalb wirklich achtgeben müssen, betrifft erfolgreiche Angriffe und Entkräftungen von Argumenten. Denn bereits der Nachweis, dass eine Prämisse bezweifelbar (epistemisch möglicherweise falsch) ist, stellt einen zulässigen Einwand gegen das vereinfacht formulierte Argument dar. Das ist aber nur die Kehrseite der stillschweigenden Voraussetzung, die wir von nun an präsent haben sollten: Alle Prämissen, Konklusionen und Thesen der Cartesischen Argumentation werden als sicher und gewiss wahr behauptet. Beim derzeitigen Argumentationsstand stehen Descartes drei alternative, wenn auch nicht gleichermaßen gut begründete Kriterien zur Verfügung, um den Gewissheitsanspruch seiner Behauptungen zu rechtfertigen: erstens, das kombinierte Gewissheitskriterium, zweitens, das Kriterium der Analytizität (vgl. A20, hier S. 96 ff.) und drittens, der Wahrheitsregel gemäß, das Kriterium des klaren und deutlichen Erfassens.

26 Denn der Gewissheitsoperator ist, technisch gesprochen, zwar nicht deduktiv abgeschlossen, wohl aber abgeschlossen hinsichtlich aller bekannten und durchdachten inferentiellen Beziehungen (vgl. auch Satz 18.9, hier S. 86).

Die Ideentheorie

Descartes' Gottesbeweis der dritten Meditation macht ganz maßgeblich von bestimmten Aussagen über Ideen Gebrauch, Aussagen etwa darüber, wie sie zustande kommen oder was sie bedeuten können, – kurzum: Er basiert auf einer Theorie der Ideen. Was Descartes unter einer Idee versteht, wurde bereits oberflächlich gestreift, als es um seine Wahrheitstheorie ging (vgl. hier S. 34 ff.) und oben die zwei Varianten der Wahrheitsregel aufgestellt wurden. Bevor der Gottesbeweis detailliert nachvollzogen werden kann, muss zu dieser Frage zurückgekehrt und Descartes' Ideentheorie verständlich gemacht werden.

Eine Idee oder, gleichbedeutend, eine Vorstellung ist Descartes zufolge eine besondere Art von »Gedanke« (*cogitatio*) – wir sollten vielleicht besser sagen: Eine besondere Art von Denkakt. Neben den Ideen gibt es noch zwei weitere Arten von Denkakten: Willensakte und Urteile (AT VII, 37; DM 105). All diese Denkakte zeichnen sich dadurch aus, dass sie etwas bedeuten. Sie besitzen einen repräsentationalen Gehalt. Und in Bezug auf diesen Gehalt unterscheiden sie sich auch voneinander. Willensakte und Urteile besitzen einen propositionalen (repräsentationalen) Gehalt. Urteile behaupten ihren entsprechenden propositionalen Gehalt als wahr; Willensakte deklarieren diesen hingegen nur als gewollt oder wünschenswert. Mit dem Satz »Er geht heute schwimmen« drücken wir den Gehalt eines Urteils aus, mit »Ich will, dass er heute schwimmt« demgegenüber den Gehalt eines Willensaktes. Anders als Urteile und Willensakte besitzen Ideen keinen propositionalen, sondern einen gegenständlichen repräsentationalen Gehalt. Die Bedeutung einer Idee kann man demnach nicht in einem Satz ausdrücken, denn Ideen repräsentieren Gegenstände. Natürlich kann ich in einem Satz sagen: »Die Bedeutung der Idee, die mir grad' durch den Kopf ging, ist der Schornstein dort hinten.« Aber mit diesem Satz formulieren wir den (propositionalen) Gehalt eines Urteils über die Idee, von der im Satz die Rede ist, und nicht den Gehalt der Idee selbst. Den gegenständlichen Gehalt meiner Idee des Schornsteins da drüben könnte ich Ihnen einfach zeigen, wenn Sie hier bei mir säßen; so bin ich auf eine alternative Kennzeichnung angewiesen, etwa: das höchste Bauwerk in Stuttgart-Ost, oder dergleichen. Ideen können ganz unterschiedliche Arten von Gegenständen repräsentieren. Denke ich etwa an ein konkretes Stück Wachs, so repräsentiert meine entsprechende Idee einen Einzelgegenstand. Ideen dieser Art drücken wir durch singuläre Termini, zum Beispiel Eigennamen, aus. Wenn ich aber über Wachsstücke, Dreiecke oder Kälte nachdenke, denke ich nicht an einen einzelnen materiellen Gegenstand, sondern an einen abstrakten Gegenstand. Meine entsprechenden Ideen repräsentieren dann entweder eine Menge von Einzelgegenständen oder eine Eigenschaft, die bestimmten Einzeldingen zukommen kann. Solche Ideen würden wir durch einen generellen Terminus, etwa einen Begriff, ausdrücken. Descartes unterscheidet nicht explizit zwischen diesen verschiedenen Arten von Ideen, und auch wir werden in unserer Rekonstruktion den Begriff der Idee – zumindest in dieser Hinsicht – nicht weiter differenzieren.

In seinem Vorwort macht Descartes darauf aufmerksam, dass man Ideen unter zwei verschiedenen Gesichtspunkten betrachten kann (AT VII, 8; MV 47): Erstens nämlich könne man eine Idee oder – allgemeiner – einen Denkakt als »Tätigkeit des Verstandes«, d.h. als ein kognitives Geschehen oder Vorkommnis, eine mentale Episode begreifen. In diesem ersten Fall, so die Cartesische Terminologie, fassen wir die Idee *material* (*materialiter*) auf. Zweitens könne man Denkakte auch unter dem Gesichtspunkt dessen betrachten, was sie bedeuten. Wenn wir Denkakte anhand ihres repräsentationalen Gehalts untersuchen, einander gegenüberstellen, charakterisieren usw., dann fassen wir diese Denkakte *objektiv* (*objective*) auf. Zum Beispiel ist meine Vorstellung des Hauses, in dem ich aufgewachsen bin, material betrachtet, einfach eine mentale Episode. Objektiv betrachtet repräsentiert diese Vorstellung stattdessen einen bestimmten, aus Backsteinen und Dachziegeln gebauten Gegenstand. Material betrachtet ist meine Vorstellung vom Flächeninhalt des Einheitskreises, ganz analog, einfach ein mentaler Zustand; objektiv betrachtet repräsentiert diese Vorstellung die Zahl Pi. Das heißt auch, dass sich die beiden Vorstellungen (des Hauses und der Zahl) material betrachtet nicht grundsätzlich voneinander unterscheiden; objektiv betrachtet sind sie jedoch von ganz verschiedener Art. Descartes' terminologische Festlegungen haben die etwas unglückliche Konsequenz, dass man eine Idee objektiv (und nicht material) betrachtet, wenn man erwägt, ob sie material wahr ist. Materiale Wahrheit, die Eigenschaft also, irgendetwas und nicht einfach nichts zu repräsentieren, korrespondiert mit der objektiven Betrachtungsweise einer Idee. Halten wir also fest, bevor wir fortfahren:

Idee material betrachtet	*Idee objektiv betrachtet*
Idee als mentales Vorkommnis	Idee, insofern sie etwas repräsentiert

Um den Gottesbeweis als ein nachvollziehbares Argument zu rekonstruieren, müssen wir diese Unterscheidung verallgemeinern. Das geschieht in naheliegender Weise, denn Ideen sind ja nicht die einzigen bedeutungsvollen Dinge, die es gibt. Wörter und Sätze, bestimmte Zeichen, Symbole, Schilder und Gemälde besitzen ja ebenso wie Denkakte einen repräsentationalen Gehalt – oder sie können diesen zumindest besitzen. Auch ein Bild kann man etwa als »Bild an sich« – bestehend aus Leinwand und Ölfarbe – oder unter dem Gesichtspunkt betrachten, dass es etwas repräsentiert. Deshalb lässt sich die Unterscheidung zwischen materialer und objektiver Betrachtungsweise für beliebige Gegenstände (im weiten, philosophischen Sinne) verallgemeinern.

Gegenstand material betrachtet	*Gegenstand objektiv betrachtet*
Gegenstand »als solcher«, d. h. unabhängig davon, was er repräsentiert	Gegenstand, insofern er etwas repräsentiert

Machen wir uns mit dieser Unterscheidung anhand einiger Beispiele vertraut. Material betrachtet ist das Wort »Watzmann« eine bloße Zeichenkette oder ein Muster aus Druckerschwärze; objektiv betrachtet bezeichnet es den zweithöchsten Berg Deutschlands. Die mir vorliegende Kopie eines Fotos von W. Churchill ist, material betrachtet, ein bedrucktes Blatt Papier; objektiv betrachtet repräsentiert es den bedeutendsten britischen Premier des 20. Jahrhunderts. Und schließlich handelt es sich bei diesem Messer, fassen wir es material auf, um ein Stück Edelstahl; objektiv betrachtet bedeutet es – nichts.

Wir können uns nun langsam dem wohl dunkelsten Begriff der *Meditationes* nähern. In der dritten Meditation beginnt Descartes, von der »Realität« (*realitas*), die Gegenständen mehr oder weniger zukommen könne, – in anderen Übersetzungen heißt es auch »Realitätsgrad« oder »Sachgehalt« – zu sprechen (AT VII, 42; DM 115). Im nächsten Abschnitt soll versucht werden, diese Redeweise verständlich zu machen. Descartes verwendet den komparativen Begriff der Realität, die ein Gegenstand besitzt, in Verknüpfung mit der Unterscheidung von materialer und objektiver Betrachtungsweise. Indessen spricht er nicht von der materialen bzw. objektiven Realität, sondern von der »formalen« Realität (*realitas formalis*) einerseits und der »objektiven« Realität (*realitas objectiva*) andererseits. Die formale Realität bezeichnet diejenige Realität, die einem Gegenstand als solchem, ungeachtet dessen, was er bedeutet, zukommt. Unter der objektiven Realität hingegen können wir die Realität des Gegenstands, insofern er etwas repräsentiert, letztlich sogar die Realität des repräsentationalen Gehalts verstehen. Fassen wir übersichtlich zusammen:

Formale Realität	*Objektive Realität*
Realität, die einem Gegenstand »als solchem«, ungeachtet dessen, was er repräsentiert, zukommt	Realität, die dem repräsentationalen Gehalt eines Gegenstands zukommt

Was aber bedeutet der komparative Begriff der Realität?

Die Begriffe der Realität und des Informationsgehalts

Wenn Descartes behauptet, dass einige Gegenstände mehr Realität als andere besitzen, dann tun wir uns, selbst mit gutem Willen, schwer dabei, ihn auch nur ansatzweise zu verstehen. Von daher spricht Hobbes vermutlich noch immer vielen Lesern aus der Seele, wenn er in den dritten Einwänden beanstandet:

> »›Herr Descartes müßte erneut überlegen, was er mit *mehr Realität* sagen will. Ist Realität dem Mehr oder Weniger unterworfen? Wenn er aber meint, ein Ding sei mehr Ding als ein anderes, müßte er überlegen, wie man dies unserer Auffassungsgabe mit soviel Transparenz erklären kann, wie sie bei jedem Beweis erforderlich ist und wie er selbst sie ansonsten aufgewandt hat.‹«
>
> (AT VII, 185; EE 193; Hervorhebung im Original)

Auf diese Kritik hin wiederholt Descartes die knappe Auskunft der dritten Meditation (AT VII, 185; EE 193; und AT VII, 40; DM 111). Dort unterscheidet er drei Stufen der Realität oder Realitätsgrade. Die höchste und vollkommenste Stufe der Realität bildeten die Dinge, die gänzlich unabhängig sowie unendlich seien (die unendliche und unabhängige Substanz). Wenn überhaupt etwas auf dieser höchsten Realitätsstufe existiere, dann ist das allein Gott. Auf der zweiten, mittleren Stufe der Realität stehen alle Dinge, die im Prinzip für sich existieren könnten und dabei einzig von Gott abhängen (die abhängigen Substanzen). Auf dieser Stufe verortet Descartes etwa das Stück Wachs, seinen Geist und Körper, die Sonne usw. Die dritte und niedrigste Stufe der Realität umfasst schließlich keine Dinge, sondern Eigenschaften von Dingen (Zustände der Substanz). Die Form eines Würfels zu besitzen oder wasserlöslich zu sein, als Zustände materieller Dinge, finden sich auf dieser niedrigsten Stufe, so Descartes.

Damit liegt zumindest eine erste, wenn auch vielleicht noch nicht gänzlich verständliche Erläuterung des komparativen Realitätsbegriffs vor. Es scheint, als müssten wir diese nur noch ausarbeiten. Doch das wäre ohne Nutzen. Denn Descartes argumentiert in der dritten Meditation nicht auf Grundlage dieses Drei-Stufen-Modells der Realität. So unterscheidet er etwa in folgender Passage zwar verschiedene Realitätsgrade voneinander – ohne sich dabei aber an das Drei-Stufen-Modell zu halten.

> »[Es] ist klar, wie ich schon sagte, daß in der Ursache mindestens ebensoviel Realität enthalten sein muß wie in der Wirkung. Da ich nun ein denkendes Ding bin und eine Vorstellung von Gott habe, so muß eingestandenermaßen die schließlich festgestellte Ursache meiner selbst ebenfalls ein denkendes Ding sein, ein Ding, begabt mit der Vorstellung aller Vollkommenheiten, die ich Gott zuschreibe.« (AT VII, 49; DM 131)

Materielle Gegenstände, die nicht denken können, kommen demzufolge nicht als Ursache der Existenz des Denkers in Frage, weil in ihnen nicht »ebensoviel Realität« ist. Stellt sich die Frage: Was heißt hier »ebensoviel Realität«? Um Realitätsgrade im Sinne des Drei-Stufen-Modells kann es nicht gehen, da es sich bei materiellen Gegenständen wie auch beim Denker um abhängige Substanz handelt: beide stehen auf derselben Stufe. Descartes verwendet in diesem Abschnitt ein Vergleichskriterium, das mit dem Drei-Stufen-Modell noch nicht hinreichend erfasst wird.

Bevor ich eine – zugegeben relativ weitreichende – Umdeutung des Cartesischen Realitätsbegriffs vorschlage, möchte ich zumindest plausibel machen, dass Descartes selbst mit seiner Terminologie, insbesondere dem komparativen Begriff der Realität, nicht besonders zufrieden war. Das zeigt sich zum Beispiel daran, dass er sich schon in der dritten Meditation von dieser Terminologie distanziert: Jene Vorstellungen »enthalten *sozusagen* [*ut ita loquar*] mehr objektive Realität in sich« (AT VII, 40; DM 111; Hervorhebung GB). In der französischen Ausgabe folgt unmittelbar darauf – und im Widerspruch zum Drei-Stufen-Modell – eine Erläuterung des komparativen Begriffs größerer objektiver Realität als Teilhabe an einem höheren Grad der Vollkommenheit. Ferner führt Descartes die Unterscheidung von »formaler« und »objektiver« Realität in der französischen Ausgabe explizit als eine von Philosophen verwendete Terminologie ein (AT IX, 32). In den *Principia* macht Descartes dann schließlich, seine Erwiderung auf die ersten Einwände teils wortwörtlich aufgreifend und weiterführend (vgl. AT VII, 103ff.; EE 112ff.), gar nicht mehr vom Begriff der objektiven Realität, sondern allein vom Begriff der (objektiven) Vollkommenheit Gebrauch. Eine Vorstellung kann, sagt Descartes, mehr oder weniger viel objektive Vollkommenheit besitzen. Er führt als Beispiel jemanden an, der die Vorstellung von einer »sehr ausgeklügelten Maschine« besitzt. Die Ursache dieser Vorstellung, sagt Descartes weiter, kann nur darin bestehen, dass die fragliche Person eine solche Maschine schon einmal gesehen hat, sich Kenntnisse der Mechanik angeeignet hat oder ein ausgesprochen intelligenter Erfinder und Tüftler und damit selbst Ursache seiner Vorstellung ist (vgl. AT VIII/1, 11; Prin 25 ff.). Ein ungebildeter Mensch, der noch nie mit Mechanik oder Maschinen in Berührung kam, kann demnach eine so vollkommene Vorstellung nicht besitzen – und das, fügen wir hinzu, obwohl er ebenso wie die Maschine eine abhängige Substanz ist und dem Drei-Stufen-Modell zufolge auf der selben Realitätsstufe steht. Das Drei-Stufen-Modell kommt in den *Principia* überhaupt nicht mehr vor.

Wie diese Belege zeigen, verwendet Descartes hier ein Kriterium, oder mehrere, in Bezug auf welche er Gegenstände jedweder Art miteinander vergleicht. Dabei stellen wir fest: (i) Seine Terminologie ist nicht stabil. (ii) Die von ihm verwendeten Begriffe werden nur partiell und unzureichend erläutert. (iii) Descartes distanziert sich von der Begrifflichkeit und war möglicherweise selbst mit dieser unzufrieden. (iv) Aus systematischer Sicht bleibt Descartes' Redeweise weitestgehend unverständlich, solange man an seinen eigenen Begriffen festhält. Und schließlich (v) ist der Gottesbeweis nicht, wie sich noch zeigen wird, auf Descartes' Terminologie angewiesen. Daher ist es als Interpretationsstrategie zulässig, wenn nicht sogar geboten, nach funktional geeigneten sowie zugleich verständlicheren begrifflichen Alternativen zu suchen.

Mein Vorschlag lautet, den Begriff der Realität durch den Begriff des Informationsgehalts zu erläutern, letztlich sogar zu ersetzen. Der formale Realitätsgrad eines Gegenstands ist, dementsprechend, der Informationsgehalt, den der Gegenstand als Gegenstand, ungeachtet dessen, was er repräsentiert, trägt. Demgegenüber beziffert der objektive

Realitätsgrad den Informationsgehalt eines Gegenstands, den er trägt, insofern er etwas repräsentiert. Auf die Rede von Realitätsstufen können wir ganz verzichten. An deren Stelle tritt folgende Terminologie:

intrinsischer Informationsgehalt	*repräsentationaler Informationsgehalt*
Informationsgehalt, den der Gegenstand in intrinsischer Form, d.h. ungeachtet dessen, was er repräsentiert, trägt.	Informationsgehalt, den der Gegenstand in repräsentationaler Form trägt.

Zwei Beispiele sollen uns mit diesen Begriffen bekannt machen. Der repräsentationale Informationsgehalt der Zeichenkette »Der Watzmann ist mit 2713 m der zweithöchste Berg Deutschlands« beinhaltet unter anderem, dass der Watzmann ein Berg ist, dass er in Deutschland liegt, dass er 2713 m hoch ist, dass es mindestens einen weiteren Berg in Deutschland gibt usw. usf. Der intrinsische Informationsgehalt dieser Zeichenkette besteht hingegen einzig darin, welche Zeichen hier in welcher Reihenfolge aneinandergereiht sind. Das bunte Titelblatt einer Illustrierten, auf dem uns W. Churchill entgegenblickt, enthält in repräsentationaler Form Informationen über Churchills Aussehen: etwa seine Frisur, die Größe seiner Nase oder die Farbe seiner Augen. Intrinsisch trägt dieses Titelblatt demgegenüber Informationen über sein Format, die Farben, mit denen es bedruckt ist, das Material, aus dem es hergestellt wurde usw. Im Laufe der folgenden Interpretation und Rekonstruktion des Gottesbeweises wird uns diese Terminologie zunehmend vertrauter, und es wird sich zeigen, wie sehr sie sich eignet, um Descartes' Beweisgang einzufangen.

Der ideentheoretische Gottesbeweis

Allein Gott kommt als Ursache dafür in Frage, dass Descartes die Idee Gottes besitzt. Da letzteres der Fall ist, existiert Gott also. Diese ganz einfache Grundidee des ideentheoretischen Gottesbeweises können wir nun langsam entfalten: Descartes argumentiert, dass der Informationsgehalt der Idee Gottes derart groß sei, nämlich unendlich groß, dass ihr allein ein unendliches Wesen als Informationsquelle gedient haben könne. Denn von irgendwoher, behauptet Descartes, müsse der Informationsgehalt einer Idee ja schlussendlich stammen. Der gesamte ideentheoretische Gottesbeweis lässt sich nun in vier Teilschritte unterteilen. Betrachten wir jeden dieser Schritte im Detail, untersuchen seine Prämissen und fassen unsere Analyse in einer Argumentrekonstruktion zusammen!

In einem *ersten* Schritt rechtfertigt Descartes zwei informationstheoretische Prinzipien, auf denen der weitere Beweis aufbaut. So heißt es in einer zentralen Textpassage des ideentheoretischen Gottesbeweises,

> »[...] daß in der vollständigen wirkenden Ursache mindestens ebensoviel Realität enthalten sein muß wie in dem von dieser Ursache Bewirkten. Denn woher, frage ich, könnte die Wirkung sonst ihre Realität empfangen als von der Ursache? Und wie könnte die Ursache sie ihr geben, wenn sie sie nicht selbst hätte?
> Daraus aber ergibt sich, daß weder etwas aus Nichts entstehen kann noch ein Vollkommeneres (d.h. mehr Realität Enthaltendes) aus einem weniger Vollkommenen.« (AT VII, 40f.; DM 111)

Folgen wir unserem informationstheoretischen Interpretationsansatz, so behauptet Descartes hier (so zumindest mein Vorschlag) zweierlei:

a) Ein Gegenstand kann nur dann den Informationsgehalt I direkt oder indirekt (über eine Informationsübertragungskette) übermitteln, wenn der Informationsgehalt, den er selbst trägt, mindestens so groß wie I ist.
b) Dass ein Gegenstand x einen gewissen Informationsgehalt I in repräsentationaler Form über etwas anderes als sich selbst trägt, muss seine Ursache darin haben, dass es einen (möglicherweise komplexen) Gegenstand y gibt, der mit x in kausaler Wechselwirkung stand (ohne allerdings zwangsläufig die Ursache der Existenz von x zu sein) und x die Information I übermittelt hat.

Illustrieren wir diese auf den ersten Blick sehr komplizierten Prinzipien zunächst anhand eines Gedankenexperiments! Stellen wir uns vor, wir besäßen derart hochauflösende Teleskope, dass wir, den Effekt natürlicher Gravitationslinsen ausnutzend, Lebewesen auf der Oberfläche weit entfernter Planeten beobachten könnten. Eines Tages richten die Astrobiologen im Darmstädter Kontrollzentrum ihr Fernrohr auf einen unscheinbaren Planeten am Rande unserer Galaxie und sehen – eine Ameise, die über den Sandboden flitzt. Aber was ist das?! Die Wissenschaftler trauen ihren Augen nicht. Auf den Bildschirmen zeichnen sich peu à peu Spuren im Sand ab, die bis ins Detail einem Bild von Winston Churchill zu gleichen scheinen. Und je länger die Ameise dort herumläuft und je länger die verdutzten Astrobiologen sie beobachten, umso ähnlicher werden die Spuren dem englischen Premier. Gerade setzt die Ameise zu einer weiteren Runde an – da werden die Bildschirme plötzlich schwarz. Die Verbindung ist infolge einer Supernova abgebrochen. Soweit zunächst das Szenario. Legen wir uns folgende Frage vor: Haben die Astrobiologen tatsächlich ein Bild von Winston Churchill gesehen? Genauer: ein Bild, welches irgendwelche Informationen über Winston Churchill enthält? Nein, das würden wir sicherlich bestreiten. In diesem Sinne handelt es sich, trotz aller oberflächlichen Ähnlichkeit, nicht um ein Bild von Churchill. Und warum nicht? Der Grund dafür liegt darin, dass jene Spuren bloß zufällig Winston Churchill ähneln und in keinem geeigneten kausalen Kontakt zu einer Informationsquelle stehen, die Informationen über Churchills Aussehen trägt. Was wir dabei zugrunde legen, ist aber nichts anderes als das informationstheoretische Prinzip (b). Weil im Fall der Sandspuren gar kein Informationsaustausch stattfand, tragen die Sandspuren auch keine Informationen über Churchill. Machen wir die Probe auf's Exempel! Was wäre, wenn Außerirdische die Radiosignale der Erde abgehört und dabei nicht nur eine digitale Raubkopie von Hilary Putnams *Reason, Truth and History*, sondern auch eine BBC-Dokumentation über Winston Churchill mitgeschnitten hätten, dessen Bild sie also rekonstruieren konnten; und wenn außerdem ein außerirdischer, postmoderner Künstler dann, nach Vorlage der mitgeschnittenen Dokumentation, eine künstliche Spielzeug-Ameise so umprogrammiert hätte, dass sie die entsprechenden Spuren im Sand zieht? Die Dinge lägen dann anders. Aufgrund der zwar komplizierten, aber dennoch geeigneten kausalen Informationsübertragungskette hätten die Darmstädter Wissenschaftler dann tatsächlich ein Bild Churchills, das Informationen über den britischen Regierungschef trägt, gesehen. Die notwendige Bedingung, die (b) formuliert, wäre in diesem Fall erfüllt. Um die Subtilität des Gottesbeweises zu verstehen, ist es schließlich hilfreich, sich Folgendes vor Augen zu führen: Damit die Ameisenspuren Informationen über Churchill tragen, ist es nicht einmal erforderlich, dass Churchill selbst am Ende der entsprechenden Informationsübertragungskette steht. Auch wenn Gott, der Allwissende, oder einer seiner Engel die Ameise dazu veranlasst hätte, das – wie wir dann sagen könnten: – entsprechende Bild Churchills zu zeichnen, so hätten die Astrobiologen natürlich ebenfalls ein Bild Churchills gesehen. Damit ein Gegenstand wie die Sandspuren einen repräsentationalen Informationsgehalt besitzt, muss *irgendetwas* die entsprechenden Informationen durch kausale Wechselwirkung übertragen haben. Was auch immer die Informationen überträgt, das sollte klar sein, muss diese Informationen aber selbst besitzen. Nichts anderes behauptet das Prinzip (a).

Um diese Prinzipien zu rechtfertigen, kann Descartes einerseits auf die Wahrheitsregel und andererseits auf das Kriterium der Analytizität zurückgreifen. Das erste Prinzip (a) können wir getrost als eine analytisch wahre Behauptung auffassen. Problematischer hingegen ist Prinzip (b). Ob dieses bereits schon aus begrifflichen Gründen wahr ist, ist unklar. Descartes behauptet, das Prinzip (b) sei durch das »natürliche Licht« offenkundig (AT VII, 40; DM 111). Vielleicht will er damit ausdrücken, (b) klar und deutlich zu erfassen und deshalb die Wahrheitsregel anwenden zu können. Das Argument für (b) lautete mithin, A27:

1) Jeder Satz, den ich klar und deutlich zu erkennen meine, ist wahr (propositionale Variante der Wahrheitsregel).
2) Ich meine, klar und deutlich zu erkennen, dass (b).

---

3) Also: Das Prinzip (b) ist wahr (PRO 28.8).

Im *zweiten* Teilschritt seiner Argumentation zeigt Descartes, dass die Anfangsglieder einer Informationsübertragungskette, d.h. die Informationsquellen, von denen die Übertragung ursprünglich ausgeht, den jeweils übertragenen Informationsgehalt intrinsisch und nicht repräsentational tragen. Dabei gehen in diesen zweiten Schritt unter anderem die informationstheoretischen Resultate des ersten Schritts ein. Als weitere Prämisse stellt Descartes eine Behauptung über Ideen auf. Die »Natur der Vorstellung selbst«, sagt er, bedürfe »nur derjenigen formalen Realität [...], die sie als Modus meines Denkens entlehnt« (AT VII, 41; DM 113). Er behauptet damit, dass »die Realität in meinen Vorstellungen nur objektiv« (AT VII, 41; DM 113) und dass »die objektive Seinsweise den Vorstellungen als solchen angemessen« sei (AT VII, 42; DM 115). Mit anderen Worten gesagt:

c) Ideen können ihren Informationsgehalt nur in repräsentationaler Form tragen.

Diese Prämisse können wir uns wiederum anhand unseres Beispiels verständlich machen. Der leibliche Mensch Winston Churchill trägt Informationen über sich – etwa über seine Größe, sein Aussehen usw. – intrinsisch, d.h. ganz unabhängig davon, was dieser Mensch repräsentieren und bedeuten mag. Ein Foto von ihm, etwa auf dem Cover einer Illustrierten, trägt jene Informationen in repräsentationaler Form. Das Cover der Illustrierten trägt überdies aber einige Informationen (über sich) intrinsisch, zum Beispiel über seine Materialbeschaffenheit. Schließlich kann meine Idee von Churchill den gleichen repräsentationalen Informationsgehalt über Churchill wie das Cover der Illustrierten besitzen. Im Gegensatz zum Cover trägt eine Idee aber niemals intrinsischen, nicht-repräsentationalen Informationsgehalt. Informationen liegen in Ideen immer nur repräsentational vor. Das sagt die These (c).

Nun, was können wir daraus bereits folgern? Betrachten wir eine material wahre Vorstellung v, also eine Idee, die nicht einfach nichts bedeutet. Damit trägt v auch einen bestimmten Informationsgehalt. Und zwar, wie (c) sagt, in repräsentationaler Form. Dem Prinzip (b) zufolge muss v diese Information aber von einem anderen Gegenstand, a_1, übermittelt bekommen haben, der nach (a) die entsprechende Information auch selbst trägt. Damit stellt sich die Frage: Könnte die Informationsquelle a_1 den fraglichen Informationsgehalt selbst wiederum repräsentational besitzen? Nichts spricht dagegen. Dann muss es hingegen aus analogen Gründen eine weitere Informationsquelle a_2 geben, die a_1 die entsprechenden Informationen übermittelt hat, und falls auch a_2 seine Informationen repräsentational trägt, eine weitere, a_3, und so weiter. Für Descartes steht aber fest:

> »Es kann ja durchaus eine Vorstellung aus einer andern hervorgehen. Aber dies setzt sich nicht ins Unendliche fort, denn schließlich muß man doch bei einer ersten Vorstellung ankommen, deren Ursache gleichsam das Original ist, in dem die gesamte Realität formal [...] enthalten ist, die sich in der Vorstellung nur objektiv findet.« (AT VII, 42; DM 115)

Wir können entsprechend, etwas allgemeiner, festhalten:

d) Informationsübertragungsketten können weder zirkulär, noch unendlich oder ohne Anfang sein.

In unserer Interpretation erscheint diese These wiederum äußerst plausibel: Denn einerseits könnte einem Gegenstand durch eine zirkuläre Informationsübertragungskette gar keine Information übermittelt werden, die er nicht ohnehin schon besaß. Andererseits wird auch in einer anfangslosen Informationsübertragungskette keine Information übermittelt. Mit der These (d) folgt dann aber, dass die oben angeführte Reihe »*v* erhält seine Information vom Gegenstand a_1, dieser erhält seine Information von a_2, dieser erhält seine Information von ...« nicht endlos weitergehen kann. Auch diese Informationsübertragungskette muss bei einer Informationsquelle a^* beginnen, die von *v* verschieden ist. Weil a^* seinen entsprechenden Informationsgehalt selbst nicht übermittelt bekam, kann a^* diesen, wegen des Prinzips (b), nicht repräsentational, sondern nur intrinsisch tragen. Und die Existenz genau einer solchen »ersten und hauptsächlichen« (AT VII, 42; DM 115) Ursache galt es ja in diesem zweiten Schritt zu zeigen. Eine Rekonstruktion dieses Teilschritts, der wesentlich auf einem infiniten Regress basiert, könnte damit lauten, A28:

1) *Sei* v *eine material wahre Vorstellung* (Annahme um des Arguments willen).
2) Jede material wahre Idee trägt einen bestimmten Informationsgehalt über etwas anderes als sich selbst.
3) These (c): Vorstellungen können ihren Informationsgehalt nur in repräsentationaler Form tragen.

---

4) Also (aus 1–3; hängt ab von 1): Die Idee *v* trägt einen bestimmten Informationsgehalt über etwas anderes als sich selbst – kurz: I(*v*)>0 – in repräsentationaler Form.

Damit ist ein erstes Zwischenergebnis erreicht, das erst wieder im Schluss auf (11) verwendet wird. Das Argument fährt fort mit:

5) Prinzip (a): Ein Gegenstand kann nur dann den Informationsgehalt I direkt oder indirekt (über eine Informationsübertragungskette) übermitteln, wenn der Informationsgehalt, den er selbst trägt, mindestens so groß ist wie I.
6) *Jeder Gegenstand, der v die Information I*(v) *direkt oder indirekt* (*über eine Informationsübertragungskette*) *übermittelt hat, trägt seinen entsprechenden Informationsgehalt in repräsentationaler Form* (Annahme um des Arguments willen, die widerlegt werden soll).

---

7) Also (aus 5,6; hängt ab von 6): Jeder Gegenstand, der *v* die Information I(*v*) direkt oder indirekt (über eine Informationsübertragungskette) übermittelt hat, trägt einen Informationsgehalt, der mindestens so groß wie I(*v*) ist, in repräsentationaler Form.

Auch diese Zwischenkonklusion wird erst im Schluss auf (11) benötigt. Zuvor greift das Argument zurück auf:

8) Prinzip (b): Dass ein Gegenstand x einen gewissen Informationsgehalt I in repräsentationaler Form über etwas anderes als sich selbst trägt, muss seine Ursache darin haben, dass es einen (möglicherweise komplexen) Gegenstand y gibt, der mit x in kausaler Wechselwirkung stand (ohne allerdings zwangsläufig die Ursache der Existenz von x zu sein) und x die Information I übermittelt hat.

---

9) Also (aus 8): Für jeden Gegenstand x, der wenigstens den Informationsgehalt I(*v*) in repräsentationaler Form trägt, gibt es einen Gegenstand y, der x die x zukommende Information übermittelt hat.
10) Wenn gilt (i) F(a); (ii) für jedes F-Ding x gibt es einen Gegenstand, der zu x in der Relation R steht; (iii) jeder Gegenstand x, der in einer R-Kette vorkommt, die von a ausgeht, hat die Eigenschaft F, dann gilt auch: Entweder gibt es eine unendliche R-Kette von F-Gegenständen ohne Anfang; oder es gibt eine zirkuläre R-Kette von F-Gegenständen (logisch-mathematisches Prinzip).

---

11) Also (aus 4,7,9,10; hängt ab von 1 und 6): Es gibt eine unendliche Informationsübertragungskette ohne Anfang, bestehend aus Gegenständen, die alle mindestens den Informationsgehalt I(*v*) tragen und übermitteln; oder es gibt eine zirkuläre Informationsübertragungskette, bestehend aus Gegenständen, die alle mindestens den Informationsgehalt I(*v*) tragen und übermitteln.
12) These (d): Informationsübertragungsketten können weder zirkulär noch unendlich oder ohne Anfang sein.

---

13) Also (mit Annahmewiderlegung aus 6,11,12; hängt ab von 1): Nicht jeder Gegenstand, der *v* die Informa-

tion I(v) direkt oder indirekt (über eine Informationsübertragungskette) übermittelt hat, trägt seinen entsprechenden Informationsgehalt in repräsentationaler Form.

---

14) Also (aus 3 und 13; hängt ab von 1): Es gibt einen Gegenstand, der v die Information I(v) direkt oder indirekt (über eine Informationsübertragungskette) übermittelt hat, seinen Informationsgehalt nicht in repräsentationaler Form trägt und selbst keine Vorstellung ist.

---

15) Also (mit Annahmebeseitigung aus 1 und 14): Wenn v eine material wahre Vorstellung ist, dann gibt es einen Gegenstand, der v die Information I(v) direkt oder indirekt (über eine Informationsübertragungskette) übermittelt hat, seinen Informationsgehalt intrinsisch (d.h. nicht in repräsentationaler Form) trägt und selbst keine Vorstellung ist (PRO 30.1).

Im *dritten* Teilschritt kommt endlich die Idee Gottes ins Spiel. Es handele sich, sagt Descartes, bei dieser Idee um eine ganz besondere Vorstellung, denn »sie ist [...] äußerst klar und deutlich und enthält mehr objektive Realität als irgendeine andere« (AT VII, 46; DM 123). Unter »Gott« versteht er dabei »eine unendliche, unabhängige, allweise, allmächtige Substanz« (AT VII, 45; DM 121). Dabei präzisiert er, dass er hier ein aktual und nicht bloß potentiell unendliches Wesen vor Augen hat. »Gott aber fasse ich in der Weise als ein aktual Unendliches auf, daß seiner Vollkommenheit nichts hinzugefügt werden kann« (AT VII, 47; DM 125). Das alles lässt sich auch so formulieren:

e) Ich besitze die Vorstellung Gottes, die in höchstem Maße klar und deutlich ist und deren Informationsgehalt aktual unendlich ist, indem er alle Vollkommenheitseigenschaften einschließt.

Betrachten wir ein uns bereits bekanntes Cartesisches Beispiel, um diese These verständlich zu machen. Angenommen ein Erfinder besitze die klare und deutliche Idee einer Maschine. Ihr Informationsgehalt besteht dann in allen Informationen, die erforderlich sind, um diese Maschine zu konstruieren und zu bedienen. Die klare und deutliche Idee eines Flaschenzugs besitzt dementsprechend einen geringeren Informationsgehalt als die klare und deutliche Idee eines Atomkraftwerks. Indem wir dieses Beispiel strapazieren, können wir analog fragen: Wie viele Informationen sind erforderlich, um eine »unendliche, unabhängige, höchster Einsicht fähige, allmächtige Substanz« zu konstruieren? Unendlich viele, so scheint es. Entsprechend ist der Informationsgehalt der Idee Gottes unendlich.

Die These (e) besagt, dass die Idee Gottes unter die gegenständliche Variante der Wahrheitsregel fällt, und wir können als Resultat des dritten Argumentationsschrittes erschließen, A29:

1) These (e).
2) Jede Vorstellung, die ich klar und deutlich zu erfassen meine, ist material wahr, d.h. repräsentiert etwas (gegenständliche Variante der Wahrheitsregel).

---

3) Also: Die Vorstellung Gottes ist material wahr und ihr Informationsgehalt ist aktual unendlich, indem er alle Vollkommenheitseigenschaften einschließt (PRO 30.4).

Im *vierten* und letzten Argumentationsschritt des Gottesbeweises werden die Resultate der vorherigen Teilschritte zusammengeführt, um die Existenz Gottes zu demonstrieren. Im Grunde genommen ist das auch nicht mehr schwer: Der Konklusion (28.15) des zweiten Schritts zufolge muss nämlich auch die Idee Gottes, da diese material wahr ist (29.3), ihren Informationsgehalt von einem nicht-ideellen Gegenstand (direkt oder indirekt) erhalten haben. Der entsprechende Informationsgehalt ist jedoch *unendlich* groß

(29.3), und wird zudem von dem nicht-ideellen Gegenstand *intrinsisch* getragen. Damit muss dieser nicht-ideelle Gegenstand aber selbst unendlich und also Gott sein, A30:

1) Wenn *v* eine wahre Vorstellung ist, dann gibt es einen Gegenstand, der *v* die Information I(*v*) direkt oder indirekt (über eine Informationsübertragungskette) übermittelt hat, seinen Informationsgehalt intrinsisch (d.h. nicht in repräsentationaler Form) trägt und selbst keine Vorstellung ist.
2) Prinzip (a): Ein Gegenstand kann nur dann den Informationsgehalt I direkt oder indirekt (über eine Informationsübertragungskette) übermitteln, wenn der Informationsgehalt, den er selbst trägt, mindestens so groß wie I ist.

---

3) Also (aus 1,2): Für jede material wahre Vorstellung *v* gibt es einen nicht-ideellen Gegenstand, der mindestens so viel Informationsgehalt wie *v* intrinsisch trägt.
4) Die Vorstellung Gottes ist material wahr und ihr Informationsgehalt ist (aktual) unendlich, indem er alle Vollkommenheitseigenschaften einschließt.

---

5) Also (aus 3,4): Es gibt einen Gegenstand, der einen aktual unendlichen Informationsgehalt, welcher alle Vollkommenheitseigenschaften einschließt, intrinsisch trägt.
6) Nur eine unendliche und unabhängige Substanz, die selbst alle Vollkommenheitseigenschaften besitzt, kann einen aktual unendlichen Informationsgehalt, der alle Vollkommenheitseigenschaften einschließt, intrinsisch tragen.

---

7) Also (aus 5,6): Es gibt eine unendliche und unabhängige Substanz, die selbst alle Vollkommenheitseigenschaften besitzt.

8) Gott ist definiert als vollkommene, unendliche und unabhängige Substanz.

---

9) Also (aus 7,8): Es gibt Gott und er ist vollkommen (PRO theistische These).

Die Argumentkarte 6 fasst die Struktur des ideentheoretischen Gottesbeweises, beginnend bei der Begründung der Wahrheitsregel, zusammen:

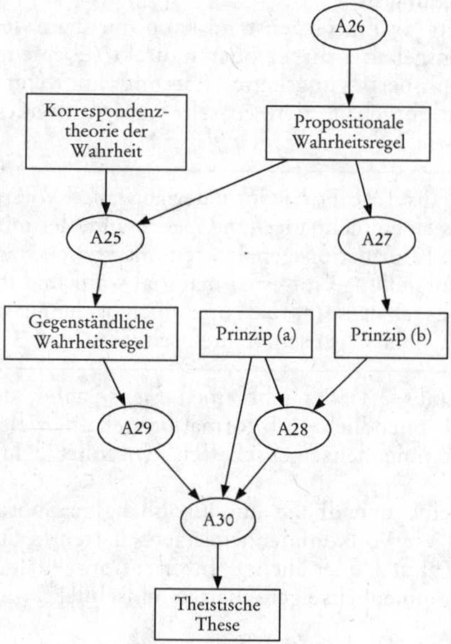

Argumentkarte 6

Wir sollten an dieser Stelle zumindest kurz bemerken, dass Descartes' Gottesbeweis, der letztlich das Herzstück seiner anti-skeptischen Argumentation darstellt, verblüffende Parallelen zu modernen anti-skeptischen Strategien aufweist. Insbesondere – die Beispiele sind ja nicht von ungefähr gewählt – bestehen hier Parallelen zu Putnams Argumentation, die im ersten Kapitel vorgestellt wurde (vgl. A6–A7, hier S. 46f.). Descartes' informationstheoretische Prinzipien, insbesondere das Prinzip (b), stellen selbst eine Variante des semantischen Externalismus dar: Informationen sind, so die These, nicht einfach im Kopf. Damit eine meiner Ideen überhaupt Informationen über einen Gegenstand trägt, muss ich in geeignetem direkten oder indirekten Kausalkontakt mit diesem Gegenstand (oder einer Ursache desselben) stehen oder gestanden haben. Denn ohne solchen Kausalkontakt gibt es auch keine Informationsübertragung. Der Clou des Gottesbeweises – verstanden als anti-skeptische Strategie – besteht darin, anzunehmen, dass der Informationsgehalt einer Idee zwar einerseits von externen Umständen abhängig ist, dass man aber andererseits aus der Innenperspektive mit Gewissheit erkennen kann, welche Informationen eine bestimmte Vorstellung trägt. Und diese zwei Annahmen – informationstheoretischer Externalismus und mentale Transparenz – ermöglichen den partiellen Rückschluss *von* unseren, uns durchsichtigen Ideen *auf* die uns umgebenden, externen Umstände.

Kritik der Voraussetzungen des Gottesbeweises

Nachdem Descartes den ideentheoretischen Gottesbeweis geführt hat, stellt er verschiedene Überlegungen vor, die als Einwände gegen den Gottesbeweis vorgebracht werden könnten, und versucht, sie zu entkräften. In diesem Abschnitt erörtern wir zwei Einwände, die je verschiedene Prämissen des ideentheoretischen Gottesbeweises in Frage stellen. Bereits den ersten Einwand kann Descartes nur mit Mühe widerlegen. Spätestens der zweite Einwand erweist sich als fatal.

Der *erste* Einwand besagt, im Kern, dass die Idee Gottes gar keinen positiven Informationsgehalt besitzt, sondern bloß eine Verneinung anderer Ideen darstellt. Descartes behauptet:

> »Auch darf ich nicht etwa glauben, ich erfaßte das Unendliche statt durch eine [material] wahre Vorstellung nur durch Negation des Endlichen, ähnlich wie ich die Ruhe und die Finsternis durch Negation der Bewegung und des Lichtes erfasse.« (AT VII, 45; DM 121)

Das hätte in der Tat zur Folge, dass der Informationsgehalt der Idee Gottes nicht unendlich wäre. Die Kritik richtet sich also gegen die Prämisse (30.4) des Gottesbeweises, A31:

1) Ich besitze die Idee Gottes als eines vollkommenen Wesens nur als Negation der Idee meiner selbst als eines endlichen Wesens.
2) Besitze ich eine Vorstellung *v* nur als Negation einer anderen Vorstellung *w*, so ist *w* die einzige Quelle des Informationsgehalts von *v*.

---

3) Also (aus 1,2): Die Vorstellung meiner selbst als eines endlichen Wesens ist die einzige Quelle des Informationsgehalts meiner Vorstellung Gottes.
4) Der Informationsgehalt der Vorstellung meiner selbst als eines endlichen Wesens ist nicht unendlich.
5) Prinzip (b).

---

6) Also (aus 3–5): Wenn meine Vorstellung Gottes ihren Informationsgehalt in repräsentationaler Form trägt, dann ist dieser nicht unendlich.

7) These (c).

---

8) Also (aus 6,7): Es ist nicht der Fall, dass die Vorstellung Gottes material wahr und ihr Informationsgehalt (aktual) unendlich ist, indem er alle Vollkommenheitseigenschaften einschließt (CONTRA 30.4).

Die hier angegriffene Voraussetzung des Gottesbeweises wird ihrerseits eigens durch ein Argument gestützt (A29). Wer daher diesem Einwand zustimmt, muss aus Kohärenzgründen auch eine Prämisse jenes Arguments ablehnen – naheliegenderweise die Annahme, die Idee Gottes erfasse man klar und deutlich (29.1). Im Zusammenhang mit dem zweiten Einwand kommen wir hierauf zurück. Zunächst sollten wir zur Kenntnis nehmen, dass der erste Einwand zumindest insofern eine raffinierte Kritik darstellt, als er mit den Prämissen (5) und (7) von Voraussetzungen der Cartesischen Argumentation Gebrauch macht. Und auch die übrigen Prämissen (2) und (4) scheinen äußerst plausibel zu sein. Der einzige Ansatzpunkt, um diese Kritik zu entkräften, scheint mithin die erste Prämisse zu sein. Hier hakt Descartes dann auch ein.

> »Wie könnte ich denn wissen, daß ich zweifle, daß ich begehre, d.h. daß mir etwas fehlt und daß ich unvollkommen bin, wenn in mir nicht die Vorstellung eines vollkommeneren Seienden wäre? Denn ich bemerke meine Mängel, indem ich mich mit ihm vergleiche.«
> (AT VII, 45f.; DM 123)

Er behauptet hier im Grunde genommen, dass er die Idee Gottes als Kontrastfolie benötigt, um überhaupt die Idee eines unvollkommenen Gegenstands, insbesondere also die Idee seiner selbst, zu bilden, A32:

1) Man kann nur dann die Idee seiner selbst als eines endlichen Wesens bilden, wenn man begreift, dass man Mängel besitzt und unvollkommen ist.

2) Man kann nur dann begreifen, dass man Mängel besitzt und unvollkommen ist, wenn man bereits über die Idee eines vollkommenen Wesens verfügt.
3) Kann man eine Idee *v* nur dann bilden, wenn man bereits über die Idee *w* verfügt, dann kann man *v* nicht nur als Negation der Idee *w* besitzen.

---

4) Also: Ich besitze die Idee Gottes als eines vollkommenen Wesens nicht nur als Negation der Idee meiner selbst als eines endlichen Wesens (CONTRA 31.1).

In einem kleinen philosophiehistorischen Exkurs soll gezeigt werden, welche Gründe für die entscheidende erste Prämisse dieses Gegenarguments sprechen. Denn auch Kant hält die Idee Gottes für eine Art Kontrastfolie, vor deren Hintergrund wir überhaupt erst andere Ideen bilden und erfassen können. Tatsächlich scheint Kant in der *Kritik der reinen Vernunft* bei Descartes anzuknüpfen, wenn er die Idee Gottes als eine transzendentale Idee einführt.[27] Denn »um ein Ding vollständig zu erkennen,« sagt Kant, »muß man alles Mögliche erkennen, und es dadurch, es sei bejahend oder verneinend, bestimmen« (B 601; 610)[28]. Sie wollen sich zum Beispiel ein bestimmtes Buch kaufen. Um es vollständig zu bestimmen, müssten Sie bejahen oder verneinen: Handelt es sich um ein Philosophiebuch? Ist es ein Roman? Erscheint es in Frankfurt? Hat es mehr als dreihundert Seiten? Gibt es bereits eine zweite Auflage? Hat es einen bunten Umschlag? Ist es ein Taschenbuch? Wurde sein Papier chlorfrei gebleicht? Und ebenso für jede weitere mögliche Eigenschaft des Buches. Um überhaupt Dinge erkennen zu können, benötigten wir also, sagt Kant, die »Idee von dem Inbegriffe aller Mög-

27 Für einen ausführlicheren Kommentar vgl.: Tetens (2006, S. 266 f.).
28 Diese und die folgenden Seitenangaben beziehen sich auf die Reclam-Ausgabe der *Kritik der reinen Vernunft*, hrsg. von Ingeborg Heidemann, Stuttgart 1966.

lichkeit« (B 601; 611). Eine solche Idee kann aber, so Kant weiter, nicht einfach aus der Klasse aller Eigenschaften bestehen – denn einige Eigenschaften schließen sich gegenseitig aus. Er unterscheidet deshalb zwei Arten von Eigenschaften, nämlich solche, die eine gewisse »Realität« ausdrücken, und solche, die nur einen Mangel an Realität ausdrücken. Die Eigenschaften, die einen Mangel an Realität ausdrücken, können dabei auf die übrigen zurückgeführt werden:

> »Nun kann sich niemand eine Verneinung bestimmt denken, ohne daß er die entgegengesetzte Bejahung zum Grunde liegen habe. Der Blindgeborne kann sich nicht die mindeste Vorstellung von Finsternis machen, weil er keine vom Lichte hat; der Wilde nicht von der Armut, weil er den Wohlstand nicht kennt. Der Unwissende hat keinen Begriff von seiner Unwissenheit, weil er keinen von der Wissenschaft hat, usw.« (B 603; 612)

Die »Idee vom Inbegriffe aller Möglichkeit« muss also nur alle Eigenschaften umfassen, die eine »Realität« darstellten, um ihre Funktion als Kontrastfolie zu erfüllen; sie ist somit »die Idee von einem All der Realität (omnitudo realitatis). Alle wahre Verneinungen sind alsdenn nichts als Schranken, welches sie nicht genannt werden könnten, wenn nicht das Unbeschränkte (das All) zum Grunde läge« (B 603 f., 613). Mit dieser Idee, fährt Kant fort, ist aber auch die Vorstellung eines »Dinges an sich selbst«, dem all diese Eigenschaften zukommen, gegeben; mit anderen Worten: die Idee eines »entis realissimi« – die Idee Gottes. Mit Kant lässt sich also der ideentheoretische Gottesbeweis gegen den ersten Einwand verteidigen, weil Kant die Prämisse (2) des obigen Gegeneinwands zu begründen versucht.

Doch auch trotz der Überlegungen Descartes' und Kants bleibt die zweite Prämisse des Gegenarguments zumindest fragwürdig. Bleiben wir bei dem Fall, der uns hier eigentlich interessiert: Natürlich benötigen wir irgendeine

»Kontrastfolie« oder allgemeiner: einen Vergleich, um überhaupt artikulieren zu können, dass wir nicht perfekt und vollkommen sind. Hier liegt ein unbestritten richtiger Kern der Überlegung – der übrigens auch das Herzstück von Strawsons Einwand in Kapitel 6 bildet (vgl. A 68, hier S. 245 f.).

Warum aber sollte einzig Gott, bzw. die Idee eines vollkommenen Wesens zu diesem Vergleichszweck herangezogen werden können? Vielleicht bilden wir ja die Idee der Vollkommenheit dadurch, dass wir uns zunächst mit viel weniger vollkommenen Wesen vergleichen. Wir urteilen etwa, dass wir in vielerlei Hinsicht vollkommener als Mäuse sind. Und indem wir diesen Vergleich extrapolieren, stellen wir uns die Frage, ob es nicht ebenso Wesen geben könnte, die vollkommener sind als wir. Um die Idee meiner selbst als eines unvollkommenen Wesens zu bilden, scheint die Idee eines vollkommenen Wesens gar nicht erforderlich. Descartes' Verteidigung kann hier zumindest nicht restlos überzeugen.

Wie bereits der erste Einwand stellt auch der *zweite* Einwand letztendlich in Frage, ob wir tatsächlich die Idee Gottes, deren Informationsgehalt aktual unendlich ist, besitzen. Insbesondere bezweifelt dieser Einwand, dass wir die Idee Gottes klar und deutlich erfassen. Descartes nimmt diesen Kritikpunkt, der später mehrfach von Kommentatoren angeführt wird (bspw. in den ersten Einwänden, AT VII, 96 f.; EE 106, oder in den fünften Einwänden, AT VII, 295 ff.; EE 300 ff.), in der dritten Meditation wie folgt vorweg:

> »Auch läßt sich nicht dagegen [daß die Vorstellung Gottes vollkommen klar und deutlich ist] geltend machen, daß das Unendliche meine Fassungskraft übersteigt und daß Gott unzählige andere Bestimmtheiten hat, die ich mit meinem Denken weder erfassen noch auch nur einen Zipfel davon erreichen kann. Es liegt

nämlich im Begriff des Unendlichen, daß es von mir, der ich endlich bin, nicht verstanden werden kann […].«
(AT VII, 46; DM 123)

So referiert Descartes den Einwand. Er richtet sich nicht direkt gegen das Kernargument des Gottesbeweises, sondern gegen die im Argument (A29) vorausgesetzte These (e), A33:

1) Der Informationsgehalt der Idee Gottes ist aktual unendlich, indem er alle Vollkommenheitseigenschaften einschließt.
2) Als endliches Wesen kann ich nicht alle Eigenschaften erfassen, die in einer Idee mit aktual unendlichem Informationsgehalt notwendigerweise enthalten sind.

---

3) Also (aus 1,2): Ich kann nicht alle Eigenschaften, die notwendigerweise in der Idee Gottes enthalten sind, erfassen.
4) Die Idee eines Gegenstands, dessen notwendige Eigenschaften ich nicht vollständig erfassen kann, ist nicht in höchstem Maße klar und deutlich.

---

5) Also (aus 3,4): Ich besitze nicht die Vorstellung Gottes, die in höchstem Maße klar und deutlich ist und deren Informationsgehalt aktual unendlich ist, indem er alle Vollkommenheitseigenschaften einschließt (CONTRA 29.1).

Letztlich, so scheint es, erkennt Descartes, dass diesem Einwand nur schwer etwas entgegenzusetzen ist. In den Erwiderungen auf die ersten Einwände gibt er dann auch einen ausführlicheren und bezeichnenden Kommentar. Dort vergleicht er das Erfassen der Idee Gottes mit dem Anblick eines Ozeans:

»Denn wenn wir das Meer von ferne betrachten, so daß unsere Augen es gewissermaßen insgesamt und gleichzeitig umfassen, sehen wir es nur verworren, […]. Wenn

> wir jedoch unseren Blick nahe auf irgendeinen Teil des Meeres heften, kann ein solches Anblicken äußerst klar und deutlich sein, [...].« (AT VII, 113; EE 122f.)

Aber liefert dies tatsächlich eine Begründung bzw. Verteidigung der These, die Idee Gottes erfasse man klar und deutlich? Das scheint Descartes plötzlich selbst nicht mehr zu glauben, wenn er fortfährt:

> »Aus einem vergleichbaren Grund kann der menschliche Geist Gott nicht insgesamt erfassen, was ich wie alle Theologen zugebe, ja, Gott kann noch nicht einmal deutlich erkannt werden, auch nicht von jenen, die ihn insgesamt zugleich mit dem Gemüt zu erfassen versuchen und gleichsam von weitem auf ihn blicken.«
> (AT VII, 113; EE 123)

Doch negiert Descartes hier nicht geradewegs die zentrale Prämisse seines Gottesbeweises? Um diesen doch noch zu retten, fügt er schließlich hinzu:

> »Diejenigen aber, die versuchen, einzelne seiner Vollkommenheiten zu berücksichtigen, und weniger versuchen, sie zu fassen, als vielmehr *von ihnen erfaßt zu werden*, und die alle Kräfte ihres Verstandes aufzuwenden [sic!], um sich in diese einzelnen Vollkommenheiten zu vertiefen, finden in ihm in der Tat viel umfassenderes und leichteres Material zur klaren und deutlichen Erkenntnis vor als in irgendwelchen geschaffenen Dingen.« (AT VII, 114; EE 123; Hervorhebung GB)

Damit flüchtet Descartes sich aber vollends ins Mystische. In der französischen Ausgabe heißt es anstelle der hervorgehobenen Formulierung sogar: »[...] sie zu bewundern und ihre Erhabenheit über jedes Erfassen hinaus zu erkennen.«[29] Aber von welchem Erkenntnisvermögen ist hier

29 »les admirer, & reconnaitre combien elles sont au delà de toute compréhension« (AT IX, 90).

eigentlich die Rede? Descartes scheint sich darauf zu berufen, dass sich die Idee Gottes uns offenbart. Damit verabschiedet er sich aber gänzlich von seinen Beweisstandards und folglich dem Ziel, die Existenz Gottes durch für jedermann nachvollziehbare Argumente zu begründen.

Fassen wir zusammen: Als entscheidende Schwachstelle des ideentheoretischen Gottesbeweises entpuppt sich die Prämisse, dass der Denker die wahre Idee Gottes besitzt, deren Informationsgehalt aktual unendlich ist (30.4). Bereits den ersten Einwand (A31), der auf diese Prämisse zielte, konnten wir nicht restlos ausräumen. Angesichts des zweiten Einwands (A33), der die Begründung von (30.4) untergräbt, scheint selbst Descartes einzugestehen, dass sein Gottesbeweis scheitert, und zwar gemessen an Descartes' eigenen methodischen Standards, nämlich nur das zu akzeptieren, von dem man sich durch Vernunftgebrauch überzeugt hat. Für Offenbarungen ist in einer Argumentation, die eben diesen Standards verpflichtet ist, kein Platz.

Der klassische Cartesische Zirkel

Das Ergebnis der bisherigen Analyse lautet, dass der ideentheoretische Gottesbeweis aufgrund seiner unhaltbaren Voraussetzungen scheitert. Neben dieser Kritik der Prämissen wurde schon von den ersten Kommentatoren gegen die Cartesische Argumentation ein weiterer Einwand ganz anderer Art vorgetragen: Der Gottesbeweis leidet, so der Vorwurf, unter einem fatalen Defekt, er ist nämlich zirkulär. Dieses Problem, das unter dem Namen »Cartesischer Zirkel« diskutiert wird, soll in den verbleibenden Abschnitten dieses Kapitels näher unter die Lupe genommen werden.

Worin besteht dieser mutmaßliche Zirkel? Zu Beginn der dritten Meditation, so sahen wir ja bereits, formuliert

Descartes die Wahrheitsregel. Die Wahrheitsregel schränkt den radikalen Zweifel in erheblicher Weise ein und bedarf, auch das notierten wir, einer besonders guten Begründung. Descartes ist der Überzeugung, dass die Wahrheitsregel letztlich einzig mit Verweis auf einen allmächtigen, allwissenden und allgütigen Gott gerechtfertigt werden kann. Nur dieser Beweisgrund sei hinreichend stark genug, um den radikalen Zweifel in Schranken zu weisen. So hielt Descartes es für ausgeschlossen, wie wir bereits im ersten Kapitel sahen, dass ein Atheist sich in Bezug auf das, was er klar und deutlich zu erkennen meint, sicher sein kann (vgl. hier S. 59f.). Eine der Funktionen, ja wenn nicht *die* Funktion des Gottesbeweises besteht in den *Meditationes* also genau darin, die Wahrheitsregel zu rechtfertigen. Es scheint tatsächlich nur noch ein kleiner argumentativer Schritt von der Existenz des vollkommenen Gottes zur Gewissheit der Wahrheitsregel zu sein. Hinweise auf diesen Schritt finden sich sowohl gegen Ende der dritten als auch gegen Ende der vierten Meditation. Im Anschluss an den Beweis, dass Gott existiert und vollkommen, also ein Wesen ohne Mangel ist, folgert Descartes:

> »Hieraus geht auch zu Genüge hervor, daß dieser Gott nicht täuschen kann, denn das natürliche Licht macht offenkundig, daß Lug und Trug aus einem Mangel entspringen.« (AT VII, 52; DM 135).

Das begründe die Wahrheitsregel:

> »Jede klare und deutliche [Erfassung] ist ja ohne Zweifel Etwas, kann also nicht von Nichts kommen, sondern hat notwendigerweise Gott zum Urheber – Gott, das vollkommenste Wesen, das nicht betrügen kann! Und somit ist jene [Erfassung] unzweifelhaft wahr.«
>
> (AT VII, 62; VM 157ff.)

Das Argument zugunsten der Wahrheitsregel lautet mithin, A34:

1) Es gibt Gott und er ist vollkommen (theistische These).
2) Wer vollkommen ist, besitzt keine Mängel.
3) Jede Form von schwindlerischer Handlung beruht auf einem Mangel.

---

4) Also (aus 1–3): Es gibt Gott und er ist kein Schwindler.
5) Wenn ich mich (gelegentlich) in dem, was ich ganz klar und deutlich einzusehen meine, täuschen würde, dann wäre Gott ein Schwindler.

---

6) Also (aus 4,5): Ich täusche mich nie in dem, was ich ganz klar und deutlich einzusehen meine.
7) Alles, in dem ich mich nie täusche, ist auch wahr (und gewiss).

---

8) Also (aus 6,7): Jeder Satz, den ich ganz klar und deutlich einzusehen meine, ist wahr (und gewiss) (PRO propositionale Variante der Wahrheitsregel).

Die Wahrheitsregel scheint damit gesichert. Nun liegt aber auch deutlich zutage, dass die Gesamtargumentation der Struktur nach zirkulär ist. Denn ausgehend von dem Resultat des ideentheoretischen Gottesbeweises wird mit dem obigen Argument die Wahrheitsregel begründet, die ihrerseits eine wesentliche Anfangsprämisse des Gottesbeweises zu sein schien – schließlich wurde sie im Argument (A27, hier S. 136) vorausgesetzt. Argumentkarte 7 stellt diesen Zusammenhang übersichtlich dar (siehe folgende Seite).

Dass die dialektische Struktur also zirkulär ist, lässt sich im Angesicht der Rekonstruktion gar nicht mehr bestreiten. Die Frage, die wir uns als Interpreten vorlegen, kann jetzt nur noch lauten, ob es sich um eine fehlerhafte Form zirkulärer Argumentation handelt.

Descartes' Zeitgenossen zumindest beanstandeten die Zirkularität seiner Argumentation. Arnauld etwa diagnostiziert in den vierten Einwänden:

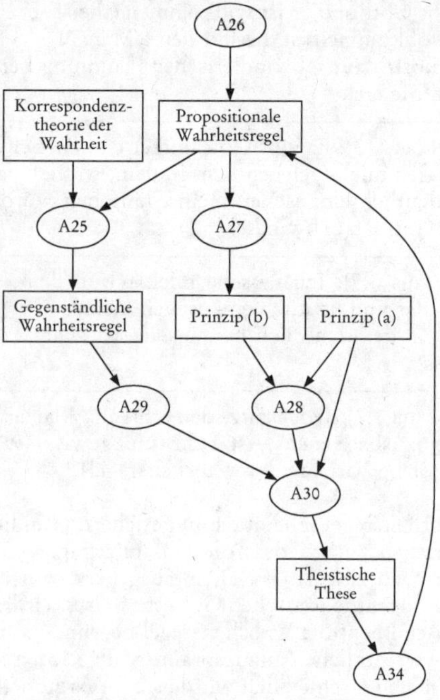

Argumentkarte 7

»›Nur ein einziges Bedenken bleibt für mich noch bestehen, nämlich wie er einen Zirkelschluß vermeiden will, wenn er behauptet, *es stehe allein deshalb für uns fest, daß das, was von uns klar und deutlich erfaßt wird, wahr ist, weil es Gott gibt.* Aber: Für uns kann allein deshalb feststehen, daß es Gott gibt, weil wir dies klar und evident erfassen. Bevor also für uns feststeht, daß es Gott gibt, muß für uns feststehen, daß alles wahr ist, was wir klar und evident erfassen.‹«

(AT VII, 214; EE 222; Hervorhebung im Original)

Darauf, dass Descartes bereits vor deren Begründung durch die Existenz eines vollkommenen Gottes von der Wahrheitsregel in scheinbar unzulässiger Weise Gebrauch macht, wird auch in den zweiten Einwänden hingewiesen (vgl. AT VII, 124 f.; EE 134). Was setzt Descartes dieser Kritik entgegen? Und lässt sich, unabhängig von seiner eigenen Auskunft, die Argumentation so deuten, dass ihre zirkuläre Struktur unproblematisch ist? Er erwidert den Zirkularitätsvorwurf mit der sogenannten Gedächtnis-Antwort. Den zweiten Einwänden etwa hält er entgegen:

»An der Stelle, an der ich gesagt habe, ›daß wir nichts wissen können, wenn wir nicht zuvor erkennen, daß Gott existiert‹, habe ich ausdrücklich bezeugt, daß ich allein über das Wissen solcher Schlüsse spreche, ›deren Erinnerung wiederkehren kann, wenn wir nicht mehr auf die Überlegungen achten, aus denen wir sie deduziert haben‹.« (AT VII, 140; EE 150).

Und Arnauld antwortet er:

»Daß ich zu guter Letzt keinen Zirkelschluß begangen habe, als ich gesagt habe, ›daß für uns allein deshalb feststeht, daß das, was von uns klar und deutlich erfaßt wird, wahr ist, weil es Gott gibt; und daß für uns nur deshalb feststeht, daß es Gott gibt, weil dies klar erfaßt wird‹, habe ich bereits zur Genüge in der Erwiderung auf die zweiten Einwände, Nummer 3 und 4 erklärt, nämlich indem ich das, was wir tatsächlich klar erfassen, von dem unterschieden habe, wovon wir uns erinnern, es vorher klar erfaßt zu haben. Zuerst steht für uns nämlich deshalb fest, daß Gott existiert, weil wir ja die Begründungen berücksichtigen, die dies nachweisen. Danach aber genügt es, wenn wir uns erinnern, ein

Ding klar erfaßt zu haben, um sicher zu sein, daß es wahr ist: Das aber würde nicht ausreichen, wenn wir nicht wüßten, daß es Gott gibt und er nicht täuscht.«

(AT VII, 245f.; EE 252f.)

Descartes' Gedächtnis-Antwort lässt sich als eine weitere Differenzierung der Wahrheitsregel interpretieren. So schlägt er vor, für die propositionale Variante zwei Lesarten voneinander zu unterscheiden (und mutatis mutandis für die gegenständliche Variante):

1. Lesart (augenblicklich)	*2. Lesart (erinnernd)*
Jeder Satz, den ich gegenwärtig und augenblicklich klar und deutlich zu erfassen meine, ist wahr.	Jeder Satz, den ich (mich erinnernd) früher klar und deutlich erkannt zu haben meine, ist wahr.

Er kann dann behaupten, dass einzig die erste, augenblickliche Lesart in den Gottesbeweis einginge. Andererseits bedürfe auch nur die zweite, erinnernde Lesart einer gesonderten Begründung durch die Existenz eines vollkommenen Gottes. Demzufolge gliederte sich die Gesamtargumentation in drei je aufeinander aufbauende Schritte: (1) Begründung der ersten Lesart, (2) Gottesbeweis, (3) Begründung der zweiten Lesart. Der von uns rekonstruierte Zirkel scheint tatsächlich zu verschwinden.

Mit der Gedächtnis-Antwort handelt sich Descartes aber mindestens ebenso schwerwiegende Probleme ein, wie er durch die Antwort zu lösen vorgibt. So halten Interpreten wie Frankfurt und Williams die Gedächtnis-Antwort für mangelhaft (vgl. Frankfurt 1970, S. 218ff.; Williams 2005, S. 177ff.) – und das aus gutem Grund: Die Tatsache, dass unser Gedächtnis zuverlässig ist, muss schließlich bereits vorausgesetzt werden, um überhaupt eine komplexere Argumentation führen zu können (s.o., S. 57ff.). Und selbst dann, wenn man Descartes zugesteht, der Gottesbeweis sei so einfach, dass er »in einem« und »als ganzes« erfasst werden kann, und die Einsicht in seine Schlüssigkeit gar keine Gedächtnisleistung erfordert (AT V, 148; GmB 9f.), so gilt gleiches sicherlich *nicht* für die gesamte Argumentation, die von dem methodischen Zweifel über die Cogito-Überlegungen der zweiten Meditation sowie die Begründung des Analytizitäts-Kriteriums weiter zum ideentheoretischen Gottesbeweis und zur Existenz eines nicht-betrügerischen Gottes führt. Kurz gesagt: Descartes missdeutet hier die Begründungsbedürftigkeiten. Die Zuverlässigkeit des Gedächtnisses steht überhaupt nicht zur Debatte, die erste, augenblickliche Lesart jedoch umso mehr. Es gibt also systematische Gründe, die gegen die Gedächtnis-Antwort sprechen. Weiterhin gibt es im *Gespräch mit Burman* eine Passage, die zumindest darauf hindeutet, dass Descartes selbst von der Gedächtnis-Antwort abrückte. Burman fragt Descartes:

> »Doch könnte jemand sagen: Nachdem ich bewiesen habe, daß Gott existiert und kein Betrüger ist, kann ich trotzdem behaupten, daß mich zwar mein Geist nicht täuscht, den ich ja von Gott fehlerfrei empfangen habe, daß mich aber mein Gedächtnis täuscht, weil ich mich an etwas zu erinnern scheine, woran ich mich in Wahrheit nicht erinnere.« (AT V, 148; GmB 9)

Der Gedächtnis-Antwort zufolge garantiert die Existenz Gottes aber gerade die Zuverlässigkeit des Gedächtnisses. Descartes antwortet dagegen nur lakonisch:

> »Über das Gedächtnis kann ich nichts sagen. Jeder muß selbst erproben, ob er sich gut erinnert. Und wenn er daran zweifelt, bedarf er einer Aufzeichnung oder eines ähnlichen Hilfsmittels.« (AT V, 148; GmB 9)

Die Zuverlässigkeit des Gedächtnisses scheint für ihn gar kein philosophisches Thema mehr zu sein. Ob Descartes die Gedächtnis-Antwort aber tatsächlich als ungenügend eingesehen und aufgegeben hat, bleibt angesichts weiterer Passagen des *Gesprächs mit Burman* ebenso fraglich (vgl. AT V, 148; GmB 9f.; und AT V, 178; GmB 115f.). Diese Frage zu klären, ist aber auch gar nicht unsere Aufgabe. Wir können festhalten, dass die Gedächtnis-Antwort aus systematischen Gründen keine überzeugende Interpretation der Cartesischen Argumentation liefert. Wie lässt sich der Zirkularitätseinwand aber dann entkräften?

Um zu prüfen, ob eine der Struktur nach zirkuläre Argumentation tatsächlich fehlerhaft und defekt ist, müssen neben der dialektischen Struktur auch die argumentativen Absichten geklärt werden, mit denen die jeweiligen Argumente vorgebracht wurden (vgl. dazu Betz 2010a). Eine wohlwollende Interpretation, die den Zirkularitätsvorwurf umgeht, legt die unterschiedlichen Zwecke, die die Argumente erfüllen sollen, so fest, dass die zirkuläre Struktur der Zweckmäßigkeit der Argumentation nicht entgegensteht. Insbesondere gilt es dabei zu bestimmen, auf welche Beweisziele die Argumente überhaupt zusteuern. Dementsprechend können wir grob drei verschiedene Interpretationsstrategien voneinander unterscheiden, die allesamt den Zirkularitätsvorwurf entkräften. Den ersten beiden Deutungen zufolge geht das zirkelschließende Argument (A34) gar nicht in die Begründung der theistischen These ein:

- [*Wahrheitsregel vor Gottesbeweis*] Der Gottesbeweis startet mit der Begründung der Wahrheitsregel mittels des Schlusses auf die beste Erklärung (A26).
- [*Gottesbeweis vor Wahrheitsregel*] Der Gottesbeweis setzt erst mit dem Prinzip des Informationserwerbs an, welches nicht durch die Wahrheitsregel begründet werden muss.

Die Argumentkarten 8a und 8b heben, ausgehend von Argumentkarte 7, diejenigen Argumente hervor, die diesen beiden Interpretationsansätzen entsprechend die Begründungslast bezüglich der theistischen These tragen.

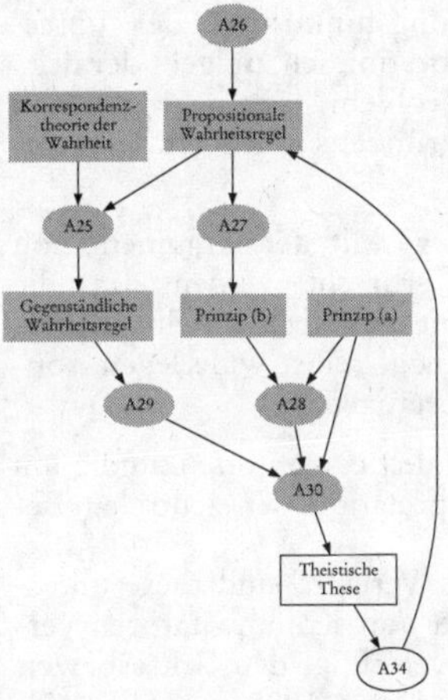

Argumentkarte 8a

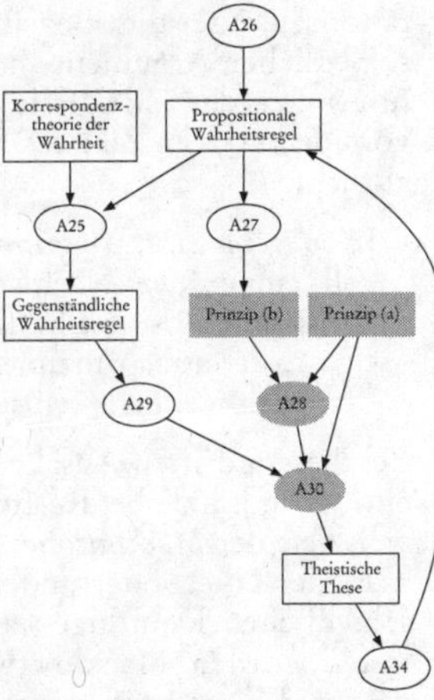

Argumentkarte 8b

Während sich die Strategie *Wahrheitsregel vor Gottesbeweis* (8a) auf die induktive Begründung der Wahrheitsregel verlässt, muss die Deutung *Gottesbeweis vor Wahrheitsregel* (8b) darauf verweisen, dass die beiden im Gottesbeweis verwendeten informationstheoretischen Prinzipien – insbesondere das Prinzip (b) – hinreichend einsichtig sind, um sie ohne zusätzliche Begründung vorauszusetzen. Als weitere Konsequenz der Strategie *Gottesbeweis vor Wahrheitsregel* besitzt das Argument (A29) keine Begründungsfunktion mehr. Die von ihm gestützte Prämisse des Gottesbeweises (30.4), der zufolge die material wahre Idee Gottes einen unendlichen Informationsgehalt besitzt, rückt damit noch mehr als zuvor ins Zentrum der Kritik am Gottesbeweis und bildet den hauptsächlichen Grund dafür, dass der Beweis scheitert. Während die ersten beiden Interpretationsansätze die Begründungsfunktionen der unterschiedlichen Argumente neu bestimmen, umgeht der dritte Ansatz das Zirkularitätsproblem, indem er gänzlich vom diskursiven Ziel des Begründens und Rechtfertigens abrückt:

- [*Kohärenz statt Begründung*] Mit der Argumentation soll einzig der Nachweis erbracht werden, dass die theistische Position kohärent ist und dass sich vernünftige Erkenntnisprinzipien nicht selbst widerlegen, sondern sich vielmehr selbst bestätigen.

Bei diesem dritten Ansatz handelt es sich offenkundig um eine grundsätzliche Re-Interpretation der zentralen Beweisziele der *Meditationes*.

In der einen oder anderen Variante sind diese unterschiedlichen Deutungen auch von Kommentatoren vertreten worden. Mackie etwa verteidigt den Gottesbeweis gemäß der ersten Strategie (Mackie 1985, S. 54f.), Williams oder auch Carriero verfolgen tendenziell die zweite Strategie (Williams 2005, S. 188f.; Carriero 2009, S. 131), und Frankfurt hat sich schließlich für den dritten Ansatz stark gemacht (Frankfurt 1970, S. 240ff.). Jede dieser Interpretationen umgeht den ursprünglichen Begründungszirkel.

Was aber sind die weiteren Konsequenzen dieser Ansätze? Die Interpretation *Wahrheitsregel vor Gottesbeweis* steht vor der Schwierigkeit, verständlich zu machen, warum Descartes das Argument (A34) überhaupt aufstellt: Welche Funktion soll dieses Argument nämlich erfüllen, wenn die Wahrheitsregel doch bereits vor dem Gottesbeweis hinreichend sicher etabliert ist?

Nur auf den ersten Blick ergibt sich ein analoges Problem für die Deutung *Gottesbeweis vor Wahrheitsregel*, denn die nunmehr funktionslose induktive Begründung der Wahrheitsregel (A26) stellt ja ohnehin ein tendenziell fragwürdiges Argument dar. Dass diesem problematischen Argument keine Funktion mehr zukommt, spricht vielmehr für als gegen die Deutung *Gottesbeweis vor Wahrheitsregel.*

Ginge es in den *Meditationes*, wie es die dritte Strategie behauptet, schließlich um Kohärenz anstatt Rechtfertigung, stellte sich kein *Begründungs*zirkel mehr ein. Dennoch könnte im Prinzip auch das Ziel, eine Position als kohärent nachzuweisen, deswegen verfehlt werden, weil die Argumentation ein zirkuläres Muster realisiert. Frankfurt sieht das Argumentationsziel der *Meditationes* insbesondere in dem Nachweis, dass die grundlegenden Thesen Descartes', zu denen etwa die theistische These gehört, sich nicht selbst widerlegen. Beschreiben wir die Situation ganz abstrakt: Es soll nachgewiesen werden, dass der Thesencluster T sich nicht selbst widerlegt, sondern sich stattdessen sogar selbst bestätigt. Dafür wird, ausgehend von T, mit weiteren Hintergrundannahmen H wiederum für T oder Teile von T argumentiert. Bringt eine solche zirkuläre Argumentation den erwünschten Nachweis? Wohl kaum, denn die Herleitung von Sätzen Q aus Sätzen P gilt ja nur dann als Nachweis, dass Q konsistent ist, wenn P bereits als konsistent angenommen wurde. Damit müsste die Strategie *Kohärenz statt Begründung* aber voraussetzen, dass T und H zusammen genommen konsistent sind, – also genau das, was es angeblich erst zu zeigen galt.[30]

30 Dessen unbeschadet ließe sich diese dritte Interpretationsstrategie möglicherweise so modifizieren, dass auch sie eine unproblematische Deutung der zirkulären Argumentation lieferte. Denn man könnte darauf verweisen, dass Descartes mittels der zirkulären Argumentation die Robustheit seiner Position erfolgreich erhöht (vgl. Betz 2010b, §§ 60ff.).

Weitere Zirkel

Es gibt also verschiedene Deutungsansätze, die den klassischen Cartesischen Zirkel so interpretieren, dass Descartes' Argumentation immerhin keinen fatalen *strukturellen* Defekt aufweist. Neben dem oben identifizierten Cartesischen Zirkel weist die Argumentation indessen noch mindestens zwei weitere Zirkel auf, denen Descartes-Kommentatoren bisher weitaus weniger Beachtung als dem ersten Zirkel geschenkt haben. Während der erste Zirkel entsteht, weil der vollkommene Gott, als *hinreichender* Garant, die Wahrheitsregel verbürgt, ergibt sich der zweite Zirkel, da Gottes Existenz für deren Gültigkeit auch *notwendig* ist. So begründet Descartes zu Beginn der dritten Meditation sein Vorhaben, zu prüfen, ob Gott existiert und ein Schwindler sein könne: »Solange ich nämlich dies nicht weiß, kann ich wohl überhaupt nie über irgend etwas sonst Gewißheit erlangen« (AT VII, 36; DM 103). Die Existenz eines vollkommenen Gottes, behauptet Descartes, sei notwendig (und nicht nur hinreichend) dafür, sichere Erkenntnis und Gewissheit zu erwerben. Damit besteht aber folgender inferentieller Zusammenhang, der in unserer Rekonstruktion explizit gemacht werden sollte: Wenn die Wahrheitsregel uns auch nur eine einzige Gewissheit liefert, die deshalb besteht, weil wir den entsprechenden Satz klar und deutlich erfassen, so folgt allein aus dieser Tatsache, dass Gott existiert und vollkommen ist, A35:

1) Jeder Satz, den ich ganz klar und deutlich einzusehen meine, ist wahr (und gewiss) (propositionale Variante der Wahrheitsregel).
2) Es gibt Sätze, die ich klar und deutlich einzusehen meine; beispielsweise die Grundannahmen des Gottesbeweises.

3) Also (aus 1,2): Es gibt Sätze, die gewiss sind.
4) Solange nicht sicher ist, dass Gott existiert und kein Betrüger ist, kann ich über nichts gewiss sein.

---

5) Also (aus 3,4): Es ist sicher, dass Gott existiert und kein Betrüger ist.
6) Wenn es Gott gibt, so ist er vollkommen (definitorischer Zusammenhang).

---

7) Also (aus 5,6): Es gibt Gott und er ist vollkommen (PRO theistische These).

In der dialektischen Struktur entsteht zusätzlich zum ersten Zirkel, der behauptet, Gott sei ein hinreichender Garant der Wahrheitsregel, ein zweiter Zirkel, der den Gottesbeweis sozusagen »kurzschließt«. *Prima facie* ist der Gottesbeweis überflüssig, denn aus einer seiner zentralen Prämissen folgt bereits die theistische These, so dass sich die komplizierte informationstheoretische Argumentation scheinbar erübrigt. Descartes' Argumentation ist, wie Argumentkarte 9 (siehe folgende Seite) veranschaulicht, also »maximal redundant« (Betz 2010a).

Geben die Interpretationsansätze aus dem vorherigen Abschnitt auch einen verständlichen Kommentar zu diesem zweiten Zirkel? Oder entstehen hier neue Schwierigkeiten für die verschiedenen Deutungsstrategien? Die erste Interpretationsstrategie *Wahrheitsregel vor Gottesbeweis* steht eher vor einem zusätzlichen Problem, denn ihr zufolge ist die Wahrheitsregel ja ein integraler Bestandteil der Begründung der theistischen These, so dass der Gottesbeweis in der Tat überflüssig und unzweckmäßig erscheint: Akzeptiert man die Wahrheitsregel, so landet man über (A35) unmittelbar beim Beweisziel des Gottesbeweises, der damit keine Begründungsfunktion mehr zu erfüllen scheint.

Ganz anders steht es um die Interpretationsstrategie

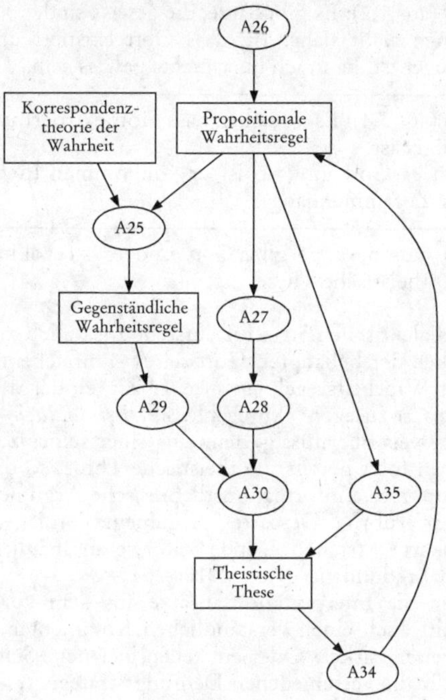

Argumentkarte 9

Gottesbeweis vor Wahrheitsregel: Der zweite Zirkel stellt hier keine größere Schwierigkeit dar. Denn die Wahrheitsregel geht ja gar nicht in den Gottesbeweis ein. Zwar bleibt die positive Funktion des Kurzschlussarguments (A35) auch unter dieser Deutung ungeklärt. Allerdings handelt es sich bei diesem ja um kein Argument, das Descartes explizit vorgetragen hätte. Entscheidend ist vielmehr, dass der in

(A35) ausgedrückte inferentielle Zusammenhang kein argumentatives Unheil stiftet und die Begründungsfunktionen der zentralen Argumente intakt lässt.

Der dritte Interpretationsansatz *Kohärenz statt Begründung* schließlich gerät erneut in Schwierigkeiten, denn es ist angesichts des zweiten Zirkels nicht ganz offenkundig, was der ideentheoretische Gottesbeweis noch zur Kohärenz der Gesamtposition beiträgt: Dass sich die Wahrheitsregel selbst bestätigt, gilt nämlich allein schon wegen der Argumente (A34) und (A35).

Vergleichen wir die drei Interpretationsstrategien, so scheint alles in allem der zweite Ansatz *Gottesbeweis vor Wahrheitsregel* die gelungenste Deutung zu liefern. Denn fassen wir zusammen: Das Ziel der *Meditationes* bleibt die Rechtfertigung ihrer zentralen Thesen. Die ersten zwei Zirkel stellen keine dialektischen Fehlschlüsse dar. Das zirkelschließende Argument (A34) des ersten Zirkels, welches explizit von Descartes vorgebracht wird, erfüllt eine wichtige Funktion. Die Funktion des zirkelschließenden Arguments (A35) des zweiten Zirkels ist zwar weniger offenkundig, Descartes trägt dieses aber auch gar nicht explizit vor. Auf die schwache induktive Begründung der Wahrheitsregel (A26), die ohnehin im Kontext einer komplizierten dialektischen Überlegung und zumal nur versuchsweise vorgetragen wird (AT VII, 35f.; DM 99ff.), kann gänzlich verzichtet werden. Die Wahrheitsregel wiederum dient im Einklang mit der Rekonstruktion der weiteren Meditationen dazu, die Gewissheit der Mathematik zu begründen. Diese Deutungsstrategie stimmt ferner mit der systematischen Darstellung in den *Principia* überein: Dort wird die Wahrheitsregel erst nach dem Gottesbeweis eingeführt (AT VIII/1, 16; Prin 39).

Beschränkt man sich auf diejenigen Argumente, die der Deutung gemäß eine Begründungsfunktion erfüllen, so stellt sich der ideentheoretische Gottesbeweis und die Rechtfertigung der Wahrheitsregel im dialektischen Gesamtkontext der ersten drei Meditationen wie folgt dar: Descartes begründet in einem *ersten Schritt* das kombinierte Gewissheitskriterium. Aus diesem leitet er dann, *zweitens*, das Kriterium der Analytizität ab, welches ihm gestattet, fortan analytisch wahre Sätze als Prämissen zu verwenden. Derart ausgerüstet führt er dann, *drittens*, den ideentheoretischen Gottesbeweis (der letztlich scheitert, weil nicht alle Prämissen wenigstens eines der Gewissheitskriterien erfüllen). *Viertens* schließt Descartes dann aus der Existenz eines vollkommenen Gottes auf die Wahrheitsregeln.

Betrachtet man diese Gesamtargumentation etwas genauer, springen jedoch eine Reihe von Ungereimtheiten ins Auge: Ungereimtheiten, die sich in einem dritten Zirkel niederschlagen. So ergibt sich aus den Resultaten des dritten und vierten Argumentationsschritts – dass also Gott existiert und kein Betrüger ist – die Folgerung, dass die allererste Prämisse der Gesamtargumentation falsch ist. Denn das kombinierte Gewissheitskriterium wird ausgehend von der Prämisse begründet, dass die Böser-Dämon-Hypothese nicht ausgeschlossen werden kann (9.1, hier S. 56). Demgegenüber soll die Existenz eines vollkommenen Gottes ja auf genau einen solchen Ausschluss hinauslaufen. Es besteht also auch folgender Zusammenhang, A36:

1) Es gibt Gott und er ist vollkommen.
2) Wer vollkommen ist, besitzt keine Mängel.
3) Jede Form von schwindlerischer Handlung beruht auf einem Mangel.

---

4) Also (aus 1–3): Es gibt Gott und er ist kein Schwindler.
5) Wenn Gott existiert und ich trotzdem im größtmöglichen Maße von einem böswilligen Dämon getäuscht würde, dann wäre Gott ein Schwindler.

---

6) Also (aus 4,5): Es ist ausgeschlossen, dass mich ein böser Dämon systematisch und in größtmöglichem Ausmaße täuscht (CONTRA Böser-Dämon-Hypothese, 9.1).

Descartes scheint sich im Laufe der Gesamtargumentation in Widersprüchen zu verheddern (vgl. Argumentkarte 10[31], siehe folgende Seite). Trotz dieser augenscheinlichen Schwierigkeiten ist es aber möglich, sich einen Reim auf die Argumentation zu machen. Denn tatsächlich argumentiert Descartes äußerst raffiniert und subtil! Indem er eine komplexe dialektische Struktur entwickelt, zeigt er zweierlei:

I) Es gibt keine dialektisch kohärente Position, die man noch vernünftigerweise, gegeben die dialektische Struktur, einnehmen kann und der zufolge die Böser-Dämon-Hypothese nicht ausgeschlossen ist.

Oder, mit anderen Worten: Jede dialektisch kohärente Position schließt die Böser-Dämon-Hypothese, und aus analogen Gründen die Traumhypothese, aus. Dies folgt aus der bisherigen Argumentation, weil eine Position, der zufolge die Böser-Dämon-Hypothese nicht ausgeschlossen ist – wie Prämisse (9.1) behauptet –, sich über die vier Argumentationsschritte in Widersprüchen verfängt. Der radikale Zweifel führt sich also selbst *ad absurdum* und ist damit als inkohärent nachgewiesen. Dabei setzt Descartes voraus, dass, erstens, alle freien Prämissen der ersten zwei Argumentationsschritte gewiss sind, und dass, zweitens, alle weiteren freien Prämissen analytisch wahr sind (bzw. unter das kombinierte Gewissheitskriterium fallen).

Er will und kann aufgrund seiner Argumentation aber noch mehr behaupten, nämlich:

31 Die grauen Pfeile deuten exemplarisch an, dass das Gewissheitskriterium der Analytizität die Verwendung analytischer Prämissen legitimiert.

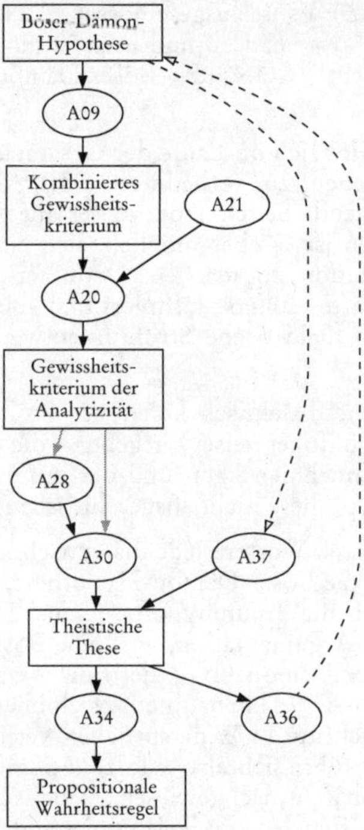

Argumentkarte 10

II) Jeder dialektisch kohärenten Position zufolge ist es gewiss, dass Gott existiert und vollkommen ist sowie dass die Wahrheitsregel gilt.

Dabei ergibt sich diese zweite Behauptung aus dem vorherigen Punkt, insofern man berücksichtigt, dass allein die

Existenz eines vollkommenen Gottes den größtmöglichen Zweifel, die Böser-Dämon-Hypothese, ausschließen kann. Wir treffen hier abermals auf die Überlegung, dass Gott nicht allein hinreichender, sondern auch notwendiger Garant für gewisse Erkenntnis sei, A37:

1) Solange nicht sicher ist, dass Gott existiert und kein Schwindler ist, kann ich über nichts gewiss sein.
2) Ist es ausschließbar, dass es einen bösen Dämon gibt, der mich systematisch und in größtmöglichem Ausmaße täuscht, ist zumindest eines, nämlich genau dies, gewiss.

---

3) Also (aus 1,2): Es ist nur dann ausschließbar, dass es einen bösen Dämon gibt, der mich systematisch und in größtmöglichem Ausmaße täuscht, wenn es gewiss ist, dass Gott existiert und vollkommen ist.
4) Ich kann ausschließen, dass mich ein böser Dämon systematisch und in größtmöglichem Ausmaße täuscht (Negation der Böser-Dämon-Hypothese, 9.1).

---

5) Also (aus 3,4): Es gibt Gott und er ist vollkommen (PRO theistische These).

Ergänzen wir die Argumentation um dieses letzte Argument (vgl. Argumentkarte 10), trifft die Behauptung (II) angesichts der komplexen dialektischen Struktur tatsächlich zu. Denn jede kohärente Position schließt den radikalen Zweifel aus. Dazu muss sie, dem obigen Argument gemäß, aber voraussetzen, dass Gott existiert. Und daraus folgt schließlich die Wahrheitsregel. Um so argumentieren zu können, muss Descartes zusätzliche Voraussetzungen machen: Er muss unterstellen, dass die freien Prämissen (i) des Arguments (A37) sowie (ii) der Argumente des vierten Argumentationsschritts gewiss sind.

Descartes argumentiert also insgesamt stimmig und schlüssig für seine Position, die (bisher) im Kern aus den

Ergebnissen der Cogito-Überlegungen, der theistischen These und der Wahrheitsregel besteht. Diese Argumentation ist wohlgemerkt aber nicht voraussetzungslos: Sie basiert auf den soeben genannten Annahmen, die hinterfragt und bestritten werden können. Eine erhebliche Schwierigkeit besteht etwa darin, die Voraussetzung verständlich zu machen, dass die Prämisse (30.4) analytisch und damit gewiss wahr ist. Descartes' Argumentation krankt nicht an einem argumentationstheoretischen Fehler, sondern an ihren inhaltlichen Voraussetzungen.

Vierte Meditation
Die epistemische Theodizee

Der Irrtumseinwand

In der vierten Meditation untersucht Descartes zwei maßgebliche Einwände gegen seine bisherige Argumentation, nämlich den Irrtumseinwand und den Einwand aus den unvollkommenen Werken. Beide Einwände entstehen aus demselben Grundproblem: Wie ist die Vollkommenheit Gottes einerseits mit unserer epistemischen Unvollkommenheit andererseits, etwa unserer Neigung, Fehler zu begehen, vereinbar? Dies ist letztlich ein Spezialfall des Theodizee-Problems, und Descartes' Antwortversuch lässt sich deshalb auch als eine epistemische Theodizee bezeichnen. Als Teil der epistemischen Theodizee entwickelt Descartes eine eigenständige Theorie der Fehler und Irrtümer. Im Folgenden werden die zwei Einwände und Descartes' Antworten in je gesonderten Abschnitten besprochen.

Der Irrtumseinwand: Zu Beginn der vierten Meditation rekapituliert Descartes die bisher gewonnenen Ergebnisse und legt, wie er Ende der dritten Meditation bereits angedeutet hatte, dar, dass ein vollkommener und daher nicht-betrügerischer Gott uns sichere und zweifelsfreie Erkenntnis garantiert. Hierbei stößt er jedoch auf ein Problem: Aus den Überlegungen scheint sich zu ergeben, dass er »mithin niemals irren« könne. »Wenn ich nämlich alles, was in mir ist, von Gott habe (und er hat mir sicher kein Vermögen zu irren verliehen), so kann ich dem Anschein nach niemals irren.« Dennoch »bemerke ich, daß ich gleichwohl zahllosen Irrungen ausgesetzt bin« (AT VII, 54; VM 141). Die Tatsache, dass es einen nicht-betrügerischen Gott gibt, gerät in Konflikt mit dem unbestreitbaren Sachverhalt, dass sich jedermann gelegentlich irrt. Es liegt hier also ein Problem im engeren Sinne vor, welches sich als Einwand gegen die These, dass Gott existiert und vollkommen ist, rekonstruieren lässt, A38:

1) Gott ist mein Schöpfer.
2) Manchmal irre ich mich.
3) Wenn ich mich irre, dann ist mein Schöpfer die Ursache meines Irrtums.

---

4) Also (aus 1–3): Gott ist die Ursache meines Irrtums.
5) Wer mein gelegentliches Irren verursacht, betrügt mich.
6) Ein vollkommenes Wesen betrügt nicht.

---

7) Also (aus 4–6): Es ist falsch, dass es Gott gibt und er vollkommen ist (CONTRA theistische These).

Es scheint, als könne die erste Prämisse aus den Überlegungen der dritten Meditation geschlussfolgert werden; in jedem Fall wäre Descartes wohl kaum bereit, sie aufzugeben. Auch an (2) lässt sich nicht rütteln. Bei den übrigen Prämissen handelt es sich aber scheinbar um analytische Sätze. Eine der Prämissen muss Descartes indessen negieren, um kohärenterweise an der theistischen These festhalten zu können.

Die Irrtums- und Fehlertheorie

Die Irrtums- und Fehlertheorie ist Descartes' Antwort auf den Irrtumseinwand (A38). Sie begründet, warum die Prämisse (3) des Irrtumseinwands falsch ist, und wird von Descartes in drei Schritten entwickelt. Erstens behauptet Descartes, dass nicht Gott, sondern er selbst die Ursache seiner Irrtümer ist – auch wenn Gott ihn geschaffen hat. Es handelt sich um *seine* Fehler. Denn *zweitens* entstünden seine Irrtümer aufgrund des falschen Gebrauchs seiner kognitiven Fähigkeiten. Für den Gebrauch seiner Fähigkeiten ist er aber selbst verantwortlich. *Drittens* nämlich gibt es ein Ungleichgewicht zwischen der kognitiven Entschlussfreiheit und dem Erkenntnisvermögen, so dass er willentlich Sätze bejahen oder verneinen kann, ohne diese als wahr bzw. als falsch erkannt zu haben. Und genau hierin besteht der fehlerhafte Gebrauch, so Descartes.

Gehen wir diese Argumentation Schritt für Schritt durch: Im ersten Teilschritt stellt Descartes in Bezug auf seine Denk- und Urteilsakte fest, dass der Grund seiner Irrtümer »in der Tätigkeit, soweit sie von mir ausgeht, nicht aber in dem Vermögen selbst, das ich von Gott empfing, und auch nicht in der Tätigkeit, soweit sie von Gott abhängt«, liegt (AT VII, 60; VM 153). Damit lokalisiert er die Ursache seiner Fehler im fehlerhaften Gebrauch seiner kognitiven Fertigkeiten, A39:

1) Gott ist die Ursache dafür, dass ich über gewisse, offenbar begrenzte Erkenntnisfähigkeiten verfüge.
2) Nicht Gott, sondern ich selbst bin die Ursache dafür, dass und wie ich von meinen Erkenntnisfähigkeiten Gebrauch mache.
3) Irrtum entsteht durch falschen Gebrauch meiner Erkenntnisfähigkeiten.
4) Wenn (i) Ereignisse der Art F in einem bestimmten Gebrauch von Gegenständen der Art G bestehen und wenn zwar (ii) das Wesen P die Ursache dafür ist, dass es G-Gegenstände gibt, aber (iii) das Wesen Q und nicht das Wesen P die Ursache für den Gebrauch von G-Gegenständen ist, dann gilt gerade nicht, dass P die Ursache für F-Phänomene ist, falls es solche gibt.

---

5) Also: Es ist nicht der Fall, dass mein Schöpfer, falls ich mich irre, die Ursache meines Irrtums ist (CONTRA 38.3).

Das allgemeine Prinzip in Prämisse (4) ist leicht zu durchschauen, indem man sich ein geeignetes Beispiel vor Augen führt: Ein Schmied etwa, der Sägen, Hämmer und Nägel herstellt, ist nicht dafür verantwortlich, dass der Zimmermann mit diesem Werkzeug einen schiefen Dachstuhl zimmert oder der Tischler einen Stuhl tischlert, der wackelt.

Im zweiten Schritt begründet Descartes die Prämisse (3) des obigen Arguments, der zufolge Irrtum durch den falschen Gebrauch seiner kognitiven Fähigkeiten entsteht. So stellt er fest, dass diese Irrtümer »durch das Zusammenwirken zweier Ursachen bedingt sind; nämlich durch das Erkenntnisvermögen in mir und durch das Vermögen zu wählen oder die Freiheit der Willkür: d.h. durch den Verstand und den Willen zusammen« (AT VII, 56; VM 145). Descartes setzt hier voraus, dass Urteile Entscheidungen oder Entschlüsse sind, und zwar genau genommen Entschlüsse, einen Satz zu akzeptieren. Gerade in diesem Punkt unterscheiden sich Überzeugungen von Sinneseindrücken, die (sieht man vom kategorialen Rahmen ab, in dem sie konzeptualisiert werden) willensunabhängig sind: Uns erscheint der ins Wasser gesenkte Stab krumm – unabhängig davon, ob wir wollen oder nicht; ob wir ihn indessen tatsächlich für krumm *halten*, obliegt, so muss Descartes verstanden werden, unserem Entschluss, unserem Urteil. Descartes fährt fort:

> »Woraus also entstehen meine Irrtümer? Offenbar nur daraus, daß der Wille sich weiter erstreckt als mein Verstand und daß ich ihn nicht auf dessen Reichweite einschränke, sondern auch auf das Nichterkannte ausdehne. Da er sich gegen dieses indifferent verhält, weicht er leicht vom Wahren und Guten ab, und so irre ich, so sündige ich auch.« (AT VII, 58; VM 151)

Derartige Fehler hält Descartes jedoch für vermeidbar:

> »Wenn ich nun nicht klar und deutlich genug [erfasse], was wahr ist, und mich des Urteils enthalte, so handle ich offenbar recht und bin vor Irrtum bewahrt.«
>
> (AT VII, 59; VM 153)

Der falsche Gebrauch seiner Erkenntnisfähigkeiten besteht demnach in voreiliger Zustimmung zu dem, was er noch nicht zweifelsfrei erkannt hat, A40:

1) Ich irre mich hinsichtlich eines Satzes p genau dann, wenn ich p als wahr akzeptiere, obwohl ich p nicht als wahr erkenne.
2) Ich muss keinen Satz, den ich nicht als wahr erkenne, akzeptieren.
3) Dass ich einen Satz p nicht als wahr erkenne, ist selbst erkennbar.
4) Wenn ich (i) hinsichtlich des Gegenstands x genau dann einen bestimmten Fehler mache, falls ich mit x die Handlung H ausführe, obwohl x die Eigenschaft F besitzt, ich (ii) mit keinem F-Gegenstand die Handlung H ausführen muss und (iii) ich erkennen kann, dass Fx, dann entsteht dieser bestimmte Fehler durch falschen Gebrauch meiner (kognitiven) Fähigkeiten.

---

5) Also: Irrtum entsteht durch falschen Gebrauch meiner Erkenntnisfähigkeiten (PRO 39.3).

Die Prämissen (2) und (3) sind in diesem Fall erforderlich, damit dass allgemeine Prinzip (4) plausibel wird. Machen wir uns das abermals an einem Beispiel klar: Ein Tischler etwa begeht einen Fehler, wenn er als viertes Bein ein zu kurzes Kantholz an einen Stuhl anbringt. Dabei handelt es sich aber nur dann um einen Fehler, den der Tischler selbst, aufgrund falschen Gebrauchs seiner Fertigkeiten, zu verantworten hat, wenn er auch tatsächlich erkennen kann, dass es sich um ein zu kurzes Kantholz handelt, und er nicht dazu gezwungen ist, dieses unpassende Stück

Holz zu verarbeiten. Lagen ihm etwa keine Informationen über den Stuhl vor, für den er ein neues Bein anfertigen sollte, oder war die Verwendung des zu kurzen Kantholzes alternativlos, weil sein Lager leer war und die Zeit drängte, begeht der Tischler seinen Fehler nicht infolge des falschen Gebrauchs seiner Tischlerfähigkeiten. Ferner akzeptiert Descartes die Prämisse (3), denn darin, dass ich einen Satz klar und deutlich zu erfassen meine oder nicht, kann ich mich nach Voraussetzung Descartes' nicht irren.[32] Mit der Wahrheitsregel folgt dann aber, dass ich auch zweifelsfrei erkenne, ob ich einen Satz erkannt habe oder nicht. Die ersten zwei Prämissen dieses Arguments werden schließlich im dritten Teilschritt der Irrtums- und Fehlertheorie begründet, dem wir uns jetzt zuwenden.

Descartes hält es für begründungsbedürftig, dass all unsere Irrtümer und Fehler (denn darauf läuft die obige Prämisse (1) hinaus) auf voreilige Zustimmung zurückzuführen sind. Im dritten Teilschritt der Argumentation rechtfertigt er diese Prämisse mit Verweis auf eine Besonderheit unseres kognitiven Apparats. Es besteht nämlich, so Descartes, ein Ungleichgewicht zwischen kognitiver Entschlussfreiheit und Erkenntnisvermögen, so dass man willentlich Sätze akzeptieren kann, ohne diese als wahr bzw. als falsch erkannt zu haben. Dieses Ungleichgewicht resultiert unter anderem daraus, dass die Freiheit, bzw. der Wille, »ohne alle Grenzen« und insofern »vollkommen« ist (AT VII, 56 f.; VM 147). Der Wille

> »[...] besteht nämlich nur darin, daß wir dasselbe tun oder auch nicht tun (d.h. bejahen oder verneinen, erstreben oder meiden) können, oder vielmehr, daß wir uns von keiner äußeren Macht dazu gezwungen fühlen, zu bejahen oder zu verneinen, zu erstreben oder zu meiden, was uns der Verstand vorhält.«
>
> (AT VII, 57; VM 149)

32 Vgl. hierzu die Diskussion der Wahrheitsregel, hier S. 114 f.

Begreifen wir aber überhaupt, was Descartes hier sagen will? Oder bleibt diese Vollkommenheitsthese, wie Williams behauptet (Williams 2005, S. 159), letztlich unverständlich? Inwieweit kann man in Bezug auf Urteile und Überzeugungen überhaupt von Willensentscheidungen sprechen? Und was heißt es genau, dass eine solche Entscheidung frei ist? Ich schlage vor, Descartes hier folgendermaßen zu verstehen:

– Erwäge ich einen Satz, so gibt es keinen äußeren Zwang, der meinen Entschluss (bzw. die private Handlung), den Satz als wahr zu akzeptieren oder nicht zu akzeptieren, beeinflusst.

In einem einflussreichen Aufsatz ist Bernard Williams der Frage nachgegangen, ob wir uns tatsächlich dazu *entscheiden* könnten, etwas zu glauben (Williams 1978). Seine Antwort fällt negativ aus. Denn Überzeugungen seien aus begrifflichen Gründen an der Wahrheit orientiert, und diese stehe nun einmal nicht zur Disposition desjenigen, der sich für eine Überzeugung zu entscheiden gedenke.

In unserer Interpretation steht Descartes' Vollkommenheitsthese hierzu nicht im Widerspruch. Sie lässt nämlich offen, ob es womöglich innere Zwänge, etwa gute Argumente, dafür gibt, einen Satz als wahr oder als falsch zu akzeptieren. Die so verstandene Vollkommenheitsthese ist aber nicht nur verständlich und plausibel – sondern sogar notwendigerweise wahr, wie folgende transzendentale Überlegung zeigt: Meine Entschlussfreiheit in Bezug auf die Akzeptanz von Sätzen kann nämlich gar nicht beschränkt sein, solange ich mich als vernünftige Person verstehe. Betrachten wir zunächst eine Analogie: Meine körperliche Bewegungsfreiheit als Fußgänger ist durch allerlei äußere Umstände (Zäune, Gräben, Autobahnen, das Gravitationsfeld der Erde) beschränkt. Angenommen es gäbe ähnliche äußere Beschränkungen bei der Überzeugungsbildung – etwa derart, dass ich einer gerade erwogenen Überzeugung niemals zustimmte, falls im Moment des Erwägens ein Vogel durch mein Blickfeld flöge, oder dass ich Sätze für wahr halten, wenn ich sie nur häufig genug hören würde –, angenommen also es gäbe einen solchen äußeren Zwang, dann könnte von *vernünftiger Meinungsbildung* nicht mehr die Rede sein. Im Zustand vernünftiger Meinungsbildung gilt daher: Meine Entschlussfreiheit in Bezug auf Meinungsbildung ist vollkommen. Wir kommen damit abermals auf die grundlegenden Voraussetzungen der *Meditationes* zu sprechen. Descartes muss in seinem Projekt annehmen, dass er korrekt schlussfolgern kann, dass er ein zuverlässiges Gedächtnis besitzt, dass er über sich selbst und seine Gedanken sprechen kann (aus der Perspektive der höherstufigen Reflexion) und dass er, wie wir soeben gesehen haben, eine vernünftige Person mit intakten kognitiven Fähigkeiten ist – eine Person, die sich also insbesondere auf vernünftige Weise ihre Meinungen bildet. Die Vollkommenheitsthese bringt einzig diese elementare Voraussetzung zum Ausdruck.

Einerseits ist also die Entschlussfreiheit unbegrenzt und im erläuterten Sinne vollkommen. *Andererseits* handelt es sich hierbei auch um die einzige seiner Eigenschaften, so Descartes, die derart vollkommen ist. »Mein Erkenntnisvermögen z.B. erkenne ich auf Anhieb als äußerst gering und eng begrenzt« (AT VII, 57; VM 147). Darin besteht das oben erwähnte Ungleichgewicht zwischen Entschlussfreiheit und Erkenntnisvermögen. Aus dieser strengen Zweiteilung bzw. Dichotomie folgt aber noch nicht, dass meine Irrtümer deshalb entstehen, weil ich Sätzen zustimme, ohne sie erkannt zu haben – sprich: weil ich meine kognitiven Fähigkeiten falsch gebrauche. Es folgt nur, dass so etwas vorkommen *kann*. Die Dichotomie liefert eine mögliche Erklärung für meine Irrtümer und Fehler. Erst dann, wenn man annimmt, dass diese *mögliche* Erklärung für unser gelegentliches Irren auch dessen *beste* Erklärung darstellt, wird – zumindest induktiv – begründet, warum mein Irren in voreiliger Zustimmung besteht, A41:

1) Die Fähigkeit, frei zu entscheiden, besitze ich in größtmöglichem Ausmaße (vollkommene Freiheit).
2) Wenn ich die Fähigkeit, frei zu entscheiden, in größtmöglichem Maße besitze, dann gibt es keinen äußeren Zwang, der meine Akzeptanz oder Ablehnung eines erwogenen Satzes beeinflusst.

---

3) Also (aus 1,2): Es gibt keinen äußeren Zwang, der meine Akzeptanz oder Ablehnung eines erwogenen Satzes beeinflusst.
4) Wenn ich einen Satz nicht als wahr oder falsch erkenne, so gibt es keinen inneren Zwang, der meine Akzeptanz oder Ablehnung dieses erwogenen Satzes beeinflusst.
5) Ohne inneren und äußeren Zwang kann ich mich entscheiden, ob ich einen Satz als wahr akzeptiere.
6) Es gibt zahlreiche Sätze, die ich nicht als wahr oder falsch erkennen kann.

---

7) Also (aus 3–6): Es gibt zahlreiche Sätze, die ich als wahr akzeptieren kann, obzwar ich sie nicht als wahr oder falsch erkennen kann.
8) Ich irre mich gelegentlich; und dies bedarf einer Erklärung.
9) Die beste Erklärung dafür, dass ich mich gelegentlich irre, besteht, falls es zahlreiche Sätze gibt, die ich als wahr akzeptieren kann, ohne sie als wahr zu erkennen, darin: Ich irre mich hinsichtlich eines Satzes p genau dann, wenn ich p als wahr akzeptiere, obwohl ich p nicht als wahr erkenne.
10) Ist die Annahme q die beste Erklärung einer erklärungsbedürftigen Tatsache, dann ist q wahr (Prinzip des Schlusses auf die beste Erklärung).

---

11) Also (aus 7–10): Ich irre mich hinsichtlich eines Satzes p genau dann, wenn ich p als wahr akzeptiere, obwohl ich p nicht als wahr erkenne (PRO 40.1).

Das Ungleichgewicht zwischen Wille und Verstand, auf dem Descartes' Fehlertheorie aufbaut, kommt in (1) und (6) zum Ausdruck. Weiterhin macht das Argument mit Prämisse (10) von einem induktiven Schlussprinzip Gebrauch. Ob es den Beweisstandards der *Meditationes* genügt, ist daher zweifelhaft.[33] Ohne sie definitiv zu begründen, kann es die Prämisse (40.1), seine Konklusion, aber zumindest plausibilisieren.

Eine weitere Prämisse des Arguments (A 40) wird ebenfalls von der Vollkommenheitsthese gestützt: Dass ich mich nämlich jederzeit, sofern ich einen Satz noch nicht als wahr erkannt habe, der Zustimmung enthalten kann (40.2), folgt analog zum ersten Teil des obigen Arguments, A 42:

1) Die Fähigkeit, frei zu entscheiden, besitze ich in größtmöglichem Ausmaße (vollkommene Freiheit).
2) Wenn ich die Fähigkeit, frei zu entscheiden, in größtmöglichem Maße besitze, dann gibt es keinen äußeren Zwang, der meine Akzeptanz oder Ablehnung eines erwogenen Satzes beeinflusst.

---

3) Also (aus 1,2): Es gibt keinen äußeren Zwang, der meine Akzeptanz oder Ablehnung eines erwogenen Satzes beeinflusst.
4) Wenn ich einen Satz nicht als wahr oder falsch erkenne, so gibt es keinen inneren Zwang, der meine Akzeptanz oder Ablehnung eines erwogenen Satzes beeinflusst.
5) Ohne inneren und äußeren Zwang muss ich keinen Satz akzeptieren.

---

33 Vgl. die Diskussion des Arguments (A 26), hier S. 120.

6) Also (aus 3–5): Ich muss keinen Satz, den ich nicht als wahr erkenne, akzeptieren (PRO 40.2).

Argumentkarte 11 fasst zusammen, wie Descartes mit der Irrtums- und Fehlertheorie (gepunktet umrandet) eine komplexe Argumentation entwickelt, die den Irrtumseinwand (A 38) entkräftet.

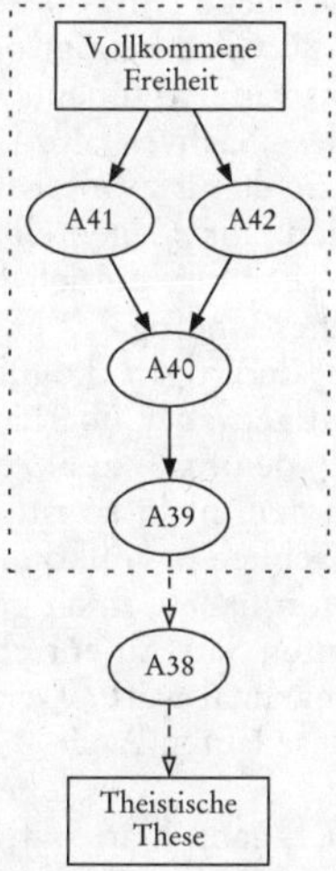

Argumentkarte 11

Der Cartesische Freiheitsbegriff

Die Behauptung, unsere Entschlussfreiheit sei vollkommen, bildet einen Eckstein der Cartesischen Irrtums- und Fehlertheorie. Gegen diese These (zumindest gegen jede ihrer Paraphrasen, die vom Freiheitsbegriff Gebrauch macht) spricht aber folgende Überlegung: Manchmal »zwingt« uns unser Verstand, einen Sachverhalt zu akzeptieren. Ein solcher Zwang des klaren und deutlichen Erfassens wird beispielsweise durch die Wahrheitsregel ausgeübt. So habe ich offenbar keine freie Wahl, wenn ich zum Beispiel sorgfältig erwäge, ob die Diagonale ein Rechteck in zwei Dreiecke teilt, ob die Innenwinkelsumme eines Dreiecks 180 Grad beträgt oder ob aus den Prämissen eines deduktiven Arguments dessen Konklusion folgt. Ich meine, diese Sachverhalte klar und deutlich zu erfassen, und habe sie damit zweifelsfrei erkannt – würde ich mich entscheiden, ihr Gegenteil zu akzeptieren, so hätte ich eine Überzeugung, die ich für falsch hielt, und das ist ein begriffliches Unding.

Kann im Lichte derartigen kognitiven Zwangs und mangelnder Alternativen aber überhaupt noch von einer freien Entscheidung, den Satz zu akzeptieren, gesprochen werden? Und wenn dem nicht so ist, ist dann meine Entschlussfreiheit tatsächlich »vollkommen«? Müsste ich nicht auch die Option haben, mich gegen einen zweifelsfrei als wahr erkannten Satz zu entscheiden, damit meine Entschlussfreiheit maximal wäre? Der Einwand gegen die Vollkommenheitsthese lautet, A43:

1) Jeder Satz, den ich ganz klar und deutlich zu erfassen meine, ist wahr (und gewiss) (propositionale Variante der Wahrheitsregel).
2) Sätze, die gewiss wahr sind, kann ich nicht nicht akzeptieren.
3) Es gibt Sätze, die ich ganz klar und deutlich zu erfassen meine.

---

4) Also (aus 1–3): Es gibt Sätze, die ich akzeptieren muss.
5) Gibt es Sätze, die ich akzeptieren muss, so gibt es alternativlose (Zustimmungs-)Entschlüsse.

6) Ich besitze die Fähigkeit, frei zu entscheiden, nur dann in größtmöglichen Ausmaße, wenn es zu jedem meiner Entschlüsse echte Alternativen gibt.

---

7) Also (aus 4–6): Die Fähigkeit, frei zu entscheiden, besitze ich nicht in größtmöglichem Ausmaße (CONTRA vollkommene Freiheit).

Diesen Einwand scheint Descartes vor Augen zu haben, wenn er, unmittelbar nachdem er die Vollkommenheitsthese aufgestellt hat, ausführt:

> »Um frei zu sein, brauche ich [...] keineswegs nach beiden Seiten in gleicher Weise hinzuneigen. Im Gegenteil, je mehr ich mich der einen Seite zuneige – sei es nun, weil ich eine evident begründete Einsicht in das Wahre und Gute der Sache habe oder weil Gott in meinem Innersten mein Denken so lenkt –, um so freier wähle ich diese Seite. Weder die göttliche Gnade noch die natürliche Erkenntis [sic!] schwächen je meine Freiheit, sondern mehren und stärken sie vielmehr. Jene Indifferenz aber, die ich erfahre, wenn kein Grund mich mehr nach der einen Seite hintreibt als nach der andern, ist die niedrigste Stufe der Freiheit; sie zeugt nicht für vollkommene Freiheit, sondern lediglich für einen Mangel im Erkennen, d.h. eine Negation. Sähe ich immer klar, was wahr und gut ist, ich würde niemals schwanken, wie ich zu urteilen oder zu wählen habe. So könnte ich völlig frei, aber niemals indifferent sein.«
>
> (AT VII, 57f.; VM 149)

Legen wir uns, zwecks Verdeutlichung, einmal folgende Frage vor: Wird dieses Land in, sagen wir, zwanzig Jahren von einer Frau regiert? Es gibt hier keine triftigen Gründe, diese Frage zu bejahen oder zu verneinen. Wir sind absolut indifferent. Würden wir uns aber entschließen, die ein oder andere Antwort zu geben, so liegt, sagt Descartes, in diesem Fall der niedrigste Grad von Entscheidungsfreiheit vor. Fragen wir uns demgegenüber, ob 17 eine Primzahl ist, so haben wir ziemlich gute, sogar zwingende Gründe, die Frage zu bejahen. Wir sind alles andere als indifferent. Sich unter solchen Bedingungen zu entschließen, einem Satz zuzustimmen, stellt für Descartes die höchste Form von Entschlussfreiheit dar. Um den Freiheitsbegriff, auf den er sich damit festgelegt hat, zu artikulieren, werfen wir einen kurzen Blick in die Willensfreiheitsdebatte.

In jener Debatte stehen verschiedene Konzeptionen von Freiheit zur Diskussion: Man kann dabei zwei Arten von Willensfreiheit einander gegenüberstellen, nämlich den »bedingt freien Willen« und den »unbedingt freien Willen«.[34] Dabei gilt der Wille einer Person (etwas zu tun) genau dann als *unbedingt* frei, wenn sie sich unter genau den gleichen (inneren und äußeren) Umständen auch anders hätte entscheiden können. Der Wille einer Person ist also unbedingt frei, wenn ihr tatsächlich auch andere Optionen und Alternativen offen standen, und wäre in diesem Sinne unfrei, falls die Entscheidung alternativlos war. Genau das – Alternativlosigkeit – steht der bedingten Freiheit jedoch nicht entgegen. Der Wille einer Person ist nämlich genau dann *bedingt* frei, wenn sich die Person, *falls* sie andere Überlegungen angestellt, andere Gründe gefunden oder andere Wünsche gehabt hätte, auch anders hätte entscheiden können. Ein bedingt freier Wille zeichnet sich dadurch aus, dass eine Person diesen Willen aufgrund *ihrer* Gründe ausgebildet hat; Unfreiheit entsteht hier zum Beispiel dann, wenn äußerer Zwang, unkontrollierte Affekte oder zwanghaftes Verhalten den Einfluss

34 Diese Terminologie, in der ich Bieri folge (Bieri 2003), sollte man allerdings nicht blindlings übernehmen. Der unbedingt freie Wille ist nicht schon *qua definitionem* ein gänzlich zufälliger und von gar nichts abhängiger Wille. Eine erhellende Diskussion dieses Zusammenhangs findet sich in: Keil (2007, S. 103ff.).

von Gründen auf einen Entschluss minimieren, wenn nicht gar ausschalten. Unbedingte Willensfreiheit kann es in einer deterministischen Welt nicht geben. Bedingte Willensfreiheit hingegen ist mit dem Determinismus vereinbar. Die Auffassung, dass unser (alltäglicher, moralisch relevanter) Freiheitsbegriff am besten durch den Begriff bedingter Willensfreiheit expliziert wird und dementsprechend mindestens verträglich mit dem Determinismus ist, wird in der Willensfreiheitsdebatte als »Kompatibilismus« bezeichnet. Die inkompatibilistische Gegenposition bestreitet dies und versucht zu begründen, dass unser Freiheitsverständnis letztlich auf einen unbedingt freien Willen abzielt.

Wie fügen sich Descartes' Ansichten in dieses Bild? Erstens identifiziert er die Abwesenheit gefühlten äußeren Zwangs als Freiheitsmerkmal, zweitens betrachtet er die argumentative Indifferenz und die Abwesenheit von Gründen als Freiheitsmangel, drittens schließlich bezeichnet er einen alternativlosen Entschluss nicht automatisch als unfrei. Damit scheint er, zumindest in den *Meditationes*, den Begriff bedingter Willensfreiheit zugrunde zu legen.[35] Bieri bringt diesen Begriff – für unsere Zwecke besonders treffend – so auf den Punkt: »Ich überlege, also bin ich frei« (Bieri 2003, S. 182). Damit ist auch klar, wie Descartes' Entgegnung auf den Angriff (A 43) gegen seine Vollkommenheitsthese lautet: Er lehnt dessen Prämisse (43.6) ab. Denn echte Alternativen zu besitzen ist nur für Entschlussfreiheit im Sinne unbedingter Freiheit, nicht aber für bedingte Entscheidungsfreiheit erforderlich.

35 Inwiefern diesbezüglich eine gewisse Spannung zwischen den *Meditationes* und den *Principia* besteht, erörtern etwa Newman (2008); Carriero (2009, S. 261).

Der Einwand aus den unvollkommenen Werken

Mit der Irrtums- und Fehlertheorie entkräftet Descartes erfolgreich den ersten Einwand der vierten Meditation: Dass ich mich gelegentlich irre und Fehler begehe, heißt noch lange nicht, dass Gott mich täuscht und ein Schwindler ist. Ich selbst bin vielmehr für meine Fehler verantwortlich. Es kommt eben darauf an, so Descartes, unsere begrenzten kognitiven Fähigkeiten sorgsam zu gebrauchen. Damit setzt seine Antwort aber voraus, was ohnehin unstrittig sein sollte: dass wir nämlich begrenzte und von daher unvollkommene Erkenntnisfähigkeiten besitzen, und dass Gott, insofern wir seine Geschöpfe sind, die Ursache für diese ist.

> »Doch meine ich, Gott hätte es wohl leicht so einrichten können, daß ich niemals irrte und dabei doch frei und von beschränkter Erkenntnis bliebe. Er hätte nur meinem Verstand eine klare und deutliche [Erfassung] alles dessen zu geben brauchen, was ich je in Erwägung ziehen könnte; oder er hätte es nur meinem Gedächtnis fest und unauslöschlich einprägen sollen, daß ich nie über etwas ohne klare und deutliche Einsicht urteilen dürfe. Hätte Gott mich so geschaffen, so ist leicht einzusehen, daß ich, als Ganzes genommen, vollkommener wäre, als ich jetzt bin.« (AT VII, 61; VM 155ff.)

Bei dieser offenkundigen, zumal der vorherigen Argumentation zugrunde liegenden Feststellung setzt der zweite Einwand an. Denn

> »wenn ich die Natur Gottes beachte, so scheint es mir unmöglich, daß Gott ein Vermögen in mich gelegt haben sollte, das nicht in seiner Art vollkommen oder das einer ihm gebührenden Eigenschaft beraubt wäre.«
> (AT VII, 55; VM 143)

Dass meine Erkenntnisfähigkeiten, die Fähigkeiten eines Geschöpfs Gottes, begrenzt und unvollkommen sind, scheint mit der Vollkommenheit meines Schöpfers nicht vereinbar zu sein, A44:

1) Gott ist die Ursache dafür, dass ich über bestimmte, offenbar begrenzte Erkenntnisfähigkeiten verfüge (vgl. 39.1, hier S. 175).
2) Dass ich über begrenzte Erkenntnisfähigkeiten verfüge, bedeutet, dass ich ein mangelhaftes, unvollkommenes Wesen bin.

---

3) Also (aus 1,2): Gott ist die Ursache dafür, dass ich mangelhaft und unvollkommen bin.
4) Die Werke eines vollkommenen Wesens sind selbst vollkommen.

---

5) Also (aus 3,4): Es ist falsch, dass es Gott gibt und er vollkommen ist (CONTRA theistische These).

Descartes deutet an, dass es scheinbar gute Gründe dafür gibt, anzunehmen, dass die Werke eines vollkommenen Wesens selbst wiederum vollkommen sind.

> »Ohne Zweifel hätte mich Gott so schaffen können, daß ich nie irrte; ohne Zweifel auch will er stets nur das Beste. Ist es nun besser, daß ich getäuscht werde, als daß ich nicht getäuscht werde?« (AT VII, 55; VM 143)

Die Prämisse (4) des obigen Arguments wird also gesondert gestützt, A45:

1) Ein vollkommenes Wesen ist allgütig, allwissend und allmächtig.
2) Ein allgütiges Wesen will, dass alles, was es verursacht, vollkommen ist.
3) Ein allmächtiges und allwissendes Wesen, kann herbeiführen, dass all das, was es verursacht, vollkommen ist.
4) Für jedes Wesen P (das wir durch Zuschreibung intentionaler Zustände verstehen können) gilt: Wenn P will,

dass der Sachverhalt p besteht, und wenn P den Sachverhalt p herbeiführen kann, dann führt P den Sachverhalt p herbei.

5) (Wir können jedes vollkommene Wesen durch Zuschreibung intentionaler Zustände verstehen.)

---

6) Also: Die Werke eines vollkommenen Wesens sind selbst vollkommen (PRO 44.4).

In Klammern gesetzt sind die stillschweigenden Voraussetzungen dieser Überlegung. Die Argumente (A44) und (A45) bilden gemeinsam den Einwand aus den unvollkommenen Werken.

Die Vollkommenheit des Ganzen und die Unergründlichkeit Gottes

Um den Einwand aus den unvollkommenen Werken zu entkräften, muss Descartes wenigstens eine der Prämissen des Arguments (A44) ablehnen. Die erste Prämisse lässt sich aber letztlich darauf zurückführen, dass Gott mich geschaffen hat, und kommt deshalb als möglicher Angriffspunkt kaum in Frage. Bleiben die Prämissen (44.2) und (44.4). Mit zwei Gegenargumenten greift Descartes direkt bzw. indirekt die zweite dieser Prämissen an, der zufolge jedes einzelne Werk Gottes vollkommen ist.

Der erste Gegeneinwand richtet sich direkt gegen die Prämisse (44.4). Er besagt,

> »daß man nicht ein einzelnes Geschöpf im besonderen, sondern die Gesamtheit aller Dinge in Betracht ziehen muß, sooft man die Frage untersucht, ob Gottes Werke vollkommen sind. Ein Ding, das vielleicht für sich allein betrachtet mit Recht als sehr unvollkommen erscheinen könnte, ist als in die Welt einbezogener Teil höchst vollkommen.« (AT VII, 55 f.; VM 145)

Nicht auf die einzelnen Werke, sondern allein auf das Gesamtwerk Gottes komme es an. Zwar hätte Gott mich als Ganzes vollkommener erschaffen können:

> »Gleichwohl aber kann ich nicht leugnen, daß das All der Dinge, wenn einige seiner Glieder dem Irrtum ausgesetzt, andere aber frei von ihm sind, eine größere Vollkommenheit besitzt, als wenn alle einander ganz ähnlich wären.« (AT VII, 61; VM 157)

Descartes gesteht also zu, dass Gottes Schöpfung als Ganzes vollkommen ist. Das ist aber, so Descartes, nicht gleichbedeutend damit, dass jedes einzelne Werk Gottes vollkommen ist. Und es ist ein krasser Fehlschluss, von den Eigenschaften eines Ganzen mir nichts dir nichts auf die Eigenschaften jedes seiner Teile zu schließen. Darüber hinaus hält er es sogar für möglich, dass die Unvollkommenheit einiger Teile der Vollkommenheit des Ganzen zuträglich ist. CONTRA Prämisse (44.4) sind nicht alle Werke eines vollkommenen Wesens zwangsläufig selbst vollkommen, A46:

1) Das Gesamtwerk eines vollkommenen Wesens, d. h. die Schöpfung als Ganzes, ist notwendigerweise vollkommen (Vollkommenheit der gesamten Schöpfung).
2) Es ist möglich, dass es für die Vollkommenheit des Gesamtwerks eines vollkommenen Wesens erforderlich ist, dass einzelne Teile für sich genommen unvollkommen sind.

---

3) Also: Es ist falsch, dass die Werke eines vollkommenen Wesens selbst zwangsläufig vollkommen sind (CONTRA 44.4).

Bei diesem ersten Entkräftungsversuch handelt es sich um eine äußerst einsichtige und plausible Überlegung.

Den zweiten Gegeneinwand leitet Descartes ein, indem er bemerkt, es sei

> »gar nicht erstaunlich, wenn Gott etwas tut, dessen Ursachen ich nicht einsehe. [...] Ich weiß ja, daß meine Natur sehr schwach und beschränkt ist, diejenige Gottes aber unermeßlich, unfaßbar, unendlich. Darum weiß ich auch, daß er Unzähliges vermag, dessen Ursachen mir unbekannt sind. [...] [Es] wäre verwegen, wenn ich die Absichten Gottes ausforschen zu können meinte.«
> (AT VII, 55; VM 143 ff.)

Später bekräftigt er:

> »Ich habe nämlich keinen Grund, mich darüber zu beklagen, daß Gott mir keine größere Verstandeskraft, keine größere natürliche Einsicht verliehen hat als die gegebene. Denn es liegt im Wesen des endlichen Verstandes, vieles nicht zu erkennen, und im Wesen des geschaffenen Verstandes, endlich zu sein.«
> (AT VII, 60; VM 153)

Gottes Taten seien also unergründlich und wir sollten uns nicht einbilden, diese verstehen zu können. Insbesondere sei es unzulässig, darüber zu spekulieren, welche Eigenschaften Gottes Werke besitzen und warum dies so ist. Diese Überlegung bestreitet die Prämisse (44.4) nicht direkt, sondern nur indirekt, indem deren Begründung (A 45) angegriffen wird, A 47:

1) Ich bin ein unvollkommenes Wesen mit begrenzten kognitiven Fähigkeiten.
2) Ein unvollkommenes Wesen mit begrenzten kognitiven Fähigkeiten kann nichts über die Absichten, Motive und Taten eines vollkommenen Wesens wissen.

---

3) Also (aus 1,2): Ich kann nichts über die Absichten, Motive und Taten eines vollkommenen Wesens wissen.
4) Wenn man nichts über die Absichten, Motive und Taten eines Wesens P wissen kann, dann kann man P

nicht durch die Zuschreibung intentionaler Zustände verstehen.

---

5) Also (aus 3,4): Vollkommene Wesen kann ich nicht durch Zuschreibung intentionaler Zustände verstehen (CONTRA 45.5).

Zieht sich Descartes auf diese agnostische, d.h. sich eines Urteils enthaltende Position zurück, entledigt er sich in der Tat erfolgreich des Einwands aus den unvollkommenen Werken. Allerdings, und das scheint er gänzlich zu übersehen, hat diese Position weitreichende Folgen, die sein gesamtes Projekt zu Fall bringen. Erinnern wir uns: Der Nachweis, dass Gott existiert und vollkommen ist, hat in den *Meditationes* primär eine erkenntnistheoretische, epistemologische Funktion, nämlich die Wahrheitsregel zu begründen. In dieser Begründung folgerte Descartes, dass ein absolut vollkommenes Wesen uns täuschen und mithin anschwindeln würde, wenn wir uns selbst in dem irrten, was wir klar und deutlich zu erfassen meinten (vgl. Prämisse 34.5, hier S. 155). Aber ist hierüber zu urteilen, dem agnostischen Standpunkt zufolge, nicht ebenfalls anmaßend? Was können wir schon über die Absichten und Ziele eines vollkommenen Wesens wissen? Wir sollten nicht darüber spekulieren, aus welchen Gründen uns Gott womöglich gelegentlich täuscht, und schon gar nicht dürfen wir ihm böswillige Absichten unterstellen. Wären Gottes Taten tatsächlich unergründlich, könnte Descartes die Wahrheitsregel gar nicht durch einen Gottesbeweis rechtfertigen, und das Projekt der *Meditationes* wäre gescheitert, A 48:

1) Vollkommene Wesen kann ich nicht durch Zuschreibung intentionaler Zustände verstehen (vgl. 47.5).
2) Es gibt Gott und er ist vollkommen.

---

3) Also (aus 1,2): Gott kann ich nicht durch Zuschreibung intentionaler Zustände verstehen.

4) Der Satz »Wenn mich Gott (gelegentlich) in dem, was ich ganz klar und deutlich einzusehen meine, täuschte, dann wäre Gott ein Schwindler« setzt implizit voraus, dass ich Gott durch Zuschreibung intentionaler Zustände verstehen kann.

---

5) Also (aus 3,4): Es gilt nicht, dass Gott ein Schwindler wäre, falls ich mich Gott (gelegentlich) in dem, was ich ganz klar und deutlich einzusehen meine, täuschte (CONTRA 34.5).

Infolgedessen kann sich Descartes keinesfalls, um den Einwand aus den unvollkommenen Werken zu entschärfen, auf diesen agnostischen Standpunkt zurückziehen. Das einzige gute Gegenargument, das er also in der Hand hält, ist sein erster Gegeneinwand, die Teil-Ganzes-Überlegung (A46).

Glückselige Täuschung, Wahrheit und das gute Leben

Descartes' zweiter Gegeneinwand, so sahen wir, richtet sich mittels (A48) gegen seine eigene Argumentation, indem er die entscheidende Prämisse angreift, dass Gott ein Schwindler wäre, falls wir uns selbst hinsichtlich der scheinbar klarsten und deutlichsten Erkenntnisse irrten (34.5). Bei genauerer Betrachtung scheint währenddessen auch das erste Gegenargument (A46) diese Schlüsselannahme zu untergraben, da es voraussetzt, dass Gott beim Schöpfungsakt die Vollkommenheit der Welt als Ganzes vor Augen hatte (46.1). Denn wenn, wie Descartes ja zugesteht, gelegentlicher Irrtum und unsere prinzipielle Irrtumsmöglichkeit zur Vollkommenheit der Schöpfung beitragen, dann könnte doch auch der Sachverhalt, dass ich mich *systematisch* täusche, bloß ein notwendiges Übel sein. In seinem vorletzten Einwand hat Hobbes Descartes auf diese Möglichkeit – vergebens – aufmerksam gemacht:

> »›Es ist allgemeine Meinung, daß Ärzte, die die Kranken aus der Ursache heraus betrügen, ihre Heilung zu fördern, keine Verfehlung begehen, und ebensowenig Väter, die ihre Söhne zu ihrem eigenen Guten täuschen.‹«
>
> (AT VII, 195; EE 202)

Vielleicht bin ich also ein Kranker, den Gott um seines eigenen Wohlergehens willen schont. Vielleicht macht erst mein totaler Irrtum aus der gesamten Schöpfung die ›beste aller möglichen Welten‹. Wir haben hier letztlich eine neue skeptische Hypothese, allein diesmal eine theistische (Gottes Existenz annehmende) vor uns. Wiederum wird ein lebenswichtiges Organ der *Meditationes* getroffen, A 49:

1) Das Gesamtwerk eines vollkommenen Wesens, d. h. die Schöpfung als Ganzes, ist notwendigerweise vollkommen (Vollkommenheit der gesamten Schöpfung).
2) Gott existiert und ist vollkommen.

---

3) Also (aus 1,2): Gottes Schöpfung als Ganzes ist notwendigerweise vollkommen.
4) Es ist nicht ausgeschlossen, dass Gottes Schöpfung nur dann vollkommen ist, wenn er mich so schafft, dass ich mich systematisch hinsichtlich aller meiner Überzeugungen irre (skeptisches Szenario des notwendigen Übels).
5) Schafft ein Wesen ein vollkommenes Gesamtwerk und muss es dazu H tun, dann beruht H weder auf einer Unvollkommenheit noch auf einem Mangel.

---

6) Also (aus 3–5): Meine Erschaffung durch Gott als ein Wesen, das sich systematisch hinsichtlich aller seiner

Überzeugungen irrt, beruht vielleicht weder auf einer Unvollkommenheit noch auf einem Mangel.

7) Jede Form von schwindlerischer Handlung oder Betrug beruht auf einem Mangel (vgl. 34.3, hier S. 155).

---

8) Also (aus 6,7): Meine Erschaffung durch Gott als ein Wesen, das sich systematisch hinsichtlich aller seiner Überzeugungen irrt, stellt vielleicht weder Betrug noch Schwindel dar.

9) Irre ich mich systematisch hinsichtlich aller meiner Überzeugungen, so auch (gelegentlich) in Bezug auf jene, die ich ganz klar und deutlich zu erfassen meine.

---

10) Also (aus 8,9): Es gilt nicht, dass Gott, falls er mich (gelegentlich) in dem, was ich ganz klar und deutlich einzusehen meine, täuscht, zwangsläufig ein Schwindler ist (CONTRA 34.5).

Will Descartes dieser Überlegung etwas entgegensetzen, so bleibt ihm einzig übrig, die Prämisse (4) abzulehnen und das skeptische Szenario des notwendigen Übels auszuschließen. Um zu begründen, dass die Welt als Ganzes unmöglich vollkommen ist, falls sich der Mensch grundlegend und total irrt, könnte Descartes mit zwei Prioritätsthesen operieren. Die erste dieser Thesen behauptet die Priorität des Menschen: Der Mensch ist die Krone der Schöpfung. Ist sein Leben unvollkommen, so auch die gesamte Schöpfung. Die zweite dieser Thesen behauptet eine Priorität der Erkenntnis: Es ist das primäre sinnstiftende Ziel menschlichen Daseins, sich ein zutreffendes Bild von der Welt und seiner Stellung in ihr zu machen. Bliebe uns die Annäherung an dieses Ziel grundsätzlich verweigert, könnte von einem guten Leben nicht mehr die Rede sein. Bezeichnenderweise identifiziert Bernard Williams letzteres als eine der Kernüberzeugung Descartes': »[…] das Streben nach Wissen ist nicht bloß ein willkürliches Ziel, dem er sich verschrieben hat, sondern sein eigentlicher und höchster Zweck [...]« (Williams 2005, S. 132, [Übers. von GB]).

Auf der Basis dieser Thesen könnte die Prämisse (49.4) zurückgewiesen werden, A50:

1) Der Mensch ist »die Krone« der Schöpfung (erste Prioritätsthese).
2) Die Schöpfung als Ganzes ist nur dann vollkommen, wenn »ihre Krone« nicht gänzlich unvollkommen ist.

---

3) Also (aus 1,2): Wenn die Schöpfung vollkommen ist, so ist der Mensch nicht gänzlich unvollkommen.
4) Der Mensch wäre gänzlich unvollkommen, wenn er eine elementare Gelingensbedingung seines Lebens vollends verfehlte.
5) Eine elementare Gelingensbedingung menschlichen Lebens besteht in der Erkenntnis der von ihm unabhängigen Wirklichkeit, d.h. darin, sich ein korrektes Bild von der Welt und seiner Stellung in ihr zu machen (zweite Prioritätsthese).
6) Täuscht sich der Mensch systematisch hinsichtlich aller seiner Überzeugungen, so verfehlt er das Ziel, die von ihm unabhängige Wirklichkeit zu erkennen, vollends.

---

7) Also (aus 3–6): Wenn die Schöpfung vollkommen ist, dann täuscht sich der Mensch nicht systematisch hinsichtlich fast aller seiner Überzeugungen.
8) Gottes Schöpfung als Ganzes ist notwendigerweise vollkommen.

---

9) Also (aus 7,8): Es ist ausgeschlossen, dass Gottes Schöpfung nur dann vollkommen ist, wenn er mich so schafft, dass ich mich systematisch hinsichtlich aller meiner Überzeugungen irre (CONTRA skeptisches Szenario des notwendigen Übels, 49.4).

Diese Überlegung schließt die Argumentation ab, welche sich auf den Einwand aus den unvollkommenen Werken bezieht (vgl. Argumentkarte 12).

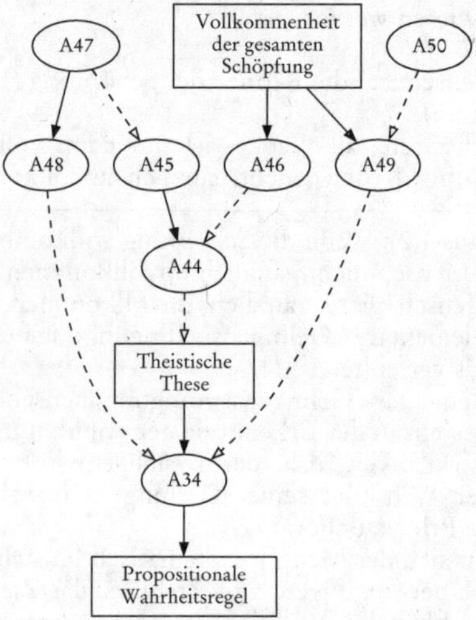

Argumentkarte 12

Wie ist diese Argumentation abschließend zu bewerten? Descartes' zweite Erwiderung (A 47) auf den Einwand aus den unvollkommenen Werken, so sahen wir im vorherigen Abschnitt, hat sich wegen (A 48) schnell als unhaltbar erwiesen. Und die erste Erwiderung (A 46) droht angesichts (A 49) ebenfalls das gesamte Projekt der *Meditationes* zu Fall zu bringen. Nur unter der Annahme der zwei Prioritätsthesen könnte dies – mit (A 50) – verhindert werden. Indessen stellt die erste dieser Thesen eine unbegründete, dogmatische Behauptung dar, die im Kontext der *Meditationes* nicht einfach vorausgesetzt werden kann. Das Argument (A50) ist also unhaltbar. Das bedeutet, dass Descartes keine systematisch überzeugende Antwort auf den Einwand aus den unvollkommenen Werken geben kann.

Fünfte Meditation
Mathematische Erkenntnis und der ontologische Gottesbeweis

Die Gewissheit mathematischer Erkenntnis

Am Ende der vierten Meditation glaubt Descartes, die Existenz eines vollkommenen Gottes und damit die Gültigkeit der Wahrheitsregeln nachgewiesen, sowie die Tatsache erklärt zu haben, dass er sich gelegentlich irrt. Damit scheinen zumindest die Grundsteine gelegt worden zu sein, auf denen Descartes in der fünften und sechsten Meditation seine (wissenschaftlichen) Überzeugungen neu begründen kann.

Eines der Ziele der fünften Meditation besteht darin, die Gewissheit mathematischer Urteile, die ja vom radikalen Zweifel nicht ausgenommen waren (vgl. hier S. 57 ff.), zu sichern. Dieses Beweisziel scheint nun schnell erreicht. Denn Descartes kann dabei auf die propositionale Variante der Wahrheitsregel zurückgreifen: Mathematische Urteile sind deshalb gewiss, weil ich sie klar und deutlich zu erfassen meine. – Erfassen wir zum Beispiel aber tatsächlich klar und deutlich, dass für jede dreiseitige Pyramide, deren in der Spitze zulaufende Kanten dort je einen rechten Winkel bilden, gilt: Das Quadrat ihrer Grundfläche ist gleich der Summe der Quadrate der Seitenflächen? Das ist fragwürdig. Wenn überhaupt, so erfassen wir diesen Satz nicht im gleichen Sinne klar und deutlich, wie etwa unsere Überzeugung, dass durch je zwei Punkte genau eine Gerade verläuft.

Indes muss Descartes aufgrund des axiomatisch-deduktiven Aufbaus der Mathematik auch gar nicht für *jedes* mathematische Theorem behaupten, dass seine

»Wahrheit so offenbar und meiner Natur entsprechend ist, daß ich nichts Neues kennenzulernen meine, wenn ich sie zum erstenmal entdecke. Ich glaube eher, mich nur dessen zu erinnern, was ich längst schon wußte [...].« (AT VII, 63f.; FM 161)

Entscheidend sei allein, so können wir Descartes interpretieren, dass dies von den *Axiomen*, d.h. Ausgangssätzen mathematischer Theorien, gilt – beispielsweise von dem besagten euklidischen Axiom, dass es für je zwei beliebige Punkte eine Gerade gibt, auf der sie liegen. Da die Fähigkeit, korrekt zu schlussfolgern, eine unhinterfragbare Grundannahme der *Meditationes* darstellt, ergibt sich aus der Gewissheit der mathematischen Axiome dann auch die Gewissheit der aus diesen abgeleiteten Theoreme, A51:

1) Ich meine, jedes mathematische Axiom klar und deutlich zu erfassen.
2) Jeder Satz, den ich klar und deutlich zu erfassen meine, ist wahr (und gewiss) (propositionale Variante der Wahrheitsregel).

---

3) Also (aus 1,2): Alle mathematischen Axiome sind wahr und gewiss.
4) Mathematische Theoreme werden deduktiv, ausgehend von mathematischen Axiomen, bewiesen.
5) Sind Sätze P gewiss und wird q deduktiv ausgehend von P bewiesen, dann ist q gewiss (Abgeschlossenheit der Gewissheit hinsichtlich bekannter deduktiver Inferenzen).

---

6) Also (aus 3–5): Mathematische Theoreme sind gewiss (PRO Gewissheit der Mathematik).

Der ontologische Gottesbeweis

Die fünfte Meditation begründet nicht nur die Gewissheit mathematischer Erkenntnis. An dieser Stelle richtet Descartes erneut seinen Blick auf Gott, dessen Existenz er abermals nachweist. Warum trägt er seinen zweiten Gottesbeweis aber erst an dieser späten Stelle vor und nicht etwa im Anschluss an den ideentheoretischen Gottesbeweis der dritten Meditation? Dies wird verständlich, wenn man sich vor Augen hält, dass Descartes diesen zweiten, sogenannten ontologischen Gottesbeweis in Analogie zur Begründung der Gewissheit mathematischer Urteile führt:

> »Sicherlich finde ich die Vorstellung Gottes als des vollkommensten Seienden ganz ebenso bei mir vor wie die Vorstellung irgendeiner Gestalt oder Zahl. Ich erkenne auch ebenso klar und deutlich, daß zu Gottes Natur [gehört, ewig zu existieren][36], wie ich eine Eigentümlichkeit, die ich von einer Figur oder Zahl nachweise, als zum Wesen dieser Figur oder Zahl gehörig erkenne. Wäre also auch nicht alles wahr, was ich in den Meditationen der letzten Tage fand, so müßte die Existenz Gottes doch mindestens denselben Grad von Gewißheit für mich besitzen wie bisher die Wahrheiten der Mathematik.« (AT VII, 65 f., FM 165)

Gottes Existenz ist aus denselben Gründen und in demselben Maße gewiss, wie ein bewiesenes mathematisches Theorem. Kaum verwunderlich ist es also, dass Descartes dieses Argument erst dann für beweiskräftig hält, nachdem er die Gewissheit mathematischer Theoreme ihrerseits begründet hat (Prämisse 5 im folgenden Argument). Orientieren wir uns an dieser Analogieüberlegung, lässt sich der ontologische Gottesbeweis wie folgt rekonstruieren, A 52:

36 Im lateinischen Wortlaut: »[…] ejus naturam pertinere ut semper existat«.

1) Ich besitze die Vorstellung eines vollkommenen Gottes in der gleichen Art und Weise wie ich die Vorstellung eines Dreiecks besitze.
2) Gott als einem vollkommenen Wesen die Eigenschaft, zu existieren, nicht zuzuschreiben, ist in der gleichen Weise widersprüchlich, wie einem Dreieck die Eigenschaft, eine Innenwinkelsumme von 180 Grad zu besitzen, nicht zuzuschreiben.
3) Besitze ich (i) gleichermaßen die Vorstellungen zweier Gegenstände x und x' und ist es (ii) in der gleichen Weise widersprüchlich, x die Eigenschaft F nicht zuzuschreiben, wie es widersprüchlich ist, x' die Eigenschaft F' abzusprechen, so besitzt x genau dann gewiss die Eigenschaft F, wenn x' gewiss F' ist.

---

4) Also (aus 1–3): Gott existiert genau dann (gewiss), wenn die Innenwinkelsumme eines Dreiecks (gewiss) 180 Grad beträgt.
5) Die Innenwinkelsumme eines Dreiecks beträgt 180 Grad.

---

6) Also (aus 4–5): Gott hat die Eigenschaft, zu existieren.
7) Gott ist (per definitionem) vollkommen.

---

8) Also (aus 6,7): Gott hat die Eigenschaften, zu existieren und vollkommen zu sein (PRO theistische These).

Die Schlüsselprämisse in dieser Rekonstruktion ist offenkundig die Prämisse (2). Warum aber glaubt Descartes, er erkenne klar und deutlich, dass es zur Natur Gottes gehöre, zu existieren? Er schreibt:

> »Es liegt ja nicht in meinem Belieben, Gott ohne Existenz (d. h. *das vollkommenste Seiende ohne höchste Vollkommenheit*) zu denken, während es mir freisteht, die bildliche Vorstellung eines Pferdes mit oder ohne Flügel zu bilden.« (AT VII, 67; FM 167 ff.; Hervorhebung GB)

Dieser Gedanke unterstellt, dass, wie Descartes auch explizit sagt, die Existenz bzw. »das Sein« eine Vollkommenheit ist (AT VII, 67; FM 169). Die Prämisse (2) folgt somit aus der einfachen Überlegung, dass man einem als vollkommen charakterisierten Wesen nicht widerspruchsfrei eine Vollkommenheitseigenschaft absprechen kann, A53:

1) Gottes Charakterisierung schließt Vollkommenheit ein.
2) Was vollkommen ist, existiert folglich.

---

3) Also (aus 1,2): Aus der Charakterisierung Gottes folgt, dass Gott existiert.
4) Folgt aus der Charakterisierung von a, dass Fa, so ist es deshalb widersprüchlich, a die Eigenschaft F nicht zuzuschreiben.

---

5) Also (aus 3,4): Gott als einem vollkommenen Wesen die Eigenschaft, zu existieren, nicht zuzuschreiben, ist deshalb widersprüchlich, weil aus der Charakterisierung dessen, was Gott ist, folgt, dass er jene Eigenschaft besitzt.
6) Einem Dreieck die Eigenschaft, eine Innenwinkelsumme von 180 Grad zu besitzen, nicht zuzuschreiben, ist deshalb widersprüchlich, weil aus der Charakterisierung dessen, was ein Dreieck ist, folgt, dass es jene Eigenschaft besitzt.

---

7) Also (aus 5,6): Gott als einem vollkommenen Wesen die Eigenschaft, zu existieren, nicht zuzuschreiben, ist in der gleichen Weise widersprüchlich, wie einem Dreieck die Eigenschaft, eine Innenwinkelsumme von 180 Grad zu besitzen, nicht zuzuschreiben (PRO 52.2).

Rekonstruiert man den ontologischen Gottesbeweis als ein solches Analogieargument, ergibt sich somit eine vergleichsweise umfangreiche Argumentation, allerdings eine

Argumentation, die wesentlich kürzer geführt werden könnte. Denn aus der Prämisse (2), der entsprechend Existieren eine Vollkommenheitseigenschaft ist, folgt natürlich unmittelbar, dass Gott existiert, wenn man, wie in (52.7), voraussetzt, dass er vollkommen ist. Im Wesentlichen benötigt der ontologische Gottesbeweis also nur zwei Prämissen, A54:

1) Gott ist (per definitionem) vollkommen.
2) Was vollkommen ist, existiert folglich (Existieren als Vollkommenheitseigenschaft).

---

3) Also: Gott hat die Eigenschaften, zu existieren und vollkommen zu sein (PRO theistische These).

Diese kompakte Fassung des ontologischen Gottesbeweises setzt keine der bisher rekonstruierten Überlegungen Descartes' voraus. Warum stellt Descartes dieses Argument dann aber erst in der fünften Meditation und nicht viel früher auf? Dieser Umstand erklärt sich nur mit der analytischen Darstellungsweise, die Descartes für die *Meditationes* wählte: Die Argumente werden nicht allein gemäß ihrer jeweiligen Abhängigkeiten und Voraussetzungen, sondern entlang ihres ursprünglichen Entdeckungszusammenhangs entwickelt (vgl. hier S. 12f.).

Der Pegasuseinwand

Den Kerngedanken des ontologischen Gottesbeweises formulierte Descartes so:

> »Es liegt ja nicht in meinem Belieben, Gott ohne Existenz (d.h. das vollkommenste Seiende ohne höchste Vollkommenheit) zu denken, während es mir *freisteht, die bildliche Vorstellung eines Pferdes mit oder ohne Flügel zu bilden.*« (AT VII, 67; FM 167ff.; Hervorhebung GB)

Aber, so kann Descartes darauf entgegnet werden, sich ein *geflügeltes* Pferd ohne Flügel vorzustellen – das wäre sicherlich widersprüchlich; und ebenso: sich ein höchstvollkommenes geflügeltes Pferd als unvollkommen vorzustellen. Liegt es dann aber nicht auch »in der Natur« des höchstvollkommenen geflügelten Pferdes, zu existieren? Der Pegasuseinwand scheint *ad absurdum* zu führen, dass Existenz eine Vollkommenheitseigenschaft ist (54.2), und gehört zu den Standardkritiken des ontologischen Gottesbeweises, A 55:

1) *Was vollkommen ist, existiert folglich* (Annahme um des Arguments willen).
2) Das vollkommene geflügelte Pferd ist vollkommen.

---

3) Also (aus 1,2; hängt ab von 1): Das vollkommene geflügelte Pferd existiert.
4) Geflügelte Pferde existieren nicht.

---

5) Also (mit Annahmewiderlegung aus 1,3,4): Es ist falsch, dass das, was vollkommen ist, folglich existiert (CONTRA Existieren als Vollkommenheitseigenschaft, 54.2).

Um sich gegen den Pegasuseinwand und ähnliche Argumente zu verteidigen, könnte Descartes behaupten, dass es in der angegriffenen Prämisse (54.2) nicht um *relative*, sondern um *absolute* Vollkommenheit, wie sie einzig Gott besitzt, geht. Diese Prämisse würde genau genommen nur besagen, dass alles das, was absolut vollkommen ist, existiert. Pegasus könnte, folgt man dieser Differenzierung, von allen geflügelten Pferden das *relativ* vollkommenste sein. Damit wäre dieses Pferd aber noch lange nicht *absolut* vollkommen – wie einzig Gott dies ist. Wollte man die modifizierte Prämisse (54.2) *ad absurdum* führen, so hätte man vorauszusetzen, dass das absolut höchstvollkommene geflügelte Pferd absolut vollkommen sei. Das »absolut höchstvollkommene geflügelte Pferd«, könnte Descartes dann aber einwenden, sei ein Oxymoron, also ein in sich widersprüchlicher Begriff, und ein absolut höchstvollkommenes geflügeltes Pferd besäße genauso wenig wie ein quadratischer Kreis irgendwelche Eigenschaften notwendigerweise.

Behauptet Descartes mit dieser Präzisierung von (54.2), dass allein absolute, keinesfalls aber relative Vollkommenheit hinreichend sei für Existenz, so heißt das letztlich folgendes: Die Eigenschaft, zu existieren, folgt nicht aus einer einzelnen, einfachen Eigenschaft Gottes. Ebenso wenig folgt die Eigenschaft, zu existieren, aus mehreren seiner Eigenschaften (die nicht bereits alle anderen seiner Eigenschaften einschließen). Erst alle seine Eigenschaften zusammengenommen, die in dieser Kombination einzig Gott besitzt, implizieren seine Existenz.

Aber was spricht für diese Behauptung? Was führt Descartes als Belege für diesen mutmaßlichen inferentiellen Zusammenhang an? – In einem Wort: nichts. Und weil diese Behauptung unbegründet bleibt, liegt hier ein erster und vielleicht sogar der hauptsächliche Grund für das Scheitern des ontologischen Gottesbeweises (vgl. Mackie 1985, S. 78). Descartes bleibt uns dabei tatsächlich eine entscheidende Antwort schuldig. Denn wer sagt, aus einer (komplexen) Eigenschaft, die *per definitionem* einzig Gott besitzt, folgt, dass der entsprechende Träger der Eigenschaft (d.h. Gott) existiert, behauptet damit letztlich nichts geringeres, als dass es einen Gottesbeweis gibt. Aber genau das galt es ja gerade zu zeigen! – Von dieser Prämisse sollte ein Gottesbeweis daher besser nicht Gebrauch machen.

Kants Kritik

Ungeachtet dieser erfolgreichen Kritik am ontologischen Gottesbeweis analysieren wir in den verbleibenden Abschnitten dieses Kapitels einen weiteren, wirkungsgeschichtlich weitaus bedeutenderen sowie systematisch noch fruchtbareren Einwand. In dem vierzehnten Abschnitt seines Kommentars der *Meditationes* stellt Hobbes eine sprachphilosophische Überlegung an. Er schreibt,

> »›[...] daß das Wesen, insofern es von der Existenz unterschieden wird, nichts anderes ist als eine Verkoppelung der Namen durch das Wort *ist*. Deshalb ist ein Wesen ohne Existenz bloß ein Hirngespenst von uns. Und es scheint sich das Bild des Menschen im Gemüt zum Menschen ebenso zu verhalten wie das Wesen zur Existenz; oder: So, wie sich die Proposition *Sokrates ist ein Mensch* zu der Proposition *Sokrates ist oder existiert* verhält, so verhält sich auch das Wesen des Sokrates zu seiner Existenz. Nun, *Sokrates ist ein Mensch* bezeichnet, wenn Sokrates nicht existiert, lediglich die Verknüpfung der Namen, und *ist*, bzw. *sein* beinhaltet unter sich das Bild der Einheit zweier durch Namen benannter Dinge.‹«
>
> (AT VII, 194; EE 201; Hervorhebung im Original)

Inwiefern diese Überlegung tatsächlich einen stichhaltigen Einwand gegen den Gottesbeweis darstellt, lässt sich nicht so einfach ausmachen. Aber trifft Hobbes hier nicht zumindest einen interessanten Punkt? Was hat es genau mit der »Logik« des Wörtchen »ist« auf sich – und was hat Descartes dabei möglicherweise übersehen?

Wenn Gassendi in den fünften Einwänden bemängelt, Descartes vergleiche im ontologischen Gottesbeweis »›[...] weder die Existenz mit der Existenz, noch die Eigenschaft mit der Eigenschaft, sondern die Existenz mit der Eigenschaft‹« (AT VII, 322; EE 327), dann scheint er dabei zu unterstellen, Existieren sei keine Eigenschaft und dürfe nicht wie eine solche behandelt werden. Zu behaupten, dass ein Gegenstand existiert, ist logisch etwas ganz anderes, als beispielsweise zu behaupten, er besitzt eine Innenwinkelsumme von 180 Grad. Descartes' Antwort auf Gassendis Hinweis ist kurz und aufschlussreich.

> »Hier sehe ich nicht, zu welcher Art der Dinge Du die Existenz zählen willst, und weshalb sie nicht genauso wie die Omnipotenz [die Allmacht] auch eine Eigenschaft genannt werden kann. Denn man kann doch den Namen der Eigenschaft für jedes beliebige Attribut gebrauchen, bzw. für alles, was einem Ding prädiziert werden kann – und genauso sollte er hier durchgängig gebraucht werden.« (AT VII, 382f.; EE 385f.)

Descartes beharrt darauf, dass Existieren eine Eigenschaft ist. Hobbes' und Gassendis sprachphilosophische Grundgedanken greift Kant in seiner *Kritik der reinen Vernunft* auf und führt sie in seinem berühmten Einwand gegen den ontologischen Gottesbeweis so aus:

> »Sein ist offenbar kein reales Prädikat, d.i. ein Begriff von irgend etwas, was zu dem Begriffe eines Dinges hinzukommen könne. [...] Im logischen Gebrauche ist es lediglich die Kopula [das Verbindungsglied] eines Urteils. Der Satz: Gott ist allmächtig, enthält zwei Begriffe, die ihre Objekte haben: Gott und Allmacht; das Wörtchen: ist, ist nicht noch ein Prädikat oben ein, sondern nur das, was das Prädikat beziehungsweise aufs Subjekt setzt. Nehme ich nun das Subjekt (Gott) mit allen seinen Prädikaten (worunter auch die Allmacht gehöret) zusammen, und sage: Gott ist, oder es ist ein Gott, so setze ich kein neues Prädikat zum Begriffe von Gott, sondern nur das Subjekt an sich selbst mit allen seinen Prädikaten, und zwar den Gegenstand in Beziehung auf meinen Begriff.« (B 626f., 633f.)

Machen wir uns diesen Einwand in der Begrifflichkeit der modernen Sprachphilosophie klar. Kant stellt gegenüber:

Gott ist allmächtig.	Es ist ein Gott.

Weitere Beispiele, die diese Unterscheidung verdeutlichen, sind:

Mathematik ist schwierig. Schlangen sind giftig. Einhörner sind scheu. Ein Dreieck hat drei Winkel	Es gibt die Mathematik. Schlangen existieren. Einhörner sind (da). Es gibt Dreiecke.

Es handelt sich hier, so der Einwand, um zwei verschiedene Arten von Sätzen. Den links stehenden Sätzen liegt ein anderes Aussageschema zugrunde als den rechts stehenden, nämlich:

*F*s sind *G*. Was unter den Begriff *F* fällt, fällt auch unter den Begriff *G*.	Es gibt (mindestens) ein *F*. Es gibt (mindestens) einen Gegenstand, der unter den Begriff *F* fällt.

Sätze, die dem linken Schema genügen, heißen universale Sätze; solche, die das rechte Schema instantiieren, nennt man partikuläre Sätze. Kants Diagnose lautet, dass »Gott existiert« kein universaler Satz ist. Dem ersten Anschein entgegen realisiert dieser Satz nicht das Schema »Fs sind G«, d.h. ist nicht zu paraphrasieren als: »Das, was unter den Begriff Gottes fällt, hat die Eigenschaft, zu existieren.« Bevor wir gleich untersuchen, welche Schwierigkeiten sich hieraus für den ontologischen Gottesbeweis ergeben, sollten wir aber kurz nachvollziehen, welche Gründe überhaupt für diese sprachphilosophische Analyse sprechen.

Was wir mit Sätzen ausdrücken, was genau sie bedeuten, zeigt sich insbesondere daran, wie wir überprüfen, ob diese wahr oder falsch sind. Wissen wir, wie wir vorzugehen und welche Sachverhalte wir anzuführen haben, um zu begründen, dass ein Satz wahr ist, so haben wir ihn verstanden. Wie überprüfen wir also Sätze der Art »Gott existiert« oder »Es gibt Einhörner«? Gehen wir zum Beispiel so vor, dass wir alles, was unter den Begriff »Gott« fällt, bzw. alle Einhörner, daraufhin untersuchen, ob sie existieren? Das wäre freilich absurd. Auf genau diese Weise werden indessen Sätze der Form »Fs sind G« geprüft: Sind Schlangen giftig? – Schau Dir alle Schlangen an und bestimme für jede, ob sie giftig ist! Prüfen wir hingegen, ob es Einhörner gibt oder ob es einen Gott gibt, so untersuchen wir alle Gegenstände, die es überhaupt gibt, daraufhin, ob wenigstens einer von ihnen unter den Begriff des Einhorns oder den Begriff Gottes fällt. Und deshalb drückt man solche partikulären Sätze am klarsten so aus: Es gibt (mindestens) einen Gegenstand, der unter den Begriff F fällt.

Die Konsequenzen dieser sprachphilosophischen Analyse sind fatal. Der ontologische Gottesbeweis bricht, wie Gassendi ahnte, in sich zusammen. Die gesamte Analogie zwischen den Sätzen »Gott existiert« und »Dreiecke besitzen eine Innenwinkelsumme von 180 Grad«, auf der die ausführliche Variante des Arguments beruht, scheint gar nicht zu bestehen. Mehr noch, weil Existieren hier fälschlicherweise als Prädikat behandelt wird, ist allem Anschein nach weder die Prämisse (54.2) noch die Konklusion des Arguments (A54) überhaupt ein wohlgeformter, wahrheitsfähiger Satz.

Ein Rettungsversuch

Der folgende Versuch, den ontologischen Gottesbeweis gegen Kants Einwand zu verteidigen, konzentriert sich auf die kompakte Fassung (A 54). Es gilt daher aufzuzeigen, wie die Prämissen und Konklusion dieses Arguments auch angesichts unserer sprachphilosophischen Analyse im Anschluss an Kant so aufgefasst werden können, dass sie (i) wohlgeformte Sätze darstellen und dass (ii) das Argument insgesamt schlüssig ist.

Die bisherige Analyse hat stillschweigend vorausgesetzt, dass das Wort »Gott« ein genereller Terminus, ein Begriffswort ist. Einzelgegenstände können unter den Begriff Gottes fallen, so wie sie auch unter den Begriff der Schlange, den der Kathedrale oder den der Hauptstadt fallen können. Auf den ersten Blick scheint aber nichts dagegen zu sprechen, »Gott« als einen Eigennamen, einen sogenannten singulären Terminus zu verstehen. Nehmen wir zwecks Verteidigung des Gottesbeweises deshalb an: Mit »Gott« bezeichnen wir einen Einzelgegenstand, wie wir dies auch mit anderen Eigennamen wie »Stuttgart«, »Marin Mersenne« oder »Alpha Centauri« tun.

Folgende Beispielsätze, die offenbar verständlich und keineswegs sinnlos sind, deuten darauf hin, dass wir der klassischen Analyse, Existenz sei kein Prädikat, vielleicht etwas voreilig zugestimmt haben: »Die Orte, von denen ich heute geträumt habe, existieren wirklich«, »Einige der Personen, die in der Bibel vorkommen, haben tatsächlich gelebt«. Wie würden wir diese Sätze überprüfen? Schau nach, ob jeder Ort, von dem Du geträumt hast, tatsächlich existiert! Und: Überprüfe, ob es unter allen Personen, die in der Bibel vorkommen, wenigstens eine gibt, die wirklich existiert hat! Damit scheint die Struktur dieser Sätze zu sein: »Jedes, das die Eigenschaft hat, ein Ort zu sein, von dem ich heute geträumt habe, hat auch *die Eigenschaft, wirklich zu existieren*«, »Es gibt (mindestens) einen

Gegenstand, der (i) die Eigenschaft hat, eine Person zu sein, die in der Bibel vorkommt, und (ii) *die Eigenschaft besitzt, real zu existieren*«. In den so verstandenen Beispielsätzen ist dann offenkundig von zwei verschiedenen Modi der Existenz die Rede. Die Quantoren beziehen sich auf alle fiktiven, gedachten, imaginären Gegenstände; diese bilden den Gegenstandsbereich, über den gesprochen wird. Mit dem Prädikat »real existieren« wird hingegen ausgedrückt, dass einige dieser fiktiv existierenden Gegenstände auch physikalisch-materiell existieren. Um dies kenntlich zu machen, können wir präziser formulieren: »Jedes *gedachte Ding*, das die Eigenschaft hat, ein Ort zu sein, von dem ich heute geträumt habe, hat auch *die Eigenschaft, wirklich zu existieren*«, »Es gibt (mindestens) einen *gedachten Gegenstand*, der (i) die Eigenschaft hat, eine Person zu sein, die in der Bibel vorkommt, und (ii) *die Eigenschaft besitzt, real zu existieren*«.

Übertragen wir diese Einsicht auf den ontologischen Gottesbeweis, so gilt es auch dort, zwei Modi der Existenz sorgfältig voneinander zu unterschieden: nämlich gedachte und reale Existenz (vgl. Kenny 1968, S. 146–171). Der Eigenname »Gott« referiert auf einen gedachten Gegenstand. Ebenso beziehen sich die Quantoren auf gedachte Gegenstände. Von diesen kann dann behauptet werden, wie in (54.2), dass sie real existieren. Die entsprechend ausbuchstabierte Variante des ontologischen Gottesbeweises lautet, A56:

1) Der gedachte Einzelgegenstand Gott ist (per definitionem) vollkommen.
2) Alle gedachten Dinge, die vollkommen sind, existieren folglich auch real (Existieren als Vollkommenheitseigenschaft).

---

3) Also: Der gedachte Einzelgegenstand Gott hat die Eigenschaften, auch wirklich zu existieren und vollkommen zu sein (PRO theistische These).

Dieses Argument besteht aus offenbar wohlgeformten Sätzen, ist schlüssig und erreicht das intendierte Beweisziel: Gott existiert wirklich, in dem gleichen Sinne, in dem auch viele Personen der Bibel real existieren bzw. existierten. Der ontologische Gottesbeweis scheint der kantischen Kritik doch noch zu entkommen.

Alstons Kritik

William Alston kritisiert den ontologischen Gottesbeweis in der uns vorliegenden Fassung auf Basis einer scharfsinnigen Analyse (Alston 1960). Es lohnt in jedem Fall, Alstons Kritik zur Kenntnis zu nehmen. Das liegt im Rahmen unseres systematischen Kommentars in allererster Linie daran, dass die Kritik vorführt, welche sprachphilosophischen Einsichten eine detaillierte Auseinandersetzung mit den Gottesbeweisen abwerfen kann. Wie überzeugend Alstons Kritik letztlich ist und ob sie neben dem Pegasusargument (A55) einen zweiten, stichhaltigen Einwand gegen den ontologischen Gottesbeweis darstellt, kann dabei getrost offengelassen werden.

Alston hält es zunächst einmal für richtig, dass man beispielsweise unterscheiden kann, ob ein Gegenstand entweder bloß fiktiv oder wirklich und physikalisch nachweisbar existiert. Unterscheidet man aber verschiedene Modi der Existenz und behauptet, so Alston, dass ein Gegenstand in einem gewissen Sinne existiere, so gilt:

> »[...] die Existenzweise, die ausgesagt wird, wird die Formen von Prädikation einschränken, welche in Bezug auf das entsprechende Subjekt vorgenommen werden können [...].« (Alston 1960, S. 463, [Übers. von GB])

Behauptet man also, dass ein Gegenstand in einem bestimmten Sinne existiert, kann man nicht mehr Beliebiges von diesem aussagen. Oder, genau genommen: »Dasjenige, was ausgesagt wird, indem man irgendein Prädikat anwendet, wird sich unterscheiden [...]« (Alston 1960, S. 465, [Übers. von GB]).

Während ich beispielsweise sinnvoll fragen kann, ob die (real existierenden) Enkelkinder von Thomas Mann das Erscheinen der 55. Auflage der Buddenbrooks im Taschenbuchformat noch miterleben, wäre es demgegenüber unsinnig zu fragen, ob gleiches auch von den (fiktiv existierenden) Enkeln Jean Buddenbrooks gelte. Und selbst dann, wenn man sagt, die Enkel des alten Buddenbrooks seien ja bereits im 19. Jahrhundert verstorben, sagt man damit etwas ganz anderes aus, als wenn man behauptet, Kant sei im 19. Jahrhundert verstorben. Alston folgert daraus:

> »Deshalb bestimmt eine Existenzaussage einen logischen Rahmen, in dem Prädikationen in Bezug auf dasjenige vorgenommen werden können, von dem ausgesagt wurde, es existiere. Sie lässt sich als eine Erlaubnis verstehen, bestimmte Subjekt-Prädikat-Aussagen zu treffen, andere hingegen nicht.« (Alston 1960, S. 465, [Übers. von GB])

Mit der Wahl des Gegenstandsbereichs, über den dann in universellen und partikulären Sätzen quantifiziert wird, ist der »logische Rahmen« der Sprache (kontextspezifisch) bestimmt. Die zentrale Prämisse von Alstons Argument lautet nun: »Eine Existenzaussage hat die gleichen Arten von Implikationen wie die Subjekt-Prädikat-Sätze, die von ihr zugelassen werden, und fällt demgemäß in den logischen Rahmen, den sie bestimmt« (Alston 1960, S. 466, [Übers. von GB]).

Das habe aber zur Folge, dass »reale Existenz« gerade kein Begriff ist, der von einem *fiktiv* existierenden Gegenstand prädiziert, d. h. ausgesagt werden kann. Denn »reale Existenz« gehört zu einem ganz anderen logischen Rahmen als »fiktive Existenz«.

> »Wenn […] wir eine Aussage über reale Existenz im gewöhnlichen Sinne treffen, welche die von uns gewünschte Art von Implikationen hat, so hindert uns gerade dies, sie als Zuweisung einer Eigenschaft zu einem Wesen, welches nur im Verstand existiert, zu verstehen […].« (Alston 1960, S. 469, [Übers. von GB])

Aus diesen Überlegungen folgt jedoch, dass schon die theistische These in ihrer derzeitigen Lesart (56.3) gar kein sinnvoller Satz ist. Alstons Einwand lautet also, A57:

1) Der singuläre Satz »Der gedachte Einzelgegenstand Gott existiert real und ist vollkommen« behauptet u. a. (i) die Existenz Gottes im gedachten Sinne und (ii) den prädikativen Satz, dass dieser gedachte Gegenstand die Eigenschaft besitzt, real zu existieren.
2) Die Existenzbehauptung, dass es einen Gegenstand (Gott) im gedachten Sinne gibt, impliziert qua Existenzbehauptung nicht, dass dieser Gegenstand mit anderen real existierenden Gegenständen in kausaler Wechselwirkung stehen kann.
3) Der prädikative Satz, dass ein Gegenstand (Gott) die Eigenschaft, real zu existieren, besitzt, impliziert jedoch, dass dieser Gegenstand mit anderen real existierenden Gegenständen in kausaler Wechselwirkung stehen kann.
4) Ein singulärer Satz der Form »Das Einzelding a hat die Eigenschaft F« ist nur dann sinnvoll gebildet, wenn aus der von ihm implizierten Existenzbehauptung, dass es ein solches Ding a gibt, nicht Sachverhalte ganz anderer Art folgen als daraus, dass man von einem Gegenstand aussagt, er sei F. Kurz gesagt: Modus der Existenz und prädizierte Eigenschaft müssen zueinander passen.

---

5) Also (aus 1–4): Der Satz »Der gedachte Einzelgegenstand Gott existiert real und ist vollkommen« ist kein sinnvoll gebildeter Satz.

6) Wahre Sätze sind sinnvoll gebildet.

---

7) Also (aus 5,6): Der Satz »Der gedachte Einzelgegenstand Gott existiert real und ist vollkommen« ist nicht wahr (CONTRA theistische These, 56.3).

Wie begründet Alston seine zentrale Prämisse (4), also die Behauptung, jede prädikative Teilaussage eines sinnvollen singulären Satzes habe die gleiche Art von Implikationen wie dessen Existenzaussage? Er führt dazu folgenden Gedanken an: »Es scheint, als lasse eine Existenzaussage nicht nur Subjekt-Prädikat-Sätze einer bestimmten Art zu, sondern garantiere auch, dass es wahre Aussagen dieser Art gebe« (Alston 1960, S. 466, [Übers. von GB]).

Damit Existenzbehauptungen diese Funktion aber ausfüllen können, so muss Alston hier rekonstruiert werden, dürfen die jeweiligen prädikativen Sätze, die eine Existenzbehauptung gestattet, nicht Implikationen von einer ganz anderen Art als die Existenzbehauptung selbst besitzen. Das ist zumindest plausibel: Von jemandem zu sagen, er ziehe bei Herrn Schmidt in die Ein-Zimmer-Wohnung ein, hat beispielsweise ganz andere Arten von Implikationen – nämlich, dass es dort womöglich sehr eng wird, die Nachbarn sich beschweren usw. – als zu behaupten, es gebe da eine imaginäre Person, von der Schmidt geträumt habe (nämlich seine Traumfrau). Schmidts im Traum existierende Traumfrau wird niemals seine Nachbarn stören, sie wird ihm auch keinen Platz in der Wohnung wegnehmen und nicht das Frühstück machen. Auf Schmidts Traumfrau trifft *gar nichts* von der Art zu, was von jemandem gelten könnte, der zu Schmidt in die Wohnung zieht. Und daher kann man auch nicht sinnvoll sagen – also weder bejahen noch verneinen: Seine (im Traum existierende) Traumfrau ziehe zu ihm in die Ein-Zimmer-Wohnung ein, A58:

1) Die Existenzbehauptung, die einem sinnvollen singulären Satz der Form »Das Einzelding a ist F« zugrunde

liegt, garantiert, dass in dem jeweiligen Sinne existierende Gegenstände die Eigenschaft F besitzen können.

2) Eine Existenzbehauptung kann nur dann garantieren, dass ein im entsprechenden Sinne existierender Gegenstand eine bestimmte Eigenschaft F besitzen kann, wenn aus der Existenzbehauptung nicht ganz andere Sachverhalte folgen als daraus, dass man von einem Gegenstand aussagt, er sei F.

---

3) Also: Ein singulärer Satz der Form »Das Einzelding a hat die Eigenschaft F« ist nur dann sinnvoll gebildet, wenn aus der von ihm implizierten Existenzbehauptung, dass es ein solches Ding a gibt, nicht Sachverhalte ganz anderer Art folgen als daraus, dass man von einem Gegenstand aussagt, er sei F. Kurz gesagt: Modus der Existenz und prädizierte Eigenschaft müssen zueinander passen (PRO 57.4).

Alstons Argumente greifen aber nicht nur den ontologischen Gottesbeweis in seiner Variante (A56) an. Sie haben auch zur Folge, dass unsere sprachphilosophische Analyse, die wir oben im Zusammenhang des Rettungsversuches anstellten, nicht mehr aufrecht erhalten werden kann. Wo aber liegt der Fehler? Alston diagnostiziert:

> »[...] wenn reale Existenz behauptet wird, treten wir aus dieser Sphäre [von bloß im Verstand existierenden Dingen] heraus, und dies kann nicht einzig durch eine Untersuchung ihrer Inhalte geschehen.« (Alston 1960, S. 462f., [Übers. von GB])

Das bedeutet Folgendes: Den Satz »Einige der Personen, die in der Bibel vorkommen, haben tatsächlich gelebt« überprüfen wir nicht, indem wir in der »Sphäre« der gedachten Gegenstände bleiben und deren Inhalt genau unter die Lupe nehmen. Wir überprüfen ihn auf ganz andere Art und Weise als den Satz »Einige Schlangen sind giftig«.

Nämlich so: Wir untersuchen *einerseits* alle in der Bibel beschriebenen (fiktiv existierenden) Personen, vergleichen diese dann *andererseits* mit allen real existierenden Personen und prüfen dabei, ob eine fiktiv existierende Person einer real existierenden Person hinreichend ähnlich ist, so dass beide unter dieselbe Kennzeichnung fallen. Demzufolge haben Behauptungen über die wirkliche Existenz fiktiver Gegenstände, nach Alston (Alston 1960, S. 472), die Form einer Konjunktion, zum Beispiel: »Moses (eine so und so gekennzeichnete Person) existiert in der Bibel; aber Moses (eine so und so gekennzeichnete Person) existiert nicht in Wirklichkeit«, »Jesus (eine so und so gekennzeichnete Person) existiert in der Bibel; und Jesus (eine so und so gekennzeichnete Person) existiert in Wirklichkeit«, »Gott (ein so und so gekennzeichnetes Wesen) existiert in Gedanken; und Gott (ein so und so gekennzeichnetes Wesen) existiert nicht in Wirklichkeit«.

Sechste Meditation
Dualismus, materielle Außenwelt und die Möglichkeit empirischer Wissenschaft

Das offizielle Argument für den Dualismus

Im zweiten Kapitel wurde gezeigt, warum das sogenannte Argument aus dem Zweifel zugunsten der These der realen Unterscheidung (A22, hier S. 105f.) scheitert. In der zweiten Meditation, so lautete die Diagnose, hat Descartes einzig epistemische Notwendigkeitsaussagen begründet; die These der realen Unterscheidung, d.h. die Behauptung der prinzipiellen Trennbarkeit von Körper und Geist, ist hingegen als objektive, logisch-begriffliche Modalaussage zu verstehen. Diese Kluft zwischen epistemischen und logisch-begrifflichen Modalitäten konnte in der zweiten Meditation nicht überbrückt werden. Descartes behauptet selbst, erst die sechste Meditation liefere die Begründung des Dualismus. Es gilt nun zu untersuchen, wie beweiskräftig dieses »offizielle Argument« (Schütt 1990) der sechsten Meditation tatsächlich ist und ob es die Fehler des Arguments aus dem Zweifel vermeidet.

Nachdem Descartes seine Beweisidee zur Begründung der Existenz materieller Gegenstände eingangs der sechsten Meditation grob skizziert und im Anschluss daran den bisherigen Argumentationsstand ausführlich rekapituliert hat, trägt er sein Argument dafür vor, dass er einzig die Eigenschaft, zu denken, *wesentlich* besitzt und von allen materiellen Dingen daher verschieden ist.

> »Erstens weiß ich, daß alles, was ich klar und deutlich einsehe, von Gott so geschaffen sein könnte, wie es sich

mir darstellt; wenn ich daher ein Ding klar und deutlich ohne ein anderes zu erkennen vermag, so genügt dies, um mich zu vergewissern, daß die beiden wirklich verschieden sind, da sie wenigstens jedes für sich von Gott gesetzt werden können. [...] Ich weiß von meiner Existenz und schreibe gar nichts anderes meiner Natur oder meinem Wesen zu, als daß ich ein denkendes Ding sei; daraus schließe ich mit Recht, daß mein Wesen allein darin besteht, ein denkendes Ding zu sein. [Und obwohl][37] ich vielleicht (bald werde ich sagen können: gewiß) einen Körper [habe], mit dem ich aufs innigste verbunden bin, [...] ist sicher, daß ich von meinem Körper tatsächlich unterschieden bin, und ohne ihn existieren kann.« (AT VII, 78; SM 189)

»Denn einerseits«, begründet Descartes, »habe ich doch eine klare und deutliche Vorstellung meiner selbst, sofern ich lediglich denkendes, nicht ausgedehntes Ding bin; anderseits [sic!] habe ich eine deutliche Vorstellung vom Körper, sofern er lediglich ausgedehntes, nicht denkendes Ding ist« (AT VII, 78; SM 189). Dieses offizielle Argument unterteilen wir in drei Schritte, die gesondert analysiert werden.

Descartes behauptet im ersten Schritt seiner Argumentation, dass alles, was er klar und deutlich einsieht, von Gott auch geschaffen werden kann. Was aber hat Gottes Fähigkeit, Dinge so oder anders zu erschaffen, damit zu tun, dass zwei Gegenstände verschieden sind? Descartes spielt hier offenbar auf folgende Passage zu Beginn der sechsten Meditation an:

»Denn Gott ist ohne Zweifel imstande, alles das zu bewirken, was Ich so klar [zu erfassen] imstande bin; nur wenn etwas einer deutlichen [Erfassung] widerstreitet, kann es, wie ich feststellte, Gott nicht entstehen lassen.«

(AT VII, 71; SM 177)

37 Im lateinischen Wortlaut: »Et quamvis fortasse (vel potiùs, ut postmodum dicam, PRO certo) habeam corpus [...]«.

Gott dient im offiziellen Argument demnach als Garant für Möglichkeitsaussagen. Alles das, was Descartes klar und deutlich erfassen kann, ist möglich, da es von Gott herstellbar ist. Mit der propositionalen Variante der Wahrheitsregel verfügt er jedoch bereits über ein viel stärkeres Prinzip: Alles das, was er klar und deutlich zu erfassen meint, ist sogar wahr. Warum sollte er also jetzt noch eine deutlich schwächere Möglichkeitsregel aufstellen? Eine wohlwollende Interpretation lautet deshalb, diese Überlegung als Begründung dafür aufzufassen, dass ein widerspruchsfrei und konsistent denkbarer Sachverhalt auch objektiv, logisch-begrifflich möglich ist, A59:

1) Wenn ich den Sachverhalt p konsistenterweise denken kann, kann ich p ohne Widerspruch denken.
2) Gott kann nur dann einen Sachverhalt p nicht schaffen, wenn ich p nicht ohne Widerspruch denken kann.
3) Genau das, was Gott schaffen kann, ist möglich.

---

4) Also: Was ich in konsistenter Weise denken kann, ist möglich (PRO 60.5).

Damit wird auch verständlich, warum Descartes der Auffassung ist, die These der realen Unterscheidung erst nach den Gottesbeweisen begründen zu können. Gleichwohl kann man sich fragen, ob hier nicht mit Kanonen auf Spatzen geschossen wird. Denn dass *konsistent* Denkbares *logisch-begrifflich* möglich ist, scheint doch selbst ein offenkundiger, analytischer Sachverhalt zu sein. Descartes könnte sich diesen ersten Argumentationsschritt und mithin den Verweis auf Gott sparen. Folglich, und dies gilt es in jedem Fall zu würdigen, setzte die Dualismusbegründung die Existenz Gottes gar nicht voraus.

Im zweiten Schritt des offiziellen Arguments knüpft Descartes an das Resultat der zweiten Meditation an, demzufolge es *gewiss* ist, dass er denkt, empfindet, sich etwas einbildet usw. – kurz: D-Eigenschaften besitzt (vgl. A14, hier S. 76 f.). Daraus folgt für sich genommen nicht – darin bestand ja gerade der Fehler des Arguments aus dem Zweifel –, dass der Denker diese Eigenschaften auch *wesentlich*, d. h. notwendigerweise besitzt. Descartes stellt an dieser Stelle indes noch mehr fest: Er schreibt nämlich, »gar nichts anderes meiner Natur oder meinem Wesen zu« (AT VII, 78; SM 189). D-Eigenschaften sind also die einzigen Eigenschaften, die ihm gewiss zukommen; in Bezug auf jede Nicht-D-Eigenschaft kann er (konsistenterweise) bezweifeln, ob er sie tatsächlich besitzt.

Konsistent Denkbares ist dem ersten Argumentationsschritt zufolge aber auch möglich. Descartes kann also zunächst einmal negativ festhalten, dass ihm keine Nicht-D-Eigenschaft notwendigerweise zukommt. Mindestens eine Eigenschaft muss er aber notwendigerweise besitzen – das besagt der sogenannte Essentialismus[38]. Dabei kann es sich dann aber nur um eine D-Eigenschaft handeln. Im zweiten Schritt argumentiert Descartes also mittels eines Ausschlussverfahrens dafür, dass er wesentlich ein denkendes Ding sei, A 60:

1) Es ist gewiss, dass ich ein Ding bin, welches bewusst denkt, sich etwas einbildet, empfindet, d. h. ein Ding, das Eigenschaften, die von der Denkfähigkeit impliziert werden, kurz: D-Eigenschaften, besitzt (Gewissheit der Denkfähigkeit, 14.3).
2) Dass ich ein denkendes Ding bin, erkenne ich klar und deutlich ganz unabhängig davon, welche Nicht-D-Eigenschaften mir sonst noch zukommen mögen (Kommentar zur Argumentation der zweiten Meditation).

38 Diese These kann Descartes allemal zugeschrieben werden. Eine systematische Begründung des Essentialismus klingt etwa in der Prämisse (17.8) an: Wenn ein Gegenstand gar keine Eigenschaft wesentlich, d. h. notwendigerweise besäße, dann könnte er auch gar nicht als ein Einzelding individuiert werden. Vgl. für eine Diskussion des Essentialismus auch: Meixner (2008, S. 154 ff.).

3) Wenn (i) es gewiss ist, dass y X-Eigenschaften besitzt, und wenn (ii) ich, dass y X-Eigenschaften besitzt, klar und deutlich ganz unabhängig davon erkenne, welche Nicht-X-Eigenschaften y sonst noch zukommen mögen, dann kann ich für jede Nicht-X-Eigenschaft F konsistenterweise denken, dass y X-Eigenschaften besitzt, ohne F zu sein.

---

4) Also (aus 1–3): Ich kann für jede Nicht-D-Eigenschaft F konsistenterweise denken, dass ich D-Eigenschaften besitze, ohne F zu sein.
5) Was ich konsistenterweise denken kann, ist möglich.

---

6) Also (aus 4,5): Für jede Nicht-D-Eigenschaft ist es möglich, dass ich sie nicht besitze.
7) Jeder Gegenstand besitzt mindestens eine Eigenschaft, die ihm wesentlich zukommt (Essentialismusthese).

---

8) Also (aus 6,7): Ich besitze keine Nicht-D-Eigenschaft, aber mindestens eine D-Eigenschaft notwendigerweise.
9) Jede D-Eigenschaft setzt ihrerseits voraus, dass ich denken kann.

---

10) Also (aus 8,9): Die einzigen Eigenschaften, die mir notwendigerweise zukommen, sind meine Denkfähigkeit und weitere D-Eigenschaften (PRO rein geistige Natur).

Im dritten Argumentationsschritt begründet Descartes, dass er als wesentlich denkendes Ding von seinem Körper verschieden ist. Dabei kann er darauf verweisen, dass er möglicherweise keine materiellen Eigenschaften (Nicht-D-Eigenschaft) besitzt. Materielle Gegenstände besitzen dagegen notwendigerweise materielle Eigenschaften. Daraus folgt dann, dass Descartes nicht notwendigerweise mit einem materiellen Ding identisch ist. Warum sollte Descartes aber deshalb nicht kontingenterweise mit einem Körper identisch und untrennbar verbunden sein? Hier kommt Descartes ein modallogisches Prinzip zu Hilfe, das insbesondere Kripke in *Naming and Necessity* (dt., Name und Notwendigkeit, 1981) artikuliert und zu begründen versucht (vgl. Kripke 1981, S. 9f.): Sind zwei Gegenstände miteinander identisch, so sind sie dies notwendigerweise. Aus diesem Grund ist Descartes mit keinem materiellen Gegenstand identisch und, sollte er einen leiblichen Körper besitzen, von diesem verschieden, A61:

1) Die einzigen Eigenschaften, die mir notwendigerweise zukommen, sind meine Denkfähigkeit und weitere D-Eigenschaften (rein geistige Natur).
2) Die Eigenschaft, ein materieller Gegenstand zu sein, ist keine D-Eigenschaft.
3) Wenn ein Gegenstand y einzig X-Eigenschaften notwendigerweise besitzt und wenn die Eigenschaft G keine X-Eigenschaft ist, dann ist es möglich, dass y nicht G ist.

---

4) Also (aus 1–3): Es ist möglich, dass ich kein materieller Gegenstand bin.
5) Es ist notwendig, dass wenn x=y, dann Fy, falls Fx, für beliebige Eigenschaften F (Leibniz' Substitutionsprinzip).

---

6) Also (aus 4,5)[39]: Für jedes wesentlich materielle Ding gilt: Es ist möglich, dass ich nicht mit ihm identisch bin.
7) Wenn x=y, dann ist es notwendig, dass x=y.

---

39 Nehmen wir an, ich wäre mit einem beliebigen wesentlich materiellen Ding notwendigerweise identisch. Da dieses wesentlich materielle Ding notwendigerweise die Eigenschaft hat, materieller Gegenstand zu sein, hätte auch ich, nach (5), notwendigerweise diese Eigenschaft. Das widerspräche aber (4).

8) Also (aus 6,7): Als denkendes Ding bin ich von jedem wesentlich materiellen Ding (insbesondere also auch meinem Körper, sollte ich einen besitzen) verschieden und kann ohne es existieren (PRO These der realen Unterscheidung).

Die dialektische Struktur des offiziellen Arguments wird in Argumentkarte 13 dargestellt.[40]

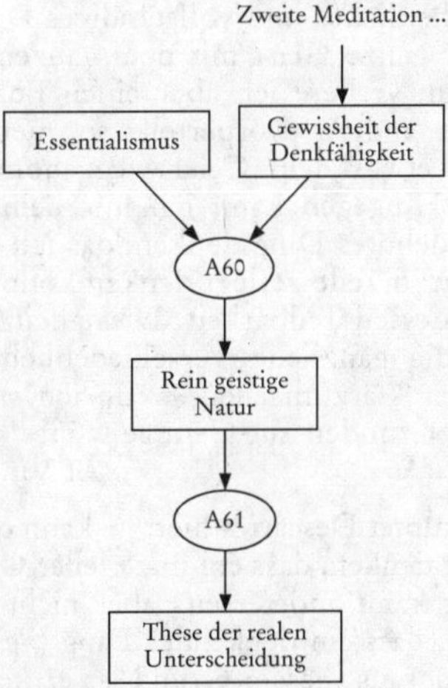

Argumentkarte 13

40 Eine prägnante Alternativrekonstruktion des offiziellen Arguments, die jedoch den Zwischenschluss auf die These der rein geistigen Natur überspringt und daher bei der Begründung der Existenz der Außenwelt nicht anschlussfähig ist, gibt Ansgar Beckermann (Beckermann 1986, S. 66ff. 1999, S. 31).

Das Teilbarkeitsargument

Descartes behauptet, noch ein weiteres und von dem oben analysierten unabhängiges Argument für die These zu besitzen, er sei kein materieller Gegenstand.

> »In der Tat, betrachte ich meinen Geist, d.h. mich selbst, lediglich als denkendes Ding, so kann ich keine Teile in mir unterscheiden, vielmehr erkenne ich, daß ich ein einheitliches und vollständiges Ding bin. Zwar scheint der ganze Geist mit dem ganzen Körper vereint zu sein; verliere ich aber einen Fuß, einen Arm oder einen andern Körperteil, so merke ich doch nicht, daß etwas dem Geist weggenommen worden wäre. [...] Hingegen kann ich mir kein körperliches oder ausgedehntes Ding denken, das ich mir nicht mit Leichtigkeit in Teile zerlegt denken könnte, und so erkenne ich dessen Teilbarkeit. Dies allein würde genügen, mir die gänzliche Verschiedenheit des Geistes vom Körper klarzumachen, wenn ich es nicht schon aus andern Gründen zur Genüge wüßte.«
>
> (AT VII, 86; SM 205)

Im Kern behauptet Descartes hier: Er kann einerseits konsistenterweise denken, dass ein materieller Gegenstand geteilt wird. Er kann andererseits aber nicht konsistenterweise denken, dass ein denkendes Ding (»ein Geist«) geteilt wird. Und aus diesem Grund ist er kein materieller Gegenstand, A62:

1) Es ist gewiss, dass ich ein Ding bin, welches denkt, sich etwas einbildet, will, empfindet, d.h. ein Ding, das Denkfähigkeit besitzt (Gewissheit der Denkfähigkeit, 14.3).
2) Ich kann nicht konsistenterweise denken, dass ein denkendes Wesen (ein Geist) geteilt wird.
3) Ist es gewiss, dass x F ist, und kann ich nicht konsisten-

terweise denken, dass F-Dinge G sind, dann kann ich nicht konsistenterweise denken, dass x G ist.

---

4) Also (aus 1–3): Ich kann nicht konsistenterweise denken, dass ich als denkendes Wesen geteilt werde.
5) Für einen beliebigen materiellen Gegenstand lässt sich konsistenterweise denken, dass er geteilt wird.
6) Genau das, was ich in konsistenter Weise denken kann, ist möglich.

---

7) Also (aus 4–6): Es ist unmöglich, dass ich als denkendes Wesen geteilt werde; aber es ist möglich, dass ein beliebiger materieller Gegenstand geteilt wird.
8) Es ist notwendig, dass wenn x=y, dann Fy, falls Fx, für beliebige Eigenschaften F (Leibniz' Substitutionsprinzip).

---

9) Also (aus 7,8): Mit jedem materiellen Gegenstand bin ich möglicherweise nicht identisch.
10) Wenn x=y, dann ist es notwendig, dass x=y.

---

11) Also (aus 9,10): Als denkendes Ding bin ich von jedem wesentlich materiellen Ding (insbesondere also auch meinem Körper, sollte ich einen besitzen) verschieden und kann ohne es existieren (PRO These der realen Unterscheidung).

Wie die detaillierte Rekonstruktion zeigt, ist das Argument längst nicht gänzlich unabhängig von den vorherigen Überlegungen. Die einzigen substantiell neuen Prämissen sind hier (2) und (5). Prämisse (1) stellt das Resultat der zweiten Meditation dar, auf dem auch das offizielle Argument aufbaut, und (8) und (10) werden ebenfalls im offiziellen Argument vorausgesetzt. Tatsächlich macht das Teilbarkeitsargument mit der Prämisse (6) sogar von einer wesentlich stärkeren Voraussetzung als das offizielle Argument – mit (59.4) bzw. (60.5) – Gebrauch. Und genau das wird ihm auch zum Verhängnis. Denn wir haben bereits Gegenbeispiele zu dem Prinzip kennengelernt, demzufolge ein Satz p dann *und nur dann* logisch-begrifflich möglich ist, wenn ich konsistenterweise denken kann, dass p (Prämisse 6). Der Satz »Ich denke zur Zeit nicht« ist nämlich (logisch-begrifflich) möglich, obwohl er sich keinesfalls konsistent denken lässt! Dass ich denke, ist zwar (subjektiv) gewiss, aber nicht notwendig. Mehr noch, das Prinzip in Prämisse (6) impliziert: »Wenn ich den Satz non-p nicht konsistent denken kann, so ist non-p unmöglich« und damit auch: »Wenn es gewiss ist, dass p, so ist es notwendig, dass p«. Aber weil diese Annahme fehlerhaft ist, konnte schon in der zweiten Meditation der Dualismus nicht begründet werden.[41] Das Teilbarkeitsargument stellt also keine überzeugende Alternativargumentation zugunsten der These der realen Unterscheidung dar.

Zombies

Bevor gleich die Kritik der Cartesischen Dualismusbegründung dargelegt wird, soll Descartes' Argumentation noch kurz mit einem ganz ähnlichen Argument der gegenwärtigen Debatte in der Philosophie des Geistes verglichen werden. Descartes' These, er sei kein materielles Ding, impliziert, dass der sogenannte Materialismus oder Physikalismus falsch ist. Die verschiedenen Spielarten des Materialismus in der Philosophie des Geistes lassen sich nämlich auf folgenden gemeinsamen Nenner bringen:

– [*Minimaler Physikalismus*] Es gibt keine von physikalischen Sachverhalten unabhängigen Tatsachen.

41 Vgl. unsere Diskussion des Arguments aus dem Zweifel (A22), hier S. 104ff.

Das heißt insbesondere, dass wir zwei Personen nur dann unterschiedliche mentale Eigenschaften zuschreiben, wenn sie auch verschiedene physische (materielle) Eigenschaften besitzen. Diesen Sachverhalt bezeichnet man als »Supervenienz«. Descartes' Argumentation für den Dualismus ist damit *eo ipso* eine Argumentation gegen den minimalen Physikalismus, A63:

1) Als denkendes Ding bin ich von jedem wesentlich materiellen Ding (insbesondere also auch meinem Körper, sollte ich einen besitzen) verschieden und kann ohne es existieren (These der realen Unterscheidung).
2) Gibt es Gegenstände, die von materiellen Gegenständen verschieden sind und ohne diese existieren können, so gibt es von physikalischen Sachverhalten unabhängige Tatsachen.

---

3) Also: Es gibt von physikalischen Sachverhalten unabhängige Tatsachen (CONTRA minimaler Physikalismus).

Der australische Philosoph David Chalmers hat ein viel beachtetes Argument gegen den minimalen Physikalismus auf den Punkt gebracht, das ganz deutliche Parallelen, und zwar nicht nur hinsichtlich des Beweiszieles, zur Argumentation Descartes' aufweist.[42] In seinem Argument macht Chalmers von der (letztlich schon Descartes vertrauten[43]) Vorstellung Gebrauch, es könne Zombies geben:

42 Chalmers ist sich über diese Parallelen natürlich im Klaren (Chalmers 1996, S. 130f.). Letztlich klingt die Grundidee seines Argument bereits in Leibniz' *Monadologie* an (Leibniz 2002, § 17). Vgl. auch: Williams (2005, S. 282).

43 In den *Meditationes* unternimmt Descartes das Gedankenexperiment, sich »den menschlichen Körper als eine Art Maschine« vorzustellen, »die aus Knochen, Nerven, Muskeln, Adern, Blut und Haut zusammengepaßt« ist und ganz »ohne den Geist« funktioniert (AT VII, 84; SM 201f.). Allerdings hielt es Descartes, im Gegensatz zu Chalmers, für ausgeschlossen, dass eine solche Maschine das gleiche (Sprech-)Verhalten wie bewusstseinsbegabte Menschen aufweisen könnte.

> »Ich gestehe, dass mir die logische Möglichkeit von Zombies ebenso offenkundig erscheint. Ein Zombie ist ja bloß etwas, das mit mir physkialisch identisch ist, aber keine bewußten Erlebnisse hat – drinnen ist es zappenduster. Während das vermutlich empirisch unmöglich ist, scheint hier sicherlich eine kohärente Situation beschrieben zu werden; ich kann in der Beschreibung keinen Widerspruch entdecken. [...] Nahezu jeder, so scheint es mir, ist in der Lage, sich diese Möglichkeit vorzustellen.« (Chalmers 1996, S. 96, [Übers. von GB])

Chalmers hält es für selbstverständlich, dass eine Welt, die wir uns konsistenterweise vorstellen können, auch möglich ist (Chalmers 1996, S. 68). Er teilt sonach eine entscheidende Voraussetzung mit Descartes. Um nachzuweisen, dass eine Zombie-Welt möglich ist, müssten wir uns aber nicht die gesamte mit Zombies bevölkerte Welt in allen Einzelheiten ausmalen, denn: »Um in der Praxis ein Vorstellbarkeits-Urteil zu treffen, muss man bloß eine vorstellbare Situation – einen kleinen Weltausschnitt – betrachten und sicherstellen, dass man sie richtig beschreibt. Wenn es eine vorstellbare Situation gibt, in der eine Aussage wahr ist, dann gibt es offenbar eine vorstellbare Welt, in der die Aussage wahr ist [...]« (Chalmers 1996, S. 67, [Übers. von GB]).

Aus der Möglichkeit einer Zombie-Welt folgt aber, dass der minimale Physikalismus falsch ist, A64:

1) Eine Situation, die ich konsistenter Weise denken kann, ist möglich.
2) Ich kann konsistenterweise denken, dass mein Nachbar ein Zombie ist.

---

3) Also (aus 1,2): Es ist möglich, dass mein Nachbar ein Zombie ist.
4) Wenn es möglich ist, dass mein Nachbar ein Zombie ist, dann gibt es eine mögliche Welt, die physikalisch

mit unserer Welt identisch ist, in der jedoch keine positiven Sachverhalte über das bewusste Erleben meines Nachbarn bestehen (d.h. in der er keine mentalen Zustände besitzt).

5) In unserer Welt bestehen positive Sachverhalte über das bewusste Erleben meines Nachbarn.

---

6) Also (aus 3–5): Es gibt eine mögliche Welt, die sich nicht in physikalischer, sondern nur in mentaler Hinsicht von der aktualen Welt unterscheidet.
7) Gibt es eine mögliche Welt, die von der tatsächlichen Welt verschieden ist, ohne sich allerdings in physikalischer Hinsicht von dieser zu unterscheiden, so gibt es von physikalischen Sachverhalten unabhängige Tatsachen.

---

8) Also (aus 6,7): Es gibt von physikalischen Sachverhalten unabhängige Tatsachen (CONTRA minimaler Physikalismus).

Chalmers' Argument weist Parallelen zur Argumentation Descartes' auf. Prämisse (1) entspricht den Prämissen (59.4)/(60.5), und mit (2) macht Chalmers eine Voraussetzung, die im offiziellen Argument durch (60.1)–(60.3) begründet wird. Trotz dieser Gemeinsamkeiten ist Chalmers' Kritik am Materialismus das bescheidenere Argument, denn seine Konklusion ist deutlich schwächer als die Cartesische These der realen Unterscheidung. Und aus diesem Grund ist es insgesamt auch auf weniger Voraussetzungen als das offizielle Argument angewiesen. Wir werden im Folgenden dennoch im Auge behalten, inwieweit die Kritik der Cartesischen Dualismusbegründung auch Chalmers' Argument trifft.

Die Dualismusthese und das Leib-Seele-Problem

Streng genommen hat Descartes die These des Dualismus, oder präziser: des Substanzdualismus, also die Behauptung, dass es zwei verschiedene Arten von Dingen gibt, denkende und materielle, die auch jeweils unabhängig voneinander existieren könnten, noch gar nicht begründet. Denn ob es außer Gott und dem (wesentlich nicht-materiellen) Denker überhaupt noch irgend etwas anderes gibt, ist weiterhin eine offene Frage, die erst im Laufe der folgenden Argumentation geklärt werden soll (vgl. A69–A71). Greifen wir aber für die kritische Diskussion der Cartesischen Philosophie des Geistes auf das Kommende vor und nehmen bereits an dieser Stelle an, es sei gewiss, dass es materielle Dinge gibt, und insbesondere, dass Descartes einen Körper besitzt. Was besagt die These des Substanzdualismus dann eigentlich genau? – Und was besagt sie nicht?

Der Substanzdualismus besagt: Es ist logisch-begrifflich möglich, dass der Denker auch ohne seinen Körper existiert. Was die Unsterblichkeit der Seele angeht,[44] gilt demnach: Es ist nicht bereits logisch-begrifflich unmöglich, dass eine Person ihren körperlichen Tod überlebt, so wie es logisch-begrifflich ausgeschlossen ist, dass ein Witwer nie verheiratet war.

Der Substanzdualismus besagt hingegen *keineswegs*, dass das Überleben des körperlichen Todes auch naturgesetzlich möglich ist. Vielmehr ist der Substanzdualismus mit folgender Aussage verträglich: Es ist naturgesetzlich unmöglich, dass der Denker ohne seinen Körper existiert. Das heißt: Dass mein körperlicher Tod auch das Ende

44 Descartes weist in der Übersicht zwar ausdrücklich darauf hin, dass er die Unsterblichkeit der Seele in den *Meditationes* nicht bewiesen hat, erklärt aber im gleichen Atemzug, dass sich aus den Überlegungen der sechsten Meditation zumindest ergibt, dass »aus der Auflösung des Körpers noch nicht der Untergang des Geistes folge« (AT VII, 14; MÜ 55).

meines geistigen Lebens und meines Daseins als Person bedeutet, könnte im gleichen Sinne notwendig sein, wie die Tatsachen, dass Lawinen den Hang hinab, und nicht hinauf stürzen, dass ein Streichholz abbrennt, wenn man es anzündet, und dass Steine im Wasser untergehen. Diesen Behauptungen über den Tod als Ende des Daseins einer Person hat der Cartesische Dualismus nichts entgegenzusetzen; und es ist für ein genaues Verständnis dieser These wichtig, sich das klarzumachen.

Während die Dualismusthese einerseits weniger weitreichende Implikationen hat, als man das bei ihrem ersten Anblick vermuten mag, so generiert sie andererseits eine Reihe nicht unerheblicher Schwierigkeiten. Das sicherlich prominenteste Problem, das sich in Folge der Dualismusthese stellt, ist das sogenannte Leib-Seele-Problem: Es betrifft die Frage, wie genau man sich das Zusammenspiel von geistiger und materieller Substanz vorzustellen hat. Descartes scheint unausgesprochen zu unterstellen, dass Körperbewegungen von einem Gebot des Willens (*ab imperio voluntatis*) und demzufolge vom Geiste (*a mente*) herrühren könnten (AT VII, 84; SM 203). Zu dem Verhältnis denkender und materieller Dinge gibt er ferner folgende Auskunft:

> »Weiter lehrt mich die Natur durch die Empfindungen des Schmerzes, des Hungers, Durstes usw., ich sei meinem Leibe nicht nur zugesellt wie ein Schiffer dem Schiff, sondern ich sei aufs innigste mit ihm vereint, durchdringe ihn gleichsam und bilde mit ihm ein einheitliches Ganzes.« (AT VII, 81; SM 195)

Auf diese Passage spricht ihn Burman an, der fragt: »Wie kann das aber geschehen und auf welche Weise kann der Körper auf die Seele einwirken und umgekehrt, da sie ja beide von ganz andersartiger Natur sind?« (AT V, 163; GmB 65) Descartes, so scheint es, unterschätzt das Problem, oder ist einfach ratlos, wenn er antwortet:

»Das ist sehr schwer zu erklären, aber es genügt hier die Erfahrung, die hierbei so klar ist, daß sie auf keine Weise bestritten werden kann, wie das ja auch z.B. bei den Leidenschaften in Erscheinung tritt.«

(AT V, 163; GmB 65)

Dabei geht es hier aber nicht allein um eine Erklärungslücke. Denn der Cartesische Substanzdualismus führt zum klassischen Leib-Seele-Problem, das sich beispielsweise wie folgt rekonstruieren lässt, A65:

1) Es ist (gewiss) wahr, dass ich einen Körper habe, mit dem ich (als denkendes Wesen) auf das engste verbunden bin (Existenz meines Körpers).
2) Wenn ich einen Körper habe, mit dem ich (als denkendes Wesen) auf das engste verbunden bin, dann stehe ich (als denkendes Wesen) in enger kausaler Wechselwirkung mit meinem (materiellen) Körper und verursache insbesondere physikalische Ereignisse.

---

3) Also (aus 1,2; hängt ab von 1): Ich stehe in enger kausaler Wechselwirkung mit meinem Körper und verursache insbesondere physikalische Ereignisse.
4) Physikalische Ereignisse können nur von materiellen Dingen verursacht werden (These der kausalen Geschlossenheit der physikalischen Welt).

---

5) Also (aus 3,4): Ich bin ein materieller Gegenstand (CONTRA These der realen Unterscheidung).

Eine für Descartes akzeptable Lösung dieses Problems kann nur darin bestehen, eine der Prämissen dieses Arguments zu negieren. Die Prämissen (1) und (2) vertritt er währenddessen, wie oben bemerkt, explizit. Descartes war offenbar bereit, die These der kausalen Geschlossenheit der physikalischen Welt aufzugeben: Bestimmte physiologische Prozesse im menschlichen Gehirn, so nahm er an, können auch durch nicht-physikalische Ereignisse verursacht werden (vgl. Williams 2005, S. 268). Descartes' empirische, neurobiologische Theorie gilt jedoch als widerlegt. Und ganz unabhängig davon ist die Preisgabe des Prinzips der kausalen Geschlossenheit der physikalischen Welt vielleicht ohnehin ein zu hoher Preis, der für den Dualismus zu entrichten wäre. Jedenfalls verwundert es nicht, dass das klassische Leib-Seele-Problem im Anschluss an Descartes lange Zeit sehr weit oben auf der Tagesordnung der Philosophie rangierte, und dass Philosophen wie Leibniz und Malebranche mit der Theorie der prästabilierten Harmonie (Gott hat die materielle und die geistige Welt von vornherein so eingerichtet, dass die jeweiligen Ereignisse korrespondieren und sich bloß zu beeinflussen scheinen) bzw. der Okkasionalismus-Lehre (alle mutmaßlichen Kausalverhältnisse sind nichts als fortwährende Interventionen Gottes in das Weltgeschehen) originelle Lösungsvorschläge entwickelten.

Kritik der Dualismusbegründung: Quine, Ryle und Strawson

Im folgenden Abschnitt werden drei moderne Einwände rekonstruiert, die im Gegensatz zum Leib-Seele-Problem nicht die Dualismusthese selbst, sondern deren Begründung hinterfragen. Es handelt sich um Überlegungen von Quine, Ryle und Strawson, die wir der Reihe nach analysieren. Das offizielle Argument setzt in seinem zweiten Argumentationsschritt (A60, vgl. hier S. 224f.) die Essentialismusthese voraus. Ohne diese These würde Descartes' Ausschlussverfahren, mit dem er seine wesentlichen Eigenschaften identifiziert, gar nicht funktionieren. Die Voraussetzung, dass jeder Gegenstand zumindest einige Eigenschaften notwendigerweise besitzt, ist aber alles andere als unstrittig. Zwar ist es durchaus plausibel, dass ein *so und so charakterisierter*

Gegenstand notwendigerweise bestimmte Eigenschaften besitzt – nämlich diejenigen, die aus der jeweiligen Charakterisierung logisch-begrifflich folgen. Aber das heißt noch lange nicht, dass der Gegenstand, ganz unabhängig davon, wie wir ihn beschreiben, notwendigerweise bestimmte Eigenschaften aufweist. Ausgehend von dieser Beobachtung versucht Williard V. O. Quine in *Word and Object* (1960) (dt., *Wort und Gegenstand*, 1980), die These des Essentialismus *ad absurdum* zu führen:

> »Es ist denkbar, daß man sagt, Mathematiker seien notwendigerweise rational und nicht notwendigerweise zweibeinig, während Radfahrer notwendigerweise zweibeinig, aber nicht notwendigerweise rational seien. Wie verhält es sich aber mit einem Individuum, das sowohl Mathematik als auch Radfahren zu seinen Besonderheiten zählt? Ist dieses konkrete Individuum notwendig rational und kontingent zweibeinig oder umgekehrt? Insoweit wir rein bezeichnend von diesem Gegenstand sprechen (ohne dabei im Hintergrund ein spezielles Vorurteil hinsichtlich der Gruppierung von Mathematikern gegenüber Radfahrern oder umgekehrt zu haben), ist es nicht einmal andeutungsweise sinnvoll, einige seiner Eigenschaften als notwendig und andere als kontingent einzustufen.« (Quine 1980, S. 344)

Hinter diesem Beispiel steht eine allgemeine Überlegung, die sich so rekonstruieren lässt, A66:

1) Für jede Kennzeichnung B eines Gegenstands gibt es andere Kennzeichnungen B', B" usw., so dass keine Eigenschaft, die von B impliziert wird, auch von jeder Kennzeichnung B', B" usw. impliziert wird.
2) Einem auf eine bestimmte Weise gekennzeichneten Gegenstand kommen genau die Eigenschaften notwendigerweise zu, welche die Kennzeichnung impliziert.

3) Also (aus 1,2): Es gibt keine Eigenschaft, die einem Gegenstand, ganz gleich wie er gekennzeichnet wird, notwendigerweise zukommt.
4) Ein Gegenstand besitzt eine Eigenschaft nur dann wesentlich, wenn sie ihm, ganz gleich wie er gekennzeichnet wird, notwendigerweise zukommt.

---

5) Also (aus 3,4): Nicht jeder Gegenstand besitzt mindestens eine Eigenschaft, die ihm wesentlich zukommt (CONTRA Essentialismusthese, 60.7).

Damit dieses Argument nach Quine indessen ein schlagender Einwand wird, wäre noch verständlich zu machen, welche Gründe für Prämisse (1) sprechen. Lässt sich (1) überhaupt verteidigen? Implizieren nicht zum Beispiel alle Kennzeichnungen des Eiffelturms, dass es sich um einen raum-zeitlich lokalisierbaren Gegenstand handelt? Das sind gute Fragen, die sogar Ansatzpunkte für einen Cartesischen Gegeneinwand ausmachen. Wir können sie hier jedoch nicht weiter verfolgen und brechen die Diskussion ab, um uns der Kritik von Gilbert Ryle zuzuwenden.

Anders als Quines Kritik, die sich gegen eine einzelne These der Cartesischen Argumentation wendet, sind Ryles Überlegungen in dem modernen Klassiker *The Concept of Mind* (1949) (dt., *Der Begriff des Geistes*, 1969) nichts Geringeres als ein Frontalangriff gegen Descartes – ein Angriff, der dessen Philosophie in den Grundfesten erschüttert. Ryle versucht nämlich, kurz gesagt, nachzuweisen, dass sämtliche Überlegungen Descartes' auf einem kolossalen Irrtum beruhen. Denn Descartes, sagt Ryle, missverstehe systematisch die Bedeutung von Ausdrücken wie »Idee« oder »Vorstellung«, bzw. »eine Idee von etwas haben«; »Gedanke«, bzw. »denken«; »Willensakt« bzw. »etwas wollen«, »wünschen«; »Gemütsempfindung« oder »Gefühl«, bzw. »etwas fühlen« usw.: Diese Ausdrücke bezeichnen nach Ryle nämlich keine inneren Vorgänge oder gar ideelle Gegenstände, sondern charakterisieren das Verhalten und die Verhaltensdispositionen einer Person. Die Wörter »Gedanke«, »Willensakt« usw. funktionierten auf ganz andere Art als solche Begriffe wie »Auto«, »Türpfosten« und dergleichen; und es sei bereits ein logischer Fehler anzunehmen, Gedanken oder Willensakte könnten Ursachen für irgendetwas sein oder andersherum von irgendetwas verursacht werden. Ryle prägte für diesen Typ logisch-semantischen Irrtums den Begriff des Kategorienfehlers. Würde Ryles Analyse zutreffen, dann bliebe von Descartes' Argumentation nicht mehr viel übrig. Der solipsistische Ausgangspunkt, die Gewissheit des Cogito, der ideentheoretische Gottesbeweis, vielleicht auch die auf Willensakten basierende Fehlertheorie würden allesamt auf der irrtümlichen Annahme beruhen, es gebe eine innere Bühne, auf der sich unser geistiges Leben abspielte und über die wir mit unserem mentalen Vokabular sprechen würden. Definitiv fiele der Ryle'schen Kritik auch die Dualismusthese zum Opfer.

Vollziehen wir kurz *en detail* nach, wie man mit Ryle gegen die Begründung des Substanzdualismus argumentieren könnte. Ryle versucht zu zeigen,

> »daß wir bei der Beschreibung, wie der Geist einer Person arbeitet, überhaupt nicht eine zweite Gruppe von Schattenoperationen [d.h. mentalen Vorgängen] beschreiben. Wir beschreiben gewisse Abschnitte ihres Lebenslaufs; die Art und Weise nämlich, wie gewisse Teile ihres Verhaltens geleitet werden.« (Ryle 1969, S. 61)

Er behauptet,

> »daß wir bei der Charakterisierung von Leuten mit Hilfe von geistigen Prädikaten nicht unüberprüfbare Schlüsse auf geisterhafte Vorgänge ziehen, die sich in jedweden Besuchern unzugänglichen Bewußtseinsströ-

men abspielen; vielmehr beschreiben wir die Arten, auf die diese Leute Teile ihres vorwiegend öffentlichen Tuns abwickeln.« (Ryle 1969, S. 62f.)

Woher wissen wir also, dass jemand denkt? »Ich entdecke, daß es andere Ichs gibt, indem ich verstehe, was andere Leute sagen und tun«, etwa indem »ich verstehe, was der andere sagt, über seine Witze lache, seine Schachpläne durchschaue, seinen Argumenten folge und ihm zuhöre, wie er die meinen zerpflückt [...].« (Ryle 1969, S. 75) Kurzum:

> »Die Entdeckung, daß die meisten Leute einen Geist besitzen (obwohl Schwachsinnige und Säuglinge keinen haben) ist einfach die Entdeckung, daß sie zu gewissen Handlungen fähig sind und hinneigen, und diese Entdeckung machen wir, indem wir Zeugen dessen sind, was sie tun.« (Ryle 1969, S. 76)

Folgerichtig behauptet Ryle dann:

> »Das, was ich über mich selbst herausfinden kann, ist von derselben Art wie das, was ich über andere herausfinden kann, und die Methoden, es herauszufinden, sind ungefähr dieselben.« (Ryle 1969, S. 209)

Es gebe nur graduelle Unterschiede zwischen der Selbsterkenntnis und der Erkenntnis anderer:

> »In mancher Hinsicht ist es für mich leichter, solches Wissen über mich selbst als über einen anderen zu erwerben, in manch anderer Hinsicht ist es schwieriger.«
> (Ryle 1969, S. 244)

Descartes' Prämisse, ich könne unabhängig von jedweden materiellen Eigenschaften erkennen, dass ich denke (60.2), kann damit nicht mehr aufrecht erhalten werden, A 67:

1) *Dass ich ein denkendes Wesen bin, erkenne ich klar und deutlich ganz unabhängig davon, welche Nicht-D-Eigenschaften mir sonst noch zukommen mögen* (Annahme um des Arguments willen).
2) Die Eigenschaft, einen Körper zu besitzen, ist keine D-Eigenschaft (61.2).

---

3) Also (aus 1,2; hängt ab von 1): Dass ich ein denkendes Wesen bin, erkenne ich klar und deutlich ganz unabhängig davon, dass ich einen Körper besitze.
4) Für alle Lebewesen x gilt: Dass x denkt, erkennt man – andere genauso wie ich – einzig daran, dass x auf eine bestimmte Art und Weise handelt (u. a. spricht).

---

5) Also (aus 4): Dass ich denke, erkennt man – andere genauso wie ich – daran, dass ich auf eine bestimmte Art und Weise handele.
6) Ich könnte aber nicht auf eine bestimmte Weise handeln, wenn ich keinen Körper besäße.
7) Kann man, dass p, nur anhand von Sachverhalten der Art F erkennen, setzen F-Sachverhalte aber q voraus, so kann man p nicht unabhängig von q erkennen.

---

8) Also (aus 5–7): Dass ich denke, kann ich nicht ganz unabhängig davon, dass ich einen Körper besitze, erkennen.

---

9) Also (mit Annahmewiderlegung aus 1, 3 und 8): Dass ich ein denkendes Wesen bin, erkenne ich keineswegs klar und deutlich ganz unabhängig davon, welche Nicht-D-Eigenschaften mir sonst noch zukommen mögen (CONTRA 60.2).

Im Gegensatz zu Quines Essentialismuskritik richtet sich Ryles Überlegung auch gegen Chalmers' Zombieargument. Die obige Rekonstruktion lässt sich ohne weiteres so modifizieren, dass sie die Prämisse (64.2) angreift.

Eine nicht minder verblüffende Kritik am Cartesischen Substanzdualismus trägt Peter Strawson in seinem Hauptwerk *Individuals. An Essay in Descriptive Metaphysics* (dt.: *Einzelding und logisches Subjekt. Ein Beitrag zur deskriptiven Metaphysik,* 1972) vor. Den Grundgedanken seines Arguments formuliert Strawson so:

> »Man kann sich selbst nur dann Bewußtseinszustände zuschreiben, wenn man sie anderen zuschreiben kann. Man kann sie nur anderen zuschreiben, wenn man andere Empfindungs-Subjekte identifizieren kann. Und man kann andere nicht identifizieren, wenn man sie *ausschließlich* als Erfahrungs-Subjekte, als Träger von Bewußtseinszuständen identifizieren kann.«
>
> (Strawson 1972, S. 129)

Der Einwand scheint darauf hinauszulaufen, dass wir uns Denkfähigkeit und andere Denkeigenschaften (D-Eigenschaften) gar nicht zuschreiben könnten, wenn wir nicht auch ganz andere Eigenschaften besäßen. Wie funktioniert Strawsons Argument aber genau? Und wieso handelt es sich dabei um einen Einwand gegen Descartes?

Hinter seinem Argument steht eine ganz allgemeine Überlegung.

> »Der wesentliche Punkt ist hier ein rein logischer: Es besteht eine wechselseitige Abhängigkeit zwischen der Idee eines Prädikats und der Idee einer *Reihe* von unterscheidbaren Individuen, denen das Prädikat sinnvoll zugeordnet werden kann, wenn es auch nicht notwendig auf sie zutrifft.«
>
> (Strawson 1972, S. 127, Fußnote 6)

Auszusagen, dass ein Gegenstand unter einen Begriff fällt, setze demnach voraus, dass man ähnliche Gegenstände individuieren kann, die möglicherweise unter denselben Begriff fallen. Unter einen Begriff fallen, *per definitionem,* also (zumindest potentiell) immer mehrere Einzeldinge.

Das gilt, so Strawson, insbesondere auch für Denkbegriffe und D(enk)-Eigenschaften.

> »Es könnte nicht die Rede davon sein, die eigenen Bewußtseinszustände oder Erfahrungen einem anderen Subjekt zuzuschreiben, wenn man nicht bereit und in der Lage wäre, Bewußtseinszustände oder Erfahrungen anderen Individuen zuzuschreiben, die demselben logischen Typ angehören wie das Subjekt, dem man die eigenen Bewußtseinszustände zuschreibt.«
> (Strawson 1972, S. 133)

Insbesondere heißt das aber,

> »daß man imstande ist, verschiedene Subjekte für derartige Prädikate, d.h. verschiedene Individuen des besagten Typs voneinander zu unterscheiden und zu identifizieren.« (Strawson 1972, S. 133)

Das wird uns, sagt Strawson, aber nie gelingen, wenn wir einzig anhand von D-Eigenschaften – und also nicht-öffentlichen Eigenschaften – versuchen, Einzeldinge voneinander zu unterscheiden:

> »Faßt man im Fall der Fremdzuschreibung die Subjekte, denen man Bewußtseinszustände zuschreibt, als Cartesianische Egos auf, denen streng genommen nur private Erfahrungen zugeschrieben werden können, dann ist [...] das Problem unlösbar.« (Strawson 1972, S. 128f.)

Damit hat Strawson bisher gezeigt, dass wir solchen Gegenständen, die einzig D-Eigenschaften besitzen, D-Eigenschaften gar nicht zuschreiben können. Was aber sollte diese Bedingung der sinnvollen Zuschreibung bestimmter Prädikate uns darüber sagen, welche Eigenschaften den Gegenständen tatsächlich zukommen? Nun, interpretiert man Strawsons Einwand als ein transzendentales Argument, kann man ihn konsequent zu Ende führen, A68:

1) Ich kann einem Gegenstand x nur dann eine Eigenschaft F zuschreiben, wenn ich eine logische Kategorie von Gegenständen bestimmen kann, zu denen auch x zählt und die allesamt potentiell F sind.
2) Eine logische Kategorie von Gegenständen zu bestimmen, die potentiell F sind und zu denen ein Einzelgegenstand x zählt, setzt voraus, mehrere gleichartige Einzelgegenstände, darunter x, zu individuieren, welche zumindest potentiell F sind.

---

3) Also (aus 1,2): Ich kann einem Gegenstand x nur dann D-Eigenschaften zuschreiben, wenn ich mehrere gleichartige Einzelgegenstände individuieren kann, zu denen auch x zählt und die zumindest potentiell D-Eigenschaften besitzen.
4) Ich kann Gegenstände nicht einzig über D-Eigenschaften individuieren. (Mentale Eigenschaften sind privat.)
5) Kann ich Gegenstände nicht einzig über Y-Eigenschaften individuieren, so müssen sie, damit ich sie individuieren kann, einige Nicht-Y-Eigenschaften (aktual) besitzen.

---

6) Also (aus 3–5): Ich kann einem Gegenstand x nur dann D-Eigenschaften zuschreiben, wenn ich mehrere gleichartige Einzelgegenstände (unter ihnen x) individuieren kann, die (zumindest potentiell) D-Eigenschaften wie auch (aktual) Nicht-D-Eigenschaften besitzen.

---

7) Also (aus 6): Ich kann einem Gegenstand x nur dann D-Eigenschaften zuschreiben, wenn x (zumindest potentiell) D-Eigenschaften wie auch (aktual) Nicht-D-Eigenschaften besitzt.
8) Können einem Gegenstand nur dann X-Eigenschaften zugeschrieben werden, wenn er Y-Eigenschaften besitzt, so besitzen alle Gegenstände mit X-Eigenschaften notwendigerweise Y-Eigenschaften. (Die Bedingung der

Möglichkeit, einem Gegenstand eine Eigenschaft zuzuschreiben, ist die Bedingung des Sachverhalts selbst, dass der Gegenstand die Eigenschaft besitzt.)

---

9) Also (aus 7,8): Gegenstände mit D-Eigenschaften besitzen notwendigerweise Nicht-D-Eigenschaften.

---

10) Also (aus 9): Es ist falsch, dass ich notwendigerweise einzig D-Eigenschaften besitze (CONTRA rein geistige Natur).

Strawsons Argument richtet sich damit gegen die These der (rein) geistigen Natur, d. h. das Zwischenergebnis des zweiten Argumentschrittes im offiziellen Argument (60.10). Mit der Prämisse (4) hat es eine womöglich umstrittene Voraussetzung, aber zumindest Descartes kann diese Prämisse nicht ablehnen, ohne seinen Dualismus aufzugeben. Insofern lässt sich Strawsons Argument allemal als eine überzeugende interne Kritik der Cartesischen Position verstehen. Anders als Ryles Einwand richtet sich die transzendentale Überlegung indessen nicht gegen Chalmers' Zombie-Argument (A 64). Strawsons Einwand, so denn er erfolgreich ist, hat schließlich zur Folge, dass wenigstens eine Prämisse des Cartesischen Arguments (A 60, hier S. 224 f.) falsch ist. Um welche der Prämissen es sich dabei handeln könnte, ist nicht schwer auszumachen, denn

> »dieses Ergebnis ist natürlich nicht neu. Ich habe damit gesagt, daß man P-Prädikate auf andere Personen aufgrund der Beobachtung ihres Verhaltens anwendet […].« (Strawson 1972, S. 136)

P-Prädikate sind dabei nichts anderes als unsere D-Eigenschaften: Strawson negiert also die bereits von Ryle angegriffene Prämisse, man erkenne D(enk)-Eigenschaften unabhängig von materiellen und körperlichen Eigenschaften (60.2).

Descartes' Dualismus sieht sich also, wie dieser und der vorhergehende Abschnitt gezeigt haben, ganz erheblichen Einwänden ausgesetzt, die hier in der Argumentkarte 14 zusammengefasst werden.

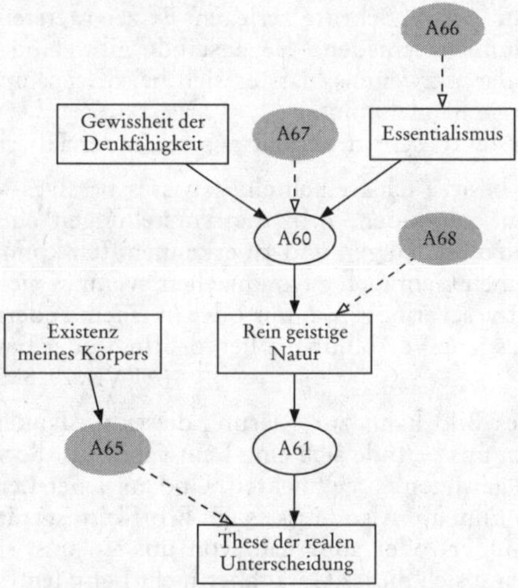

Argumentkarte 14

Auch wenn diese Einwände die Cartesische Philosophie des Geistes nicht zwingend widerlegen können, machen sie doch zumindest deutlich, wie hoch der Preis ist, den man entrichten muss, um an Descartes' Position festzuhalten.

Die Existenz von Außenweltdingen

Descartes muss noch zeigen, dass es abgesehen von ihm selbst und Gott noch andere Dinge gibt, insbesondere: materielle Gegenstände. Seine Begründung dieser These kann man in zwei Schritte zerlegen: Er zeigt, erstens, dass es von ihm verschiedene Gegenstände gibt. Und er begründet dann, zweitens, dass es sich bei diesen um materielle Dinge handeln muss.

Der erste Teilschritt besteht aus folgender Überlegung:

> »Nun besitze ich freilich ein gewisses passives Vermögen zu empfinden, d.h. die Vorstellungen sinnlicher Dinge zu empfangen und zu erkennen. Ich könnte aber gar keinen Gebrauch davon machen, wenn es nicht auch ein aktives Vermögen in mir oder in einem andern gäbe, welches jene Vorstellungen hervorbringt oder bewirkt.«
> (AT VII, 79; SM 191)

Folgendes Bild kann zur Klärung dieses Gedankens beitragen: In uns befinde sich eine Leinwand, auf die wir mit unserem geistigen Auge blickten. Und auf jener Leinwand laufe ein Film ab. Also muss es ein Projektionsgerät geben – sei es inner- oder außerhalb von uns. In uns, so Descartes, kann sich dieses Gerät aber nicht befinden:

> »In mir kann dies [aktive] Vermögen aber nicht liegen. Es setzt ja gar [keine Einsicht][45] voraus, und die sinnlichen Vorstellungen entstehen auch ganz ohne mein Zutun, oft sogar gegen meinen Willen. Jenes Vermögen muß sich also in einer von mir verschiedenen Substanz finden [...].« (AT VII, 79; SM 191)

Dagegen hat Descartes in der dritten Meditation aber selbst nachgewiesen: Die Willensunabhängigkeit von Sinneswahrnehmungen stellt keineswegs einen zwingenden Grund da-

45 Im lateinischen Wortlaut: »[...] quia nullam plane intellectionem praesupponit«.

für dar, dass das gesamte Einbildungsvermögen nicht »in uns« sein könne (vgl. hier S. 119f.). Unsere Rekonstruktion sollte diese Prämisse damit tunlichst vermeiden. Descartes muss für die Existenz von Außenweltdingen also ausgehend davon argumentieren, dass die Erzeugung von Sinneseindrücken »gar keine Einsicht« voraussetzt, A69:

1) Ich besitze ein passives Vermögen der Wahrnehmung, d.h. die Fähigkeit, Dinge sinnlich wahrzunehmen und zu verstehen, von dem ich auch Gebrauch mache.
2) Ich kann nur dann Gebrauch von dem passiven Wahrnehmungsvermögen machen, wenn es Gegenstände gibt, die ein entsprechendes aktives Vermögen realisieren, d.h. die Ursache meiner passiven Sinneswahrnehmungen sind.

---

3) Also (aus 1,2): Es gibt Gegenstände, die ein entsprechendes aktives Vermögen realisieren, d.h. die Ursache meiner passiven Sinneswahrnehmungen materieller Dinge sind.
4) Das entsprechende aktive Vermögen setzt keine D-Eigenschaften voraus.
5) Die einzigen Eigenschaften, die mir notwendigerweise zukommen, sind meine Denkfähigkeit und weitere D-Eigenschaften (rein geistige Natur).
6) Ein Gegenstand, dem einzig X-Eigenschaften notwendigerweise zukommen (dessen Wesen in X besteht), besitzt nicht die Fähigkeit G, falls G keine X-Eigenschaft voraussetzt.

---

7) Also (aus 4–6): Das aktive Vermögen, Sinneswahrnehmungen materieller Dinge in mir zu verursachen, ist keine meiner Fähigkeiten.
8) Es ist notwendig, dass wenn x=y, dann Fy, falls Fx, für beliebige Eigenschaften F (Leibniz' Substitutionsprinzip).

---

9) Also (aus 3,7,8): Es gibt von mir als denkendem Wesen verschiedene Gegenstände, die über das aktive Vermögen verfügen, Sinneswahrnehmungen materieller Dinge in mir zu verursachen (PRO 70.1).

In dieses Argument geht mit Prämisse (5) eine zentrale These der Cartesischen Philosophie des Geistes ein, die Descartes im zweiten Teilschritt des offiziellen Arguments (A 60) begründet. Auf der Konklusion (9) baut die weitere Argumentation auf, in der Descartes nachzuweisen versucht, dass es sich bei den von ihm verschiedenen Gegenständen tatsächlich um materielle Gegenstände handelt. Dazu bedient er sich im zweiten Argumentationsschritt informationstheoretischer Prinzipien, die bereits seinem ideentheoretischen Gottesbeweis zugrunde lagen:

> »Jenes Vermögen muß sich also in einer von mir verschiedenen Substanz finden, in der, wie wir oben sahen, alle jene Realität [formal][46] oder [eminent] enthalten sein muß, die [objektiv] in den Vorstellungen liegt, welche jenes Vermögen hervorruft. Demnach ist jene Substanz entweder ein Körper oder etwas Körperliches, enthält also [formal][47] alles ebenso, wie es in den Vorstellungen objektiv enthalten ist; oder sie ist Gott oder ein höheres.« (AT VII, 79; SM 191)

Gemäß dem informationstheoretischen Interpretationsansatz des dritten Kapitels sagt Descartes hier, dass unsere Sinneswahrnehmungen ihren Informationsgehalt entweder von entsprechenden materiellen Dingen erhalten oder eben von anderen Gegenständen, die intrinsisch noch mehr Informationen als materielle Dinge tragen. Letzteres schließt Descartes aber aus, denn andernfalls wäre Gott, der all dies ja eingerichtet hat, ein Schwindler.

46 Im lateinischen Wortlaut: »[...] in quâ quoniam omnis realitas vel formaliter vel eminenter inesse debet, quae est objective in ideis«.

47 Im lateinischen Wortlaut: »[...] in quâ nempe omnia formaliter continentur quae in ideis objective«.

»Da nun aber Gott kein Betrüger ist, kann er mir jene Vorstellungen offenbar weder selbst eingeben, noch auch mittelbar durch ein anderes Geschöpf, in dem ihre objektive Realität nicht [formal][48], sondern nur in überhöhter Form [d.h. eminent] enthalten wäre. Geschweige daß Gott mir das Vermögen verliehen hätte, dies als gültig anzusehen, pflanzte er mir im Gegenteil eine große Neigung ein zu glauben, jene Vorstellungen rührten von den Körpern her. Wie könnte ich ihn noch für wahrhaftig halten, wenn sie einen andern Ursprung hätten als die körperlichen Dinge! Und folglich gibt es körperliche Dinge.« (AT VII, 79f.; SM 193)

Erst in diesem zweiten Teilschritt wird damit die Existenz eines vollkommenen Gottes abermals vorausgesetzt, A70:

1) Es gibt von mir als denkendem Wesen verschiedene Gegenstände, die über das aktive Vermögen verfügen, Sinneswahrnehmungen materieller Dinge in mir zu verursachen.
2) Werden meine Sinneswahrnehmungen materieller Dinge von Gegenständen, die von mir verschieden sind, verursacht, so sind diese Ideen material wahr (d.h. repräsentieren irgendetwas und nicht einfach nichts).

---

3) Also (aus 1,2): Meine Sinneswahrnehmungen materieller Dinge sind material wahre Ideen.
4) Wenn *v* eine wahre Vorstellung ist, dann gibt es einen Gegenstand, der *v* die Information I(*v*) direkt oder indirekt (über eine Informationsübertragungskette) übermittelt hat, seinen Informationsgehalt intrinsisch (d.h. nicht in repräsentationaler Form) trägt und selbst keine Vorstellung ist (vgl. 28.15, hier S. 141).

48 Im lateinischen Wortlaut: »[...] in quâ earum realitas objectiva non formaliter, sed eminenter tantùm contineatur«.

5) Ein Gegenstand kann nur dann den Informationsgehalt I direkt oder indirekt (über eine Informationsübertragungskette) übermitteln, wenn der Informationsgehalt, den er selbst trägt, mindestens so groß wie I ist (vgl. 28.5, hier S. 139).

---

6) Also (aus 3–5): Es gibt von mir verschiedene, nicht-ideelle Gegenstände, (i) deren intrinsischer Informationsgehalt mindestens so groß wie der (repräsentationale) Informationsgehalt meiner Sinneswahrnehmungen materieller Dinge ist und (ii) die diesen Ideen ihren Informationsgehalt übermittelt haben.
7) Nur materielle Gegenstände oder »höhere« Geschöpfe wie Gott besitzen einen Informationsgehalt intrinsisch, der mindestens ebenso groß wie der Informationsgehalt ist, der meinen Sinneswahrnehmungen materieller Dinge zukommt.

---

8) Also (aus 6,7): Es gibt materielle Gegenstände, die meinen Sinneswahrnehmungen ihren Informationsgehalt übermitteln, oder der Informationsgehalt meiner Sinneswahrnehmungen materieller Dinge stammt von »höheren« Geschöpfen.
9) Ich besitze keine Möglichkeit, zu erkennen, wer oder was die Informationsquelle einer Sinneswahrnehmung ist, wohl aber eine starke Neigung, zu glauben, es handele sich um materielle Dinge.
10) Stammte der Informationsgehalt meiner Sinneswahrnehmungen materieller Dinge von »höheren« Geschöpfen, ohne dass ich eine Möglichkeit hätte, dies zu erkennen, obwohl ich eine starke Neigung besitze, zu glauben, er stamme von materiellen Dingen, so hätte Gott mich so geschaffen, dass ich Fehler machte, ohne die Möglichkeit zu besitzen, diese zu korrigieren.

11) Hätte Gott mich so geschaffen, dass ich Fehler machte, ohne die Möglichkeit zu besitzen, diese zu korrigieren, so wäre er ein Schwindler.
12) Es gibt Gott und er ist kein Schwindler (nicht-betrügerischer Gott).

---

13) Also (aus 9–12): Der Informationsgehalt meiner Sinneswahrnehmungen materieller Dinge stammt nicht von »höheren« Geschöpfen.

---

14) Also (aus 8,13): Es gibt materielle Gegenstände, die meinen Sinneswahrnehmungen ihren Informationsgehalt übermitteln (PRO Existenz der materiellen Außenwelt).

Wie überzeugend begründet Descartes mit (A69)–(A70) die Existenz materieller Gegenstände? Systematisch betrachtet besteht natürlich eine Schwäche dieser Argumentation darin, dass sie die Existenz Gottes voraussetzt, ohne dass es Descartes in den *Meditationes* gelungen ist, diese auch zu beweisen. Aber selbst dann, wenn wir Descartes die theistische These zubilligen, steht seine Begründung der Existenz materieller Dinge auf wackeligen Beinen. *Erstens* scheint die klare Unterscheidung zwischen passivem und aktivem Vermögen der Wahrnehmung in (69.1) und (69.2) keinesfalls zwingend. Denn wieso glaubt Descartes – angeblich unabhängig von dem Wissen um die Existenz der materiellen Außenwelt, dass unsere geistige Leinwand »affiziert« (AT VII, 81; SM 197), d. h. von etwas angeregt oder gereizt, werden muss, um Wahrnehmungsvorstellungen aufzuweisen? Mehr noch, unter Ryles Kritik bricht dieses gesamte Bild der inneren Leinwand, auf der ein privater Film abläuft, zusammen. *Zweitens* begründet Descartes aber auch wenig überzeugend, dass Sinnesvorstellungen einzig von Dingen stimuliert und verursacht werden könnten, die von mir verschieden sind. Kann ich etwa nur deshalb, weil das aktive Wahrnehmungsvermögen keine Eigenschaft voraussetzt, die mir notwendigerweise zukommt, jenes nicht besitzen? Prämisse (69.6) scheint schlichtweg falsch zu sein: Auch wenn Rad fahren zu können eine Fähigkeit ist, die keine Eigenschaft voraussetzt, welche ein Mathematiker notwendigerweise besitzt, so gibt es doch einige Mathematiker, die (kontingenterweise) Rad fahren können. Und auch die folgende schwächere, aber immer noch ausreichende Variante von Prämisse (69.6) scheint letztlich unhaltbar:

a) Ein Gegenstand, dem einzig D-Eigenschaften notwendigerweise zukommen, besitzt nicht die Fähigkeit G, falls G keine D-Eigenschaft voraussetzt.

Denn Descartes hat im offiziellen Argument – eingedenk der Kritik von Quine, Ryle und Strawson: wenn überhaupt – eben nur gezeigt, dass ich einzig D-Eigenschaften notwendigerweise besitze; nicht aber, dass alle Eigenschaften, die ich überhaupt besitzen kann, D-Eigenschaften sind. Mit anderen Worten: Das Prinzip (a) wäre begründet, wenn Descartes nachgewiesen hätte, (i) dass es (abgesehen von Gott) überhaupt nur zwei Arten von Dingen gibt: denkende und materielle, und (ii) dass Eigenschaften denkender Dinge materiellen nicht zukommen können und umgekehrt. Argumente für diese, über seine bisher rekonstruierte Philosophie des Geistes hinausgehende Position, bleibt Descartes aber schuldig. Entscheidender noch: Eine solche Position könnte er kaum aufrecht erhalten. Eigenschaften wie »trägt die und die Information« können Descartes zufolge ja sowohl auf Ideen als auch auf materielle Gegenstände zutreffen.[49]

Die Bilanz unserer Analyse der Argumente (A69)–(A70) fällt also negativ aus: Selbst mit der theistischen

49 Für eine detaillierte Besprechung Descartes' begrifflicher Annahmen vgl.: Schütt (1990, S. 247ff.), bezüglich des Prinzips (a) insbesondere auch Schütt (1990, S. 265–266).

These gelingt es Descartes nicht, die Existenz der materiellen Außenwelt nachzuweisen. Trotz dieser Schwächen in der Begründung werden wir die Konklusion (70.14) im folgenden aber als gewiss annehmen und nachvollziehen, welche weiteren Schlussfolgerungen sich daraus ergeben. Die Existenz seines eigenen Körpers scheint Descartes dann nämlich, abermals unter Rückgriff auf die theistische These, vergleichsweise einfach beweisen zu können. Denn hätte Gott die Natur, insbesondere also des Denkers Wahrnehmungsapparat sowie seine Umwelt, derart eingerichtet, dass seine Sinneswahrnehmungen nicht zumindest »einen gewissen Grad von Wahrheit« aufwiesen, so würde Gott ihn sicherlich täuschen (AT VII, 80; SM 193). »Nun sagt mir diese Natur aber aufs ausdrücklichste, daß ich einen Körper habe« (AT VII, 80; SM 195). Sinneswahrnehmungen wie Schmerz, Hunger, Durst und dergleichen enthielten nicht ein Fünkchen Wahrheit, sagt Descartes, wenn er keinen Körper besäße, A71:

1) Es gibt Gott und er ist vollkommen (theistische These).
2) Wenn es Gott gibt und er vollkommen ist, dann hat er die Welt geschaffen.
3) Es gibt materielle Gegenstände, die meinen Sinneswahrnehmungen ihren Informationsgehalt übermitteln (Existenz der materiellen Außenwelt).

---

4) Also (aus 1–3): Gott hat die Welt so geschaffen, dass es materielle Gegenstände gibt, die meinen Sinneswahrnehmungen ihren Informationsgehalt übermitteln.
5) Wäre eine an mich adressierte Information einer von Gott so eingerichteten Informationsübertragungskette vollkommen inkorrekt, so wäre Gott ein Schwindler.
6) Es gibt Gott und er ist kein Schwindler (nicht-betrügerischer Gott).

---

7) Also (aus 4–6): Keine Information, die von meinen Sinneswahrnehmungen getragen wird, ist vollkommen inkorrekt.
8) Meine Erfahrung meines Körpers, mit dem ich auf das engste verbunden bin, insbesondere die Erfahrung von Schmerz, Hunger, Durst usw., sind die fundamentalsten und intensivsten meiner Sinneswahrnehmungen.
9) Gehören die Sinneswahrnehmungen S über ein materielles Ding K zu den fundamentalsten und intensivsten meiner Sinneswahrnehmungen, so wäre die Information, die sie tragen, vollkommen inkorrekt, gäbe es keinen entsprechenden materiellen Gegenstand K.

---

10) Also (aus 7–9): Ich besitze einen Körper, mit dem ich (als denkendes Wesen) auf das engste verbunden bin (PRO Existenz meines Körpers).

Es ist diese Konklusion, die Descartes' These der realen Unterscheidung ergänzt und die wir oben, bei der Diskussion des Cartesischen Dualismus bereits voraussetzten. Argumentkarte 15 (siehe folgende Seite) stellt die dialektische Struktur der Begründung der Existenz der materiellen Außenwelt dar.

Die methodologische Fundierung empirischer Wissenschaft

Nehmen wir die Ergebnisse der bisherigen Argumentation weiterhin als gewiss an: Es gibt also materielle Dinge, die die Informationsquelle unserer Sinneswahrnehmungen darstellen, und jeder von uns besitzt einen Körper. Was hat Descartes dann überhaupt noch zu zeigen? Allein dies: dass wir die materiellen Gegenstände auch erkennen können. Um diese letzte Beweislast einzulösen, entwickelt

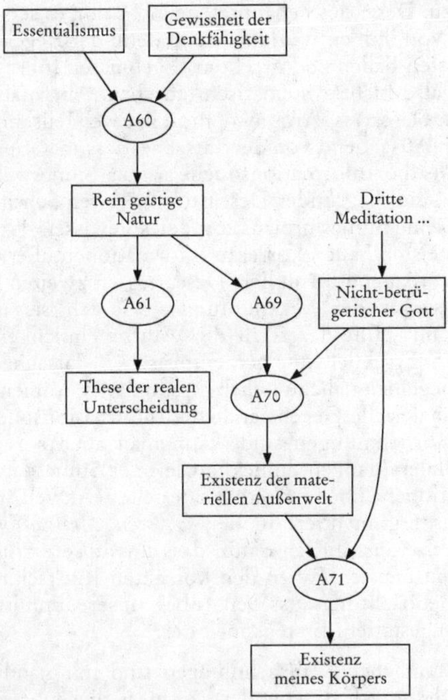

Argumentkarte 15

Descartes eine Erkenntnis*methode* der empirischen Wissenschaften und begründet deren Zuverlässigkeit. Descartes behauptet dabei nicht, die mit der entsprechenden Methode gewonnenen empirischen Resultate seien gewiss. Nein, tatsächlich ist er in Bezug auf empirische Erkenntnis Fallibilist, gesteht also die prinzipielle Möglichkeit von

Irrtum zu. Descartes behauptet vielmehr nur, es sei gewiss, dass die von ihm entworfene Methode in der Regel und in den meisten Fällen zu korrekten Ergebnissen führt –, dass wir uns also nicht systematisch täuschen. Abermals ist es hilfreich, Descartes' Argumentation in zwei Teilschritte zu zerlegen: Ausgehend von der Tatsache, dass materielle Gegenstände die Informationsquelle seiner Sinneswahrnehmungen sind, begründet Descartes im ersten Schritt, dass jede einzelne Sinnesinformation eines gewissen Typs ihm in den meisten Fällen korrekte Informationen übermittelt. Darauf aufbauend formuliert Descartes im zweiten Schritt die »Methode der Verknüpfung«, wie ich sie nennen möchte, mit Hilfe derer wir die Wahrscheinlichkeit, dass wir beim Erschließen einer empirischen Tatsache einen Irrtum begehen, nahezu beliebig reduzieren können.

Dass materielle Gegenstände die Informationsquelle für Sinneswahrnehmungen sind, kann man auch so ausdrücken: Wir empfangen Sinnessignale oder Sinnesdaten, die Informationen über unsere materielle Umwelt tragen. Descartes argumentiert in der *sechsten Meditation* vergleichsweise ausführlich dafür, dass uns unsere Sinnesdaten in den meisten Fällen den korrekten Rückschluss auf wahre Beobachtungsaussagen (über unsere unmittelbare Umwelt) gestatten. Erstens meint er:

> »Die sinnlichen Wahrnehmungen sind mir nämlich eigentlich nur dazu von der Natur verliehen, um dem Geist anzuzeigen, was dem Zusammengesetzten, dessen Teil er ist, zuträglich oder nicht zuträglich [in der französischen Ausgabe: schädlich] ist […].« (AT VII, 83; SM 199)

Zweitens können wir Descartes getrost unterstellen, dass er davon ausgeht, Gott habe ihn und insbesondere seinen Sinnenapparat so eingerichtet, dass dieser seine natürliche Funktion bestmöglich erfüllt. Schließlich glaubt Descartes, drittens, dass sein Wahrnehmungsapparat diese Funktion, ihm vorteilhafte oder schädliche Situationen anzuzeigen, genau dann bestmöglich erfüllt, wenn ein Sinnessignal eines bestimmten Typs in den meisten Fällen Informationen über seine tatsächliche Ursache trägt. Weil also unser Wahrnehmungsapparat seine natürliche Funktion bestmöglich erfüllt, sind die meisten unserer Sinnesinformationen auch zuverlässig und korrekt, A72:

1) Mein Vermögen, spezifische Sinnesdaten zu empfangen, erfüllt die Funktion bestmöglich, dem aus Körper und Geist zusammengesetzten Menschen zu signalisieren, ob eine Situation zu meiden oder zu suchen ist.
2) Die Funktion, einem aus Körper und Geist zusammengesetzten Menschen zu signalisieren, ob eine Situation zu meiden oder zu suchen ist, wird genau dann bestmöglich erfüllt, wenn jedes Sinnessignal diejenige Situation signalisiert, durch welche Signale des jeweiligen Typs am häufigsten verursacht werden.

---

3) Also (aus 1,2): Meistens signalisieren Sinnessignale die Situation, durch die sie verursacht werden.
4) Es gibt materielle Gegenstände, die meinen Sinneswahrnehmungen ihren Informationsgehalt übermitteln (Existenz der materiellen Außenwelt).
5) Genau dann, wenn (i) ein spezifisches Signal seine tatsächliche Ursache signalisiert und (ii) seine Informationsquelle ein materielles Ding ist, lässt es einen korrekten Rückschluss auf die materielle Umwelt des Signalempfängers zu.

---

6) Also (aus 3–5): In den meisten Fällen sind die aus spezifischen Sinnesdaten gewonnenen Beobachtungsaussagen wahr (PRO 74.6).

Die erste Prämisse lässt sich, wie oben angedeutet, in einfacher Weise aus der theistischen These herleiten. Nicht weniger begründungsbedürftig als die erste Prämisse ist die zweite Prämisse des Arguments. Wie hängt die Funktion meines Wahrnehmungsapparats mit dem Informationsgehalt meiner Sinnesvorstellungen zusammen? Descartes geht davon aus, dass es verschiedene Typen von Sinnessignalen gibt und dass jeder Signaltyp nur genau eine Bedeutung haben, genau eine Situation signalisieren kann:

> »Schließlich bemerke ich, daß jede einzelne Bewegung, die in dem Teil des Gehirns auftritt, der unmittelbar auf den Geist einwirkt, dem Geist stets nur eine bestimmte Empfindung eingibt« (AT VII, 87; SM 209).

Zwei Signalvorkommnisse des gleichen Typs, das heißt zwei ununterscheidbare Signale, können, sagt Descartes, auf ganz verschiedene Weise zustande gekommen sein. Es gibt ganz unterschiedliche Informationsübertragungsketten, die ein und denselben Signaltyp im Gehirn hervorrufen, wie er am Beispiel der Phantomschmerzen illustriert (AT VII, 86f.; SM 207ff.). Signale eines bestimmten Typs müssen deshalb Informationen über genau die Situation tragen, durch die sie im Normalfall hervorgerufen werden: So erlauben sie zumindest in der Regel, zielgerichtet zu handeln, A73:

1) Ein einzelnes Signal eines beliebigen Typs T (T-Signal) ermöglicht genau dann, zielgerichtet zu handeln, wenn es diejenige Situation signalisiert, durch die es hervorgerufen wird.
2) Verschiedene T-Signale werden durch verschiedene Situationen hervorgerufen.
3) Alle T-Signale signalisieren aber ein und dieselbe Situation (und können auch nur genau eine Situation signalisieren).

---

4) Also (aus 1–3)[50]: Signale eines beliebigen Typs T ermöglichen genau dann am häufigsten zielgerichtetes

50 In diesen Schluss gehen neben rein logischen auch arithmetische Überlegungen ein: Die Anzahl der T-Signale, die zielgerichtetes Handeln ermög-

Handeln, wenn sie diejenige Situation signalisieren, durch die sie am häufigsten verursacht werden.

5) Die Funktion, einem aus Körper und Geist zusammengesetzten Menschen zu signalisieren, ob eine Situation zu meiden oder zu suchen ist, wird genau dann bestmöglich erfüllt, wenn so viele Sinnessignale wie möglich die Person befähigen, zielgerichtet zu handeln.

---

6) Also (aus 4,5): Die Funktion, einem aus Körper und Geist zusammengesetzten Menschen zu signalisieren, ob eine Situation zu meiden oder zu suchen ist, wird genau dann bestmöglich erfüllt, wenn jedes Sinnessignal diejenige Situation signalisiert, durch welche Signale des jeweiligen Typs am häufigsten verursacht werden (PRO 72.2).

Die Attraktivität der Begründung der Zuverlässigkeit unserer Sinneswahrnehmungen in (A72) – (A73) besteht darin, dass sie Irrtümer nicht von vornherein ausschließt, sondern vielmehr zugleich eine Erklärung für gelegentliche Fehler mitliefert. Erneut hängt die Argumentation aber entscheidend an der theistischen These.[51]

Wir kommen nun zum zweiten Schritt der methodologischen Fundierung der empirischen Wissenschaften. Meistens, so das Zwischenergebnis des ersten Schritts, lassen Sinnesdaten korrekte Rückschlüsse auf Beobachtungsaussagen zu. Manchmal, und das scheint für Descartes »in der Natur der Sache« zu liegen, täuschen uns

lichen, wird nämlich maximiert, wenn die Anzahl der T-Signale, die ihre Ursache repräsentieren, maximiert wird (nach 1). (2) und (3) zufolge wird diese Anzahl aber genau dann maximiert, wenn T-Signale diejenige Situation repräsentieren, durch die die meisten von ihnen verursacht werden.

51 Allerdings ließe sich die Prämisse (A72.1) auch im Rahmen einer evolutionären Erkenntnistheorie (vgl. Vollmer 1975, 2003) plausibel begründen. Für das Cartesische Projekt wäre – immanent betrachtet – damit allerdings nichts gewonnen. Denn die Evolutionstheorie stellt ja selbst eine empirische Theorie dar und ist folglich durch Methoden begründet, die Descartes überhaupt erst zu rechtfertigen versucht.

einzelne Sinnesdaten jedoch. Er entwirft deshalb eine Methode, um solche fehlerhaften Rückschlüsse »leicht zu berichtigen oder zu vermeiden« (AT VII, 89; SM 211). Sinnesdaten könnten sich schließlich gegenseitig korrigieren, denn

> »fast immer kann ich mich auch mehrerer Sinne bedienen, um einen Fall zu prüfen; und zudem habe ich das Gedächtnis, das die Gegenwart mit der Vergangenheit verknüpft, und den Verstand, der die Ursachen des Irrtums bereits alle durchschaute!«
>
> (AT VII, 89; SM 211 ff.)

Indem wir materielle Dinge, die aufgrund gegenwärtiger und erinnerter Sinnesdaten erschlossen wurden, in räumliche, zeitliche und kausale Beziehung zueinander setzten, merzten wir einzelne Fehler aus. Wir entwickelten so einen Realitätssinn und gewönnen ein korrektes Bild der Wirklichkeit:

> »Begegnen mir aber solche Dinge, bei denen ich deutlich bemerke, woher sie kommen, wo sie sind und wann sie sich ereignen, und steht ihre Wahrnehmung durchaus in stetigem Zusammenhang mit meinem ganzen übrigen Leben, so weiß ich gewiß, daß ich dabei nicht träume, sondern wache.« (AT VII, 90; SM 213)

Descartes kann hier so verstanden werden: Die systematische inferentielle Verknüpfung einzelner, mittels Sinnesdaten erschlossener Beobachtungsaussagen ermöglicht es uns, Irrtums- und Fehlerwahrscheinlichkeiten fast beliebig zu minimieren, A74:

1) Ich stelle inferentielle Beziehungen zwischen einzelnen Beobachtungsaussagen her, wenn ich (i) Beobachtungsaussagen, die aus verschiedenen Sinnesdaten gewonnen sind, aber von ein und demselben Gegenstand handeln, miteinander vergleiche, wenn ich (ii) die repräsentierten

materiellen Gegenstände in räumliche Beziehung oder wenn ich die repräsentierten Ereignisse in (iii) zeitliche oder (iv) kausale Beziehung zueinander setze.

2) Ich kann mit Hilfe meines Verstandes und meines Gedächtnisses beliebige Beobachtungsaussagen, insofern sie aus material wahren Sinnesdaten gewonnen sind, miteinander vergleichen und die repräsentierten Gegenstände und Ereignisse räumlich, zeitlich und kausal miteinander verknüpfen.

---

3) Also (aus 1,2): Ich kann beliebige Beobachtungsaussagen, die aus material wahren Sinnesdaten gewonnen sind, inferentiell verknüpfen.
4) Ich kann (beliebig viele) neue Beobachtungsaussagen aus material wahren Sinnesdaten gewinnen.

---

5) Also (aus 3,4): Ich kann mein inferentielles Netz von Beobachtungsaussagen, die aus material wahren Sinnesdaten gewonnen sind, (beliebig) vergrößern.
6) In den meisten Fällen sind die aus spezifischen Sinnesdaten gewonnenen Beobachtungsaussagen wahr.
7) Je umfangreicher ein inferentielles Aussagennetz ist, das überwiegend aus wahren Einzelaussagen besteht, umso mehr falsche Aussagen können identifiziert und korrigiert werden.
8) Je mehr falsche Beobachtungsaussagen identifiziert und korrigiert werden, umso geringer ist die Fehlerwahrscheinlichkeit.

---

9) Also (aus 5–8): Ich kann mein inferentielles Netz von Beobachtungsaussagen, die aus material wahren Sinnesdaten gewonnen sind, (beliebig) vergrößern und dabei die Fehlerwahrscheinlichkeit bezüglich meiner empirischen Überzeugungen (beliebig) minimieren (PRO Methode der Verknüpfung).

Mit der Prämisse (6) knüpft dieses Argument, wie aus Argumentkarte 16 ersichtlich wird, nahtlos an die vorherige Argumentation an.

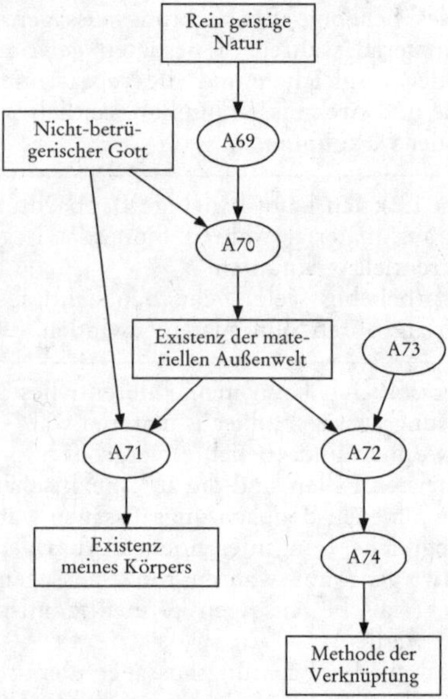

Argumentkarte 16

Das Resultat dieser Überlegungen, die Konklusion (9), stellt die empirischen Wissenschaften tatsächlich, wie Descartes zu zeigen beabsichtigte, auf ein sicheres Fundament. Die empirischen Wissenschaften sind dieser Auffassung gemäß nichts anderes als der großangelegte Versuch, so viele Beobachtungsaussagen in so viele inferentielle Beziehungen zueinander zu setzen, wie nur möglich. Descartes erkennt sofort, dass dieses Projekt *de facto* an Grenzen stößt. Zwar erlangen wir mit Hilfe der Methode der Verknüpfung im Grenz- und Idealfall, d.h. nach Erhebung, Auswertung und Verknüpfung schlichtweg aller Daten, fehlerfreie, gewisse empirische Erkenntnis. Er sieht aber auch, dass es sich hierbei tatsächlich nur um ein Ideal handelt, dessen Realisierung uns als endlichen Wesen verwehrt bleibt. Er schließt seine *Meditationes*:

> »Allerdings bleibt uns im Drang der Geschäfte nicht immer die Zeit zu einer so genauen Prüfung, und deshalb muß ich gestehen, daß das menschliche Leben im Bereich der einzelnen Dinge oft Irrtümern unterliegt, und ich muß die Schwäche unserer Natur anerkennen.«
> (AT VII, 90; SM 213)

Unsere Bemühungen, die uns umgebende Welt zu erkennen, stoßen unweigerlich an Grenzen. Und unser empirisches Wissen ist nicht nur endlich, sondern auch fallibel. Descartes begründet in den *Meditationes* alles in allem ein Wissenschaftsbild, welches, wenn es auch keineswegs unumstritten ist, so doch von vielen Wissenschaftsphilosophen heute noch geteilt wird: Empirische Wissenschaft, die von endlichen Wesen betrieben wird, ist niemals irrtumsfrei. Aber methodologisch angeleitet schreitet sie voran, indem sie Fehler korrigiert, und nähert sich so einer wahren und korrekten Beschreibung unserer Welt zumindest an.

Literaturhinweise

Alston, William P.: »The Ontological Argument Revisited.« In: The Philosophical Review 69(4) (1960) S. 452–474.
Baillet, Adrien: Vie de Monsieur Descartes. Paris 1946.
Beckermann, Ansgar: Descartes' metaphysischer Beweis für den Dualismus. Analyse und Kritik. Freiburg Br. [u. a.] 1986.
– Analytische Einführung in die Philosophie des Geistes. Berlin [u. a.] 1999.
Betz, Gregor: »Petitio Principii and Circular Argumentation as seen from a Theory of Dialectical Structures.« In: Synthese 175(3) (2010a) S. 327–349.
– Theorie dialektischer Strukturen. Frankfurt a. M. 2010b.
Bieri, Peter: Das Handwerk der Freiheit. Über die Entdeckung des eigenen Willens. Frankfurt a. M. 2003.
Brandom, Robert B.: Expressive Vernunft. Begründung, Repräsentation und diskursive Festlegung. Frankfurt a. M. 2000.
Carriero, John P.: Between Two Worlds. A Reading of Descartes's Meditations. Princeton 2009.
Chalmers, David J.: The Conscious Mind. In Search of a Fundamental Theory. New York 1996.
Frankfurt, Harry G.: »Descartes's Discussion of his Existence in the Second Meditation.« In: Philosophical Review 75(3) (1966) S. 329–356.
– Demons, Dreamers, and Madmen. The Defense of Reason in Descartes' Meditations. Indianapolis [u. a.] 1970.
Grundmann, Thomas / Stüber, Karsten: »Einleitung.« In: Thomas Grundmann / Karsten Stüber: Philosophie der Skepsis. Paderborn 1996. S. 9–57.
Hintikka, Jaakko: »Cogito Ergo Sum. Inference or Performance.« In: Philosophical Review 71(1) (1962) S. 3–32.
– »Cogito Ergo Sum as an Inference and a Performance.« Philosophical Review 72(4) (1963) S. 487–496.
Hume, David: Eine Untersuchung über den menschlichen Verstand. Hamburg 1993. (Vgl. auch: Eine Untersuchung über den menschlichen Verstand. Stuttgart 1982.)
Kant, Immanuel: Kritik der reinen Vernunft. Hrsg. von Ingeborg Heidemann. Stuttgart 1966.

Keil, Geert: Willensfreiheit. Berlin [u.a.] 2007.
Kenny, Anthony: Descartes. A Study of his Philosophy. New York 1968.
Kripke, Saul A.: Name und Notwendigkeit. Frankfurt a.M. 1981.
Leibniz, Gottfried W.: Monadologie. Stuttgart 2008.
Mackie, John L.: Das Wunder des Theismus. Stuttgart 1985.
Meixner, Uwe: Modalität. Möglichkeit, Notwendigkeit, Essenzialismus. Frankfurt a. M. 2008.
Müller, Olaf: Wirklichkeit ohne Illusionen I – Hilary Putnam und der Abschied vom Skeptizismus oder Warum die Welt keine Computersimualtion sein kann. Paderborn 2003.
Newman, Lex: Descartes on the Will in Judgment. In: Janet Broughton / John Carriero: A Companion to Descartes. Malden 2008. S. 334–352.
Perler, Dominik: Repräsentation bei Descartes. Frankfurt a.M. 1996.
– René Descartes. München 2006.
Putnam, Hillary: Reason, Truth and History. Cambridge 1981. (dt., Vernunft, Wahrheit und Geschichte. Frankfurt a.M. 1982.)
Quine, Willard V.O.: Word and Object. Cambridge 1960. (dt., Wort und Gegenstand. Stuttgart 1980.)
Rosenberg, Jay F.: Philosophieren. Ein Handbuch für Anfänger. Frankfurt a.M. 1986.
Ryle, Gilbert: Der Begriff des Geistes. Stuttgart 1969.
Schütt, Hans-Peter: Substanzen, Subjekte und Personen. Eine Studie zum Cartesischen Dualismus. Heidelberg 1990.
Strawson, Peter F.: Einzelding und logisches Subjekt. Stuttgart 1972.
Stroud, Barry: Das Problem der Außenwelt. In: Thomas Grundmann / Karsten Stüber: Philosophie der Skepsis. Paderborn 1996. S. 77–104.
Tetens, Holm: Philosophisches Argumentieren. Eine Einführung. München 2004.
– Kants »Kritik der reinen Vernunft«. Ein systematischer Kommentar. Stuttgart 2006.
Tugendhat, Ernst / Wolf, Ursula: Logisch-semantische Propädeutik. Stuttgart 1983.
Vollmer, Gerhard: Evolutionäre Erkenntnistheorie. Angeborene Erkenntnisstrukturen im Kontext von Biologie, Psychologie, Linguistik, Philosophie und Wissenschaftstheorie. Stuttgart 1975.

Vollmer, Gerhard: Wieso können wir die Welt erkennen? Neue Beiträge zur Wissenschaftstheorie. Stuttgart 2003.
Williams, Bernard A. O.: Kann man sich dazu entscheiden, etwas zu glauben? In: A. O. B. W.: Probleme des Selbst. Philosophische Aufsätze 1956–1972. Stuttgart 1978. S. 217–241.
– Descartes: The Project of Pure Enquiry. New York 2005.
Wohlers, Christian: Einleitung. Meditationes de prima philosophia. R. Descartes. Hamburg 2008.

Textnachweise

René Descartes: Discours de la méthode pour bien conduire sa raison, et chercher la verité dans les sciences. Franz./Dt. Übers. und hrsg. von Holger Ostwald. Reclams Universal-Bibliothek 18100. Stuttgart: Reclam 1997.

– Meditationes de Prima Philosophia. Lat./Dt. Übers. und hrsg. von Gerhart Schmidt. Reclams Universal-Bibliothek 2888. Stuttgart: Reclam 1986.

– Meditationen. Mit sämtlichen Einwänden und Erwiderungen. Übers. und hrsg. von Christian Wohlers. 1. Aufl. Philosophische Bibliothek, Bd. 598. Hamburg: Meiner 2009. – © 2009, Felix Meiner Verlag.

– Die Prinzipien der Philosophie. Lat./Dt. Übers. und hrsg. von Christian Wohlers. 1. Aufl. Philosophische Bibliothek, Bd. 566. Hamburg: Meiner 2005. – © 2009, Felix Meiner Verlag.

– Gespräch mit Burman. Lat./Dt. Übers. und hrsg. von Hans Werner Arndt. 1. Aufl. Philosophische Bibliothek, Bd. 325. Hamburg: Meiner 1982. – © 2009, Felix Meiner Verlag.

Abbildungsverzeichnis

Argumentkarten:
1: S. 74 2: S. 78 3: S. 84 4: S. 88 5: S. 102 6: S. 144
7: S. 156 8: S. 161 9: S. 166 10: S. 170 11: S. 183
12: S. 198 13: S. 227 14: S. 247 15: S. 257 16: S. 264

Siglen

EM, ZM, DM usw. = »Erste Meditation«, »Zweite Meditation« … [in *Meditationes* …]
MÜ = »Übersicht der folgenden sechs Meditationen« [in *Meditationes* …]
MV = »Vorrede an den Leser« [in *Meditationes* …]
Disc = *Discours de la Méthode*
GmB = *Gespräche mit Burman*
EE = »Einwände und Erwiderungen« [in *Meditationen. Mit sämtlichen* …]
Prin = *Prinzipien*

Sachregister

Analogieargument 203 f.
Analysis 12 ff., 50
Argument aus dem Zweifel
 104–109 passim, 221
Atheist 59, 154
Außenwelt
 Erkennbarkeit der 42 ff., 79 ff., 256 ff.
 Existenz der 18, 56, 118, 120, 227, 248 ff.

Bedeutungstheorie
 kausale, *siehe* Externalismus semantischer
 siehe auch Gebrauchstheorie der Bedeutung; Internalismus semantischer
Beweisstandards 14, 120, 152 f., 182
Böser Dämon
 als Zweifelsgrund 38 ff.
 und Böser-Dämon-Hypothese, *siehe* skeptisches Szenario und Böser-Dämon-Szenario
 siehe auch Gewissheit und kombiniertes Gewissheitskriterium

Cartesischer Zirkel 153–172 passim
Cogito-Argument 16, 49, 65, 67 ff., 74, 85 ff., 89 ff., 104, 118, 121 f., 159, 172, 240
 siehe auch Gewissheit der eigenen Existenz

Dämon, *siehe* Böser Dämon
Denkfähigkeit
 und These der rein geistigen Natur 18, 225 ff., 247, 249, 257, 264
 siehe auch Gewissheit der Denkfähigkeit
Determinismus 187
Dualismus 85, 104, 107 f., 122, 221–265 passim
 siehe auch Argument aus dem Zweifel; offizielles Argument

empirische Wissenschaften, *siehe* Methode der empirischen Wissenschaften
Essentialismus 224 f., 227, 237 ff., 247, 257
evolutionäre Erkenntnistheorie 261
Existenz
 als Eigenschaft 209–220 passim
 der Außenwelt, *siehe* Außenwelt
 des leiblichen Körpers, *siehe* Körper verstanden als leiblicher
 Gottes, *siehe* theistische These
 materieller Gegenstände, *siehe* Außenwelt
 Modi der (gedachte vs. reale) 213–220 passim
 siehe auch Gewissheit der eigenen Existenz
Externalismus semantischer 45 ff., 99, 145

Fallibilismus 257 f.
Freiheit, *siehe* Willensfreiheit

Gebrauchstheorie der Bedeutung 100
Gedächtnis-Antwort 157 ff.
Gehirn im Tank, *siehe* skeptisches Szenario und Gehirn-im-Tank-Szenario
Gewissheit
 als epistemische Modalität 25 f.
 der Denkfähigkeit 16, 18, 77 ff., 84, 96, 102, 224, 227 f., 247, 257

der eigenen Existenz 16, 18, 67–74 passim, 87 ff., 94, 96, 102
der Mathematik 18, 167, 202
und Gewissheitskriterium der Analytizität 16, 98, 102, 136, 159, 168 ff.
und kombiniertes Gewissheitskriterium 56 f., 67–78 passim, 84, 87 f., 98, 102 f., 123, 168 ff.

Gott
Definition von 144
Existenz von, *siehe* theistische These
Idee von 112, 133, 141–153 passim, 161
klar und deutlich 141 f., 149–153 passim
transzendentale 148 ff.
These des nicht-betrügerischen 17 f., 155, 159, 168, 173 f., 194, 253, 255, 257, 264
Vollkommenheit von 17, 141–152 passim, 154 f., 164 f., 173 f., 188–198 passim, 204–208 passim, 214, 251, 255

Gottesbeweis
ideentheoretischer 17, 19, 33, 49, 65, 99, 111–172 passim, 193, 240, 250
kosmologischer 19
ontologischer 18, 58, 201–220 passim

Idee
material betrachtet 125 ff.
objektiv betrachtet 126 ff.
Wahrheit einer, *siehe* Wahrheit materiale

Individuierung 80 ff., 245

Informationsgehalt
intrinsischer 132, 136 ff., 143, 250 ff.
Prinzipien der Übertragung von 134 ff., 251 ff.
repräsentationaler 132, 134, 136–146 passim

Internalismus semantischer 99

Irrtum
bezüglich empirischer Sachverhalte 257 f., 261–265 passim
und Fehler- und Irrtumstheorie 174–183 passim, 188, 240
und Irrtumseinwand 173 f.
und Vollkommenheit der Schöpfung 194–199 passim

Kategorienfehler 240

klares und deutliches Erfassen
als psychischer vs. epistemischer Zustand 61 f., 113
siehe auch Wahrheitsregel

Korrespondenztheorie, *siehe* Wahrheit

Körper
und materieller vs. leiblicher Körper 16
verstanden als leiblicher Körper
Erkennbarkeit von 75, 77–85 passim, 102, 106,
Existenz von 236, 247, 255 ff., 264
siehe auch Dualismus
verstanden als materieller Gegenstand, *siehe* Außenwelt

Leib-Seele-Problem 234–237 passim

Leibniz' Substitutionsprinzip 107, 249

Materialismus, *siehe* Physikalismus

Mathematik
und Bezweifelbarkeit mathematischer Sachverhalte 38, 58 ff.
siehe auch Gewissheit der Mathematik

Methode der empirischen Wissenschaften 15, 27, 256–265 passim

offizielles Argument 221–227 passim, 229 f., 233, 237, 246, 250, 254

performativer Selbstwiderspruch 71 f., 94
Perspektive der höherstufigen Reflexion 73, 77, 89, 104, 180
Physikalismus 230 ff.

reale Unterscheidung, *siehe* These der realen Unterscheidung
Realität 127–133 passim, 138, 141, 149, 250 f.
  Drei-Stufen-Modell von 129 ff.
  formale 127 f., 131
  objektive 128, 131 f.
Realitätsgrad, *siehe* Realität
Regelfolgen 63 ff., 100 ff.

Schluss auf die beste Erklärung 118 f., 160, 180 f.
Schlussfolgern
  Fähigkeit zu korrektem 62–65 passim, 90, 96 f., 180, 202
  siehe auch Analysis; Synthesis
Schwindel, *siehe* Gott These des nicht-betrügerischen
Sinnestäuschung, *siehe* Sinneswahrnehmung
Sinneswahrnehmung
  aktives und passives Vermögen der 248 f., 253
  These der Zuverlässigkeit von 255, 258–261 passim
  und Unzuverlässigkeit als Zweifelsgrund 28 f., 43 ff., 49
  Willensunabhängigkeit von 119 f., 176, 248 f.
skeptisches Szenario
  theistisches 195 ff.
  und Böser-Dämon-Szenario 38–41 passim, 45, 49, 53 ff., 68 ff., 76 ff., 87 f., 98 f., 113, 168 ff.
  und Gehirn-im-Tank-Szenario 45 ff., 55
  und Traumszenario 29–38 passim, 55 ff., 68 ff., 77, 87 f., 98, 169
Substanzdualismus, *siehe* Dualismus
Substitutionsprinzip, *siehe* Leibniz' Substitutionsprinzip
Synthesis 13

theistische These 17 f., 122, 144, 155 f., 160–172 passim, 174, 183, 189, 198, 204, 206, 214, 217 f., 253 ff., 259, 261
  siehe auch Gott; Gottesbeweis
These der realen Unterscheidung 16, 18, 104 f., 109, 221, 223, 227–233 passim, 236, 247, 256 f.
  siehe auch Dualismus
These der rein geistigen Natur, *siehe* Denkfähigkeit und These der rein geistigen Natur
  siehe auch Dualismus
These der vollkommenen Freiheit, *siehe* Vollkommenheitsthese
Transparenz
  mentale 76 f., 114 f., 145
  semantische 97–101 passim
Traumargument 30–49 passim, 115
Traumhypothese, *siehe* skeptisches Szenario und Traumszenario

Unendlichkeit
  potentielle vs. aktuale, 141 ff., 150 ff.
Unkorrigierbarkeit 85–89 passim, 104
Unsterblichkeit 234

Vollkommenheitsthese 115, 179–185 passim, 187
Vorstellung, *siehe* Idee

Wahrheit
Annäherung an 265
formale 33, 36 f., 115
Korrespondenztheorie der 31 f., 35 f., 86, 101, 115 ff., 144, 156, 166
materiale 34–37 passim, 116 f., 126, 137, 139–147 passim, 161, 251, 263
Streben nach 196 f.
und Wahrheitsbegriff 32 ff., 115 f.
siehe auch Wahrheitsregel
Wahrheitsregel 17, 112–124 passim, 136, 142, 144, 154–172 passim, 178, 184, 193, 198, 201 f., 223
in gegenständlicher Variante 116 f., 142, 144, 156, 158
in propositionaler Variante 116, 119, 136, 144, 156, 158, 164, 166, 170, 184, 198, 202, 223
Wille 124, 175–187 passim, 235, 239 f.
siehe auch Willensfreiheit; Sinneswahrnehmung
Willensunabhängigkeit von
Willensfreiheit 175 f., 178–187 passim
bedingte vs. unbedingte 186 f.
vollkommene, *siehe* Vollkommenheitsthese

Zirkel, *siehe* Cartesischer Zirkel
Zweifel
als Methode 14, 23, 51–57 passim, 159
Grenzen des 57–65 passim, 95–104 passim
siehe auch Argument aus dem Zweifel; Zweifelsthese
Zweifelsbehauptung, *siehe* Zweifelsthese
Zweifelsthese 15, 23–30 passim, 38–42 passim, 47 f., 52
in schwacher Lesart 24, 27 ff., 47
in starker Lesart 24, 27 f., 30, 38–42 passim, 47, 52

Personenregister

Adam, Ch. 22,
Alston, W. P. 215, 216, 217, 218, 219, 220
Aristoteles 91
Arnauld, A. 20, 108, 155, 157
Arndt, W. 21

Baillet, A. 20
Beckermann, A. 104, 227
Betz, G. 11, 160, 163, 165
Bieri, P. 186, 187
Bourdin, P. 20
Brandom, R. B. 101

Carriero, J. P. 19, 31, 35, 162, 187
Caterus, J. 20
Chalmers, D. J. 231, 232, 233, 242, 246

Euklid 13, 202

Frankfurt, H. G. 34, 94, 115, 117, 118, 158, 162, 163

Galilei, G. 58
Gassendi, P. 20, 209, 210, 212
Grundmann, Th. 42

Heidemann, I. 148
Hintikka, J. 94
Hobbes, Th. 20, 50, 128, 195, 209, 210
Hume, D. 64

Kant, I. 148, 149, 209, 210, 211, 213, 215, 216
Keil, G. 186
Kenny, A. 76, 214
Kripke, S. A. 35, 36, 226

Leibniz, G. W. 106, 107, 226, 229, 231 237, 249

Malebranche, N. 237
Mackie, J. L. 117, 162, 208
Meixner, U. 224
Mersenne, M. 20
Müller, O. 46

Newman, L. 187

Ostwald, H. 21

Perler, D. 34, 85, 86, 87, 88, 117
Plato 50
Putnam, H. 42, 45, 47, 48, 49, 135, 145

Quine, W. V. O. 237, 238, 239, 242, 254

Rosenberg, J. F. 24
Ryle, G. 61, 237, 239, 240, 241, 242, 246, 253, 254

Schmidt, G. 21
Schütt, H.-P. 104, 105, 106, 107, 221, 254
Sokrates 209
Strawson, P. F. 150, 237, 243, 244, 246, 254
Stroud, B. 42, 43, 45, 47, 48, 49
Stüber, K. 42

Tannery, P. 22
Tetens, H. 11, 148
Tugendhat, E. 36

Vollmer, G. 261

Williams, B. A. O. 19, 69, 85, 86, 87, 88, 94, 104, 115, 158, 162, 179, 196, 197, 231, 237
Wittgenstein, L. 101
Wohlers, Ch. 20, 21
Wolf, U. 36

Zum Autor

Gregor Betz lehrt am Institut für Philosophie des KIT in Karlsruhe. Er befasst sich u.a. mit wissenschaftsphilosophischen und argumentationstheoretischen Fragen sowie mit Problemen der angewandten Ethik.

Klassische Texte der Philosophie

Ein Lesebuch

Herausgegeben von Jonas Pfister | 172 S. | UB 18838

Diese Materialsammlung enthält klassische Texte der Philosophiegeschichte. Der Band ist als Seitenstück zu Jonas Pfisters »Lehrbuch« konzipiert und parallel aufgebaut. Auf diese Weise bieten beide Bände zusammen eine fundierte Einführung in die Geschichte der Philosophie – für die Schule und die Universität, aber auch für das Selbststudium.

»Die erweiterte Ausgabe des Lehrbuchs ist nun zusammen mit einem Lesebuch erschienen. Es ist parallel angelegt, dank kurzer Orientierungstexte aber auch separat als Annäherungsversuch brauchbar.« *Der Tagesspiegel*

Jonas Pfister: Philosophie

Ein Lehrbuch

2., durchges. und erw. Aufl. | 302 S. | UB 18767

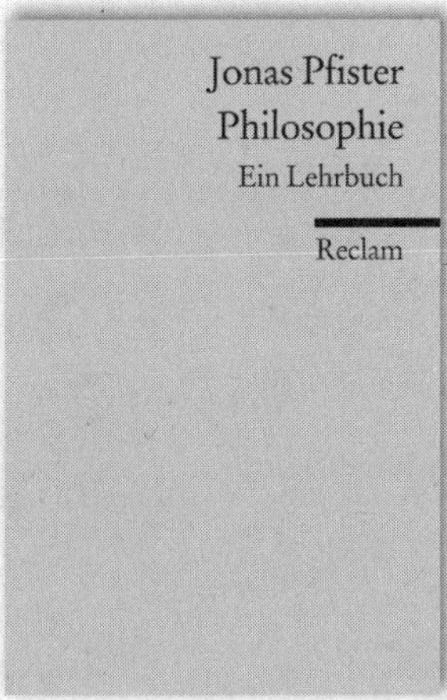

Jonas Pfister skizziert Antworten auf die großen Fragen der Philosophie: auf die Frage nach Glück, Freiheit, Gott, die Existenz einer Außenwelt, Erkenntnis, Geist, Gerechtigkeit, Ethik, Bedeutung, Wissenschaft und Kunst. Die Neuauflage des Bandes ist u.a. um ein Kapitel zur angewandten Ethik (Rawls, Singer) ergänzt.

»…dieses kleine, kluge *Lehrbuch* der Philosophie ist wohltuend sachlich. Jonas Pfister führt mit einem faszinierenden Philosophielehrbuch in die Sache des Denkens ein. (…) Pfister konzentriert sich ausschließlich darauf, das Handwerk des Philosophierens zu vermitteln. Versiert lotst er durch die Massen des Stoffs, kommentiert präzise die weiterführende Literatur und sorgt mit Zusammenfassungen dafür, dass man vor lauter Einwänden und Erwiderungen den Boden unter den Füßen nicht verliert.« *Der Tagesspiegel*